Lutherische Kirche in der Welt

Jahrbuch des Martin-Luther-Bundes 2011

Begründet von Christian Stoll
Herausgegeben von Hans-Martin Weiss

Lutherische Kirche in der Welt

Jahrbuch des Martin-Luther-Bundes
Folge 58 • 2011

MARTIN-LUTHER-VERLAG • ERLANGEN
2011

Bibliografische Information
der Deutschen Nationalbibliothek
Die Deutsche Nationalbibliothek verzeichnet diese Publikation in der Deutschen Nationalbibliografie; detaillierte bibliografische Daten sind im Internet über <http://dnb.d-nb.de> abrufbar.

ISBN 978-3-87513-171-0

Herausgegeben im Auftrag des
Martin-Luther-Bundes
von Hans-Martin Weiss
Redaktion: Rainer Stahl, Erlangen
Gestaltung: Frank Thiel, Erlangen
Druck: GEMI-Druckerei, Prag

| Inhalt

DIASPORA

ÖKUMENE

Hans-Martin
Weiss

Zum Geleit

Liebe Leserin, lieber Leser,

bevor Sie dieses Jahrbuch im Einzelnen durchstudieren, lassen Sie sich von mir ansprechen und herzlich willkommen heißen. Ich bin Ihnen dankbar, dass Sie dieses Ergebnis der wichtigen Tagungsarbeit und der diasporawissenschaftlichen Arbeit unseres Martin-Luther-Bundes in die Hand nehmen und sich aus ihm über aktuelle Entwicklungen und Akzente unserer Diaspora-Arbeit und in unseren Partnerkirchen sowie zu reformationstheologischen Fragestellungen informieren lassen wollen. Eine wichtige Frage beschäftigt mich in diesen Tagen:

Lassen sich aus der Arbeit des Jahres 2010 unseres Martin-Luther-Bundes besondere Herausforderungen und Trends benennen, die über die normale und bewährte Unterstützung des Lebens von Kirchengemeinden und Kirchen hinausgehen? Ja, es sind für mich vor allem drei Entwicklungen, Herausforderungen und Möglichkeiten, die uns vor besondere Fragen stellen:

Das Jahr 2010 war ein Jahr vieler Katastrophen im Bereich unserer Diaspora-Partnerkirchen: am Anfang das Erdbeben in Chile, dann die Überschwemmungen in Polen und in der Slowakei, die Waldbrandkatastrophe in Russland, der Chemieindustrieunfall in Ungarn. Diese Herausforderungen haben uns die Frage nach unserer Leistungsmöglichkeit gestellt. Wir haben daran erkannt, dass wir bei gezielten Bitten um Unterstützung im Rahmen einer solchen Katastrophe schon zu Hilfeleistungen in der Lage sind – in großartiger Weise haben alle unsere Vereine in Solidarität mit unserer Fundación Luterana de Chile mitgeholfen, die Werkstätten in Quilpué wieder aufzubauen! Uns ist aber auch deutlich geworden, dass unser Martin-Luther-Bund kein Katastrophenhilfswerk ist, sondern seine Aufgabe in der Stärkung der alltäglichen Arbeit in seinen Diaspora-Partnerkirchen besteht.

Unser Generalsekretär und ich selbst haben die Erfahrung gemacht, dass wir als ausländische Partner für unsere Partnerkirchen zu „Türöffnern“ bei deren staatlichen Partnern werden können: zum Beispiel, indem wir wichtige Ereignisse mit gesellschaftlicher Relevanz mitfeiern und als ausländische Partner die Position der Minderheitskirchen unterstützen – wie z.B. 2008 beim großen Jubiläum von Primus Trubar in Slowenien oder 2010 in derselben Kirche beim Jubiläum der Einführung der Militärseelsorge – oder indem wir durch unsere Anwesenheit die Voraussetzung schaffen, dass die Repräsentanten unserer Partnerkirchen für sie entscheidende Gesprächstermine mit hochrangigen Regierungsvertretern erhalten, die sie dann zur Kommunikation ihrer eigenen Anliegen und Sorgen nutzen können – wie nach Ostern 2010 in Ufa und Kazan. Eine Form der Realisierung dieses wichtigen Dienstes sind auch Kontakte zu Vertretern der deutschen Botschaften in den Ländern unserer Partnerkirchen, durch die das Gespräch der Partnerkirchen in ihrem gesellschaftlichen Kontext auf eine breitere Basis gestellt wird, die sich irgendwann einmal auszahlen wird – wie ich es im vorigen Jahr in Budapest erlebt habe.

Der dritte Bereich, der mir als Antwort auf die Anfangsfrage wichtig ist, ist die Hilfe dahingehend, dass sich eine Partnerkirche eine eigene wirtschaftliche Basis schaffen kann. Das wird vielleicht nur bei sehr kleinen Kirchen der Fall sein, hat aber dann besondere Bedeutung. So haben wir als Martin-Luther-Bund unserer Partnerkirche in Kirgisistan im Jahr 2009 bei der Anschaffung von Rindern geholfen, die dann im Landwirtschaftsbetrieb, der mit der Kirche verbunden ist, gefüttert wurden, um sie schließlich als Schlachtvieh zu verkaufen. Indem wir die Erstinvestition geschenkt und nicht geliehen haben – wie das bei anderen Partnern dieser Kirche bisher der Fall war –, muss die Kirche nichts zurückzahlen und kann den Verkaufserlös vollständig in die Neuinvestition und in eigene Kosten investieren. Im Jahr 2010 haben wir dann die Anschaffung einer Melkmaschine möglich gemacht, damit die Arbeit mit den Milchkühen im selben Betrieb auf einer besseren technischen Grundlage steht. Vor uns steht noch die Herausforderung, bei der Anschaffung eines neuen Traktors zu helfen, damit der Betrieb – technisch gut ausgestattet – effektiv arbeiten kann.

Neben aller direkten Hilfe für den Predigtdienst, für die Arbeit mit Kindern und Jugendlichen, für diakonische Aufgaben, für die geistliche Betreuung der alten Generation – und anderem mehr – steht also auch immer wieder die Herausforderung, das direkte Umfeld der Kirche – wie ich einmal sagen will – zu fördern. Dem wollen wir uns auch weiterhin im Rahmen unserer Möglichkeiten stellen.

Auch das vorliegende Jahrbuch nimmt mit vielen Beiträgen dieses direkte Umfeld unserer Partnerkirchen in den Blick:

So wird die Vollversammlung des Lutherischen Weltbundes, die 2010 in Stuttgart unter dem Thema „Unser täglich Brot gib uns heute“ stattfand, dadurch in Erinnerung gerufen, dass wir dankenswerterweise den Vortrag von Prof. Dr. Traugott Koch veröffentlichen können, den dieser auf der Generalsynode der VELKD im Herbst 2009 in Ulm gehalten hatte.

So ist in diesem Jahrbuch das wichtige Feld gegenwärtig, das das 400. Jubiläum der Synode von Žilina im Juli 2010 eröffnete, indem wir die Predigt des ungarischen Bischofs Dr. Tamás Fabiny in einer slowakischen Gemeinde im Zusammenhang dieser Feierlichkeiten und einen Vortrag des slowakischen Alttestamentlers Prof. Dr. Juraj Bándy zur Überlieferung vom Turmbau zu Babel (Gen 11) veröffentlichen.

So werden durch meinen Vortrag zu der Tagung unseres bayerischen Martin-Luther-Vereins in Neuendettelsau aus Anlass seines 150. Jubiläums das Engagement eines Trägervereins unseres Martin-Luther-Bundes und seine Geschichte und darüber hinaus grundsätzliche diasporawissenschaftliche Fragen thematisiert.

So wird durch den Abdruck des Vortrags von Dr. Anton Tikhomirov auf der Tagung des hannoverschen Martin-Luther-Bundes im Frühjahr 2009 noch einmal an die eigenständige wissenschaftliche Tätigkeit eines unserer Vereine – zusammen mit den Partnerhauptgruppen des Gustav-Adolf-Werkes und der Landeskirche – erinnert und gleichzeitig die gesellschaftliche Rolle einer so kleinen Diasporakirche, wie diejenige, die Bruder Tikhomirov repräsentiert, ausdrücklich angesprochen.

So reflektiert seit langer Zeit erstmals wieder der Beitrag des Vorsitzenden des hannoverschen Martin-Luther-Bundes über die Einbettung der Diasporaarbeit in Leben und Dienst einer konkreten Kirchengemeinde und bietet so Hilfen für die Entscheidung dafür, Gemeindearbeit zusammen mit dem Blick in andere Gemeinde- und Kirchensituationen durchzuführen.

So erinnern wir uns an den so weit gespannten Dienst von Alterzbischof Prof. Dr. Georg Kretschmar durch die Veröffentlichung der Predigt des Dekans der Theologischen Fakultät München, Prof. Dr. Christoph Levin, beim Gedächtnisgottesdienst in München.

So eröffnet der zweite Teil der Antrittsvorlesung von Prof. Dr. Hazik Gazer, Erlangen, aus dem Jahr 2008, mit dem die Veröffentlichung, die im Jahrbuch 2010 begonnen hatte, fortgeführt wird, das große Thema des Martyriums, das zur eigenen Geschichte und Identität gerade vieler unserer Partnerkirchen gehört.

Und natürlich belegt die Dokumentation der Vorträge der Theologischen Tagung unseres Martin-Luther-Bundes vom Januar 2010, dass er mit seiner Frage nach den Dimensionen des Theologiestudiums weit über den eigentlichen Aufgabenbereich des evangelisch-lutherischen Diasporawerkes hinausgegriffen hat.

Alle diese Texte bestätigen wieder, was schon anfangs skizziert wurde: Unsere Diasporaarbeit braucht die Kommunikation mit und die Aufnahme von Herausforderungen, die weit über die direkte Hilfstätigkeit hinausgehen und unserem Einsatz für unsere Partnerkirchen ein gutes Setting geben.

Ihr
Dr. Hans-Martin Weiss

Regionalbischof
im Kirchenkreis Regensburg
Präsident des Martin-Luther-Bundes

Jana
Jeruma-Grinberga

„Lass dich nicht vom Bösen überwinden, sondern überwinde das Böse mit Gutem“ (Römer 12,21)[1]

Dr. Martin Luther hat in seinem Vorwort zum Römerbrief aus dem Jahr 1522 bekannt: „Dieser Brief ist das rechte Hauptstück des Neuen Testaments und das allerlauterste Evangelium, welcher wohl würdig und wert ist, daß ihn ein Christenmensch nicht allein Wort für Wort auswendig wisse, sondern täglich damit umgehe wie mit einem täglichen Brot für die Seele.“[2]

Tatsächlich hat der Römerbrief – der am dichtesten argumentierende theologische Text der Bibel – Christen durch die Jahrhunderte hindurch inspiriert und überwältigt. Von Luther wissen wir das; aber auch der heilige Augustinus, John Wesley und Karl Barth – sie alle haben auf den Seiten dieses Buches den Glauben und die reine gute Nachricht gefunden. So viele weise und gelehrte Menschen haben über die Jahre über den Römerbrief geschrieben, dass es eine zur Demut führende Erfahrung darstellt zu versuchen, ihren Fußspuren zu folgen – besonders für eine eher praktisch arbeitende Pastorin. Deshalb fährt Martin Luther fort: „Darum will ich auch meinen Dienst dazu tun […], so viel mir Gott verliehen hat“ Und insofern uns Gott Kraft und Fähigkeit schenkt, wollen wir zusammen erkunden, was es heißt, „sich nicht vom Bösen überwinden zu lassen, sondern das Böse mit Gutem zu überwinden“.

Die Abschnitte des Kapitels 12 des Römerbriefes werden oft überschrieben mit „*Das neue Leben in Christus*“ und „*Kennzeichen eines wahren Christen*“. Nachdem er danach gefragt hat, was es heißt, von der überfließenden Gnade Gottes durch den Glauben allein gerettet zu sein, stellt uns Paulus vor Augen, wie ein Leben auf der Grundlage der Gnade aussehen mag: Wir verhalten uns authentisch in der Liebe, halten am Guten fest, lieben ein-

1 Die Meditation zur Jahreslosung 2011 hat dankenswerterweise Bischöfin Jana Jeruma-Grinberga, London, Bischöfin der Lutherischen Kirche in Großbritannien, zur Verfügung gestellt.

2 Martin Luther, Vorrede zum Brief des Paulus an die Römer (1522), WA Bibel VII, 2.

ander mit einer uns entsprechenden Haltung, respektieren uns gegenseitig. So weit, so gut. Wir sind aber auch herausgefordert, diejenigen zu segnen, die uns verfolgen, mit jedermann in Frieden zusammenzuleben und mit denen Gemeinschaft zu pflegen, die einsam sind. Selbst solchen gegenüber, die uns Böses tun und uns Leid zufügen, sollen wir nicht Rache suchen. Wir sollen unsere Feinde ernähren und ihnen zu trinken geben (was mit Sicherheit meint, Delikatessen zu essen zu geben und Besonderes zum Trinken – nicht aber altes Brot und sauren Wein!). Alle Ermahnungen des Paulus sind für uns in diesem Satz zusammengefasst: „Lass dich nicht vom Bösen überwinden, sondern überwinde das Böse mit Gutem."

Es gibt eine Geschichte über einen Mönch in den Tagen der frühen Kirche: Er lebte in der Wüste in einem Zelt mit seinen wenigen Habseligkeiten. Eines Tages drangen zwei junge Männer in sein Zuhause ein und eigneten sich all seine Habe an, um sie mitzunehmen und auf dem örtlichen Markt zu verkaufen. Auf ihrem Weg mit seinem Eigentum wurden sie davon überrascht, dass der Mönch ihnen nachrief: „Wartet!" Er rannte hinter den beiden jungen Dieben her: „Hier ist noch ein Becher. Den habt ihr vergessen, mit den anderen Dingen mitzunehmen, die ihr mir weggenommen habt." Die beiden jungen Männer waren von der einfachen Großzügigkeit des Mönchs so beschämt, dass sie ihm alles zurückgebracht haben.

Gewiss stellt dieses Beispiel einen sehr schwierigen Weg des Lebens dar, und die meisten Menschen würden es verrückt finden, es Dieben zu erlauben, sie einfach nackt auszuziehen. Aber dieses Beispiel wirft die Frage auf: Welcher Art ist unsere Reaktion, wenn wir von Gewalt und Übergriffen in unserem Leben herausgefordert werden? Wenn Menschen verleumderisch hinter unserem Rücken über uns reden, verbreiten wir dann auch Gerüchte und Klatsch über sie? Wenn wir zu einer Gruppe gehören, die dabei ist, das Gesetz zu brechen – einen Laden auszurauben oder eine Bank um Millionen zu betrügen –, stehen wir dann für den rechten Weg ein, oder machen wir bei dem Verbrechen mit, weil wir zu schwach und zu eingeschüchtert sind, um dagegen Position zu beziehen? Wenn uns jemand mit Gewalt unter Druck setzt, schlagen wir zurück oder versuchen gar, präventiv zuzuschlagen?

Das ethische und philosophische Problem, das hier vorliegt, besteht darin, ob wir das eine Böse mit einem anderen Bösen zu zerstören versuchen, ob wir das Böse benutzen und es nicht wirklich überwinden. Unser innerer Zug zur Gewalt hin – physischer, geistlicher und emotionaler Gewalt – kann nie durch mehr Gewalt überwunden werden. Aggression füttert nur Gegen-Aggression. Wenn wir die Ausrichtung ernst nehmen, die uns Paulus mit dem Aufruf „Lebt in Übereinstimmung miteinander!" gibt, werden wir uns oft unfairem Verhalten unterwerfen müssen, auch schmerzhaften Worten und Unfreundlichkeiten, ohne Entsprechendes zu sagen und zu tun, was wir später bereuen würden. Wie es der Verfasser des Buches der Sprüche sagt: „Eine linde Antwort stillt den Zorn; aber ein hartes Wort erregt Grimm. [...] Eine linde Zunge ist ein Baum des Lebens; aber eine lügenhafte bringt Herzeleid“ (Spr 15,1.4).

Für diejenigen von uns, für die das Kreuz, an dem der König der Herrlichkeit starb, der Baum des Lebens ist, stellt die Anweisung, selbst angesichts von Hass und Lächerlichkeit am Guten festzuhalten, etwas Gegebenes dar, ist Teil der Matrix des Glaubenslebens. „Vater, vergib ihnen; denn sie wissen nicht, was sie tun!“, schreit der an den Baum genagelte Jesus (Lk 23,34). Es geht also nicht nur darum, die Zähne zusammenzubeißen, das verletzende Wort oder den Schlag im Vorübergehen zu unterdrücken. In der englischen Sprache wird die Formulierung „in ihr Angesicht“ oft dazu benutzt, um jemanden zu beschreiben, der anmaßend bis zum Punkt offener Aggression ist. Wir, die wir dem gekreuzigten Christus nachfolgen, sind aufgerufen, den Menschen ins Angesicht hinein freundlich zu sein, wirklich freundlich und vergebend. Wir sind aufgerufen, uns nicht deshalb so zu verhalten, um ein Ziel zu erreichen oder der Welt zu zeigen, wie demütig und gut wir sind (vor allem gerade das nicht!), sondern schlicht deshalb, weil wir bestimmt sind, uns so zu verhalten. Das ist viel mehr eine Sache des Seins als des Tuns. Gutes *zu tun*, sich in demütiger und freundlicher Weise zu verhalten, ist gar nicht der Punkt: Tatsächlich angesichts des Bösen gut *zu sein*, das ist wirklich der Punkt.

Wenn alles bis auf das wirklich Wesentliche heruntergezogen ist, wenn alle Entschuldigungen und Mängel beiseitegeschoben sind, überwinden wir das Böse nur durch Liebe, indem wir auf Hass mit Gnade antworten – durch freudige Selbstopferung. Jesus Christus hat durch seine sich selbst erniedrigende Handlung des sich selbst für die Menschheit Ausschüttens den Schmutz der Sünde weggewaschen. Und darin besteht das Vorbild, dem wir folgen sollen.

Das meint aber in keinem Moment, dass wir von anderen verlangen können, sich selbst zu opfern. Wir können nicht fordern, dass sich das Opfer häuslicher Gewalt oder ihre Kinder weiterhin dem Missbrauch aussetzt, weil das kein Verhalten der Liebe und der Gnade wäre. Im Gegenteil sind wir aufgerufen zu Wegen, die andere schützen, selbst wenn das meint, sich selbst einem Risiko auszusetzen – z.B. indem wir den Missbrauchten Aufnahme gewähren, indem wir Anwälte der Opfer von Menschenhandel werden, der Stimmlosen auch und der Unterdrückten. Paulus ruft uns als Einzelne, als Kirchen, als Organisationen – den Martin-Luther-Bund eingeschlossen – auf, unsere Verantwortung wahrzunehmen und die Rechte anderer Menschen zu schützen.

Gandhi hat dies entsprechend seinem Verständnis der Bergpredigt begriffen und gelebt. Bonhoeffer hat sein Martyrium angenommen – in den Gebeten, die er in seiner Gefängniszelle nach der freiwilligen Rückkehr ins Krieg führende Deutschland betete. Tausende Christen heute weltweit stehen dies in ihrem Dienst in Ländern durch, in denen ihnen das Recht versagt wird, den Glauben zu bezeugen und gottesdienstlich zu feiern.

Das folgende Gebet der Gebetswoche für die Einheit der Christenheit des Jahres 2007 aus Südafrika soll uns bestärken, unser neues Leben in Christus zu leben, soll die Kennzeichen eines wahren Christen in unserem Leben sichtbar machen:

„Gepriesen seist Du, Herr, unser Gott,
für die Liebe, die Du uns durch unseren Herrn Jesus Christus gezeigt hast.
In ihm, der uns liebte, sind wir
Sieger über Trübsal, Angst, Verfolgung, Hunger, Blöße,
Gefahr und Schwert.
Im Schweigen über Verlassenheit und Einsamkeit,
Krankheit und Tod
gieß Du, Gott, den Reichtum Deines Segens aus,
so dass wir noch treuer werden darin,
Dir in unseren Schwestern und Brüdern zu dienen,
und unsere Freude noch größer werde,
Deinen Willen zu tun.
Wir preisen Dich und verherrlichen Dich,
weil Du auf das Schweigen unserer Herzen hörst.
Du handelst in uns mit Macht,
uns heilend und dahin bringend,
dass wir im Namen Jesu, Deines Sohnes, sprechen können.
Sende uns in die Welt,
dass wir Deinen Willen ausführen
und alle Mauern des Schweigens niederreißen,
die uns voneinander trennen.
Mögen wir Zeugnis geben für Dich,
unseren einzigen Retter,
indem wir immer mehr geeint sein mögen
in ‚dem einen Glauben und der einen Taufe'.
Und mögen wir wachsen in der Gnade
und im Frieden Gottes, der höher ist als alle unsere menschliche Vernunft,
dass Dein Name verherrlicht werde. Amen."

Übersetzung aus dem Englischen von Rainer Stahl

Tiit
Pädam

Gottes Geist hilft zu Versöhnung und Verstehen

Predigt zu 1 Korinther 2,12[1]

Herzliche Grüße von der Estnischen Evangelisch-Lutherischen Kirche. Es ist mir eine Ehre und eine Freude, dass ich eingeladen wurde, im Gottesdienst heute Abend die Predigt zu halten. Der Gottesdienst, den wir jetzt feiern, stärkt nicht nur unsere Gemeinschaft untereinander und mit Jesus Christus, sondern stellt auch einen Zusammenhang für die Diskussionen her, die wir in den kommenden Tagen unter dem Thema „Studium der Theologie – im Interesse der Kirchen(-leitungen)?“ führen werden.

Als Predigttext habe ich den heutigen neutestamentlichen Lehrtext aus den Losungen gewählt. Als ich darüber nachdachte, welchen Text ich für die Predigt nehmen könnte, und dieses Losungswort sah, wurde ich froh. Obwohl es ein sensibler Text ist, der auf unterschiedliche Weise verstanden werden kann, war mir schnell klar, dass der Text in den Kontext der Theologischen Tagung des Martin-Luther-Bundes hier in Seevetal passen und auf besondere Weise zu ihr beitragen kann.

Der heutige neutestamentliche Lehrtext der Losungen steht im 1. Korintherbrief 2,12 und lautet:

„Wir haben nicht empfangen den Geist der Welt, sondern den Geist aus Gott, dass wir wissen können, was uns von Gott geschenkt ist.“

Korinth war eine blühende und wohlhabende Stadt. Dort verfügte man über Reichtümer: materielle Reichtümer und geistige Reichtümer. Doch als Paulus seine Gedanken – zu denen auch unser Text gehört – in einem Brief zusammenfasste, wendete er sich vor allem an eine Gemeinde, die

1 Predigt im Sakramentsgottesdienst bei der Theologischen Tagung des Martin-Luther-Bundes am 25. Januar 2010 in Seevetal.

in ernsthafte Probleme geraten war. Es war Paulus' Überzeugung, dass in der Gemeinde etwas vor sich ging, was auf den rechten Weg gebracht werden müsste. Seiner Meinung nach wurde in der Gemeinde missverstanden, wie sich das Evangelium im christlichen Leben zeigt. Paulus wollte der Gemeinde helfen, zu wachsen und Gott näher zu kommen. Dafür hielt er es für notwendig, dass die Gemeindeglieder auf jegliche Rivalität zwischen unterschiedlichen Weisheitslehren und geistigen und geistlichen Richtungen verzichteten.

Rivalität bedeutet, dass man sich mit anderen Menschen vergleicht oder sich selbst dadurch identifiziert, dass man sich negativ gegen andere Menschen oder – mit Hilfe von sozialen, wirtschaftlichen und religiösen Unterschieden – gegen eine andere Gruppe abgrenzt. Dies steht im Widerspruch dazu, wie Jesus sein Leben auf der Erde geführt hat und was er seine Jünger lehrte. Er verstand sein Leben nicht als ein Eigentum, für das er die Aufgabe habe, es zu besitzen und sorgsam zu bewachen. Er sah sein Leben vielmehr als Geschenk von Gott an. Das Leben als Geschenk zu verstehen, bedeutet, dass man das Leben nicht als eine Leistung ansieht, die erbracht werden muss. Das Leben ist auch keine Vorratskammer, die mit allem Möglichen zu füllen ist, das die Gesellschaft als wertvoll betrachtet. Das Leben als Geschenk zu verstehen, bedeutet, das eigene Leben in völliger Abhängigkeit von Gott zu leben. Und das bedeutet auch, dass man auf all die Rivalitäten verzichtet, die die meisten menschlichen Beziehungen auf der Welt prägen.

In der heutigen Gesellschaft hört man viel von Geistern. Wenn die eigenen Erfahrungen und Kenntnisse der Menschen nicht ausreichen, versuchen sie oft, Dinge mit Hilfe von esoterischer Spiritualität in den Griff zu bekommen. Kennzeichnend für diese Versuche ist es, dass sie von Menschen ausgehen und dabei versuchen, etwas hervorzulocken, was – so hofft man – im Menschen verborgen ist. Mit den Bildern der Bibel könnte man sagen, dass den Menschen Steine statt Brot angeboten werden. Und wenn man dann das Gefühl hat, dass einem geholfen wurde, wird das, was ursprünglich als Hilfe für die Menschen gedacht war, mehr und mehr zu einem eigenen Ziel, nach dem es zu streben lohnt.

Das Neue Testament weiß, dass nicht jeder Geist von Gott kommt. Neben dem Geist der Welt spricht das Neue Testament auch von bösen, unreinen und stummen Geistern (Mt 10,1; Mk 9,17; Lk 7,21). Im 1. Johannesbrief wird vor dem Geist des Antichrists gewarnt (1 Joh 4,3–6). Im zwölften Kapitel des 1. Korintherbriefs (Vers 10) spricht Paulus von der Gabe, die Geister zu unterscheiden. Im ersten Kapitel des zweiten Briefs an Timotheus beschreibt der Apostel den Geist, den Gott den Christen gegeben hat, als Geist der Kraft, der Liebe und der Besonnenheit.

Fjodor Dostojewski beschreibt das Streben der Menschen nach „Geistlichkeit“ durch einen Monolog, den der Großinquisitor vor dem Inquisitionsgericht in Sevilla an sein Gegenüber Jesus richtet:

„Es gibt auf der Erde nur drei Mächte, die imstande sind, das Gewissen dieser schwächlichen Rebellen zu ihrem Glück für allezeit zu besiegen und zu fesseln: das Wunder, das Geheimnis und die Autorität. Du hast das Erste und das Zweite und das Dritte verschmäht und durch dein eigenes Verhalten ein Beispiel gegeben. [...]

Ist die Natur des Menschen etwa so beschaffen, dass er das Wunder ablehnen und in solchen schweren Augenblicken des Lebens, Augenblicken der furchtbarsten und qualvollsten letzten Seelenfragen, allein mit der freien Entscheidung des Herzens auskommen kann? Du wusstest, dass deine Tat in der Schrift festgehalten würde, dass sie bis ans Ende aller Zeiten und bis an die letzten Grenzen der Erde gelangen würde, und du hofftest, auch der Mensch würde, dir nachfolgend, in der Gemeinschaft mit Gott bleiben, ohne des Wunders zu bedürfen. Aber du wusstest nicht, dass der Mensch, sobald er das Wunder ablehnt, zugleich auch Gott ablehnt, weil er nicht sosehr Gott als vielmehr das Wunder sucht. Und da der Mensch nicht imstande ist, ohne Wunder auszukommen, wird er sich neue Wunder schaffen, eigene Wunder; er wird sich vor den Wundern der Zauberer und Hexen beugen, mag er auch hundertmal als Rebell, Ketzer oder Atheist gelten. Du bist nicht vom Kreuz herabgestiegen, als dir höhnisch zugerufen wurde: ‚Steig herab vom Kreuz, und wir werden glauben, dass du der Sohn Gottes bist!‘ Du bist nicht herabgestiegen, weil du abermals den Menschen nicht durch ein Wunder knechten wolltest, weil du einen freien Glauben wünschtest, keinen Wunderglauben. Du wünschtest freiwillige Liebe und nicht sklavisches Entzücken des Unfreien über eine Macht, die ihm ein für allemal Schrecken einflößt.“

Der Mensch schafft sich selbst „eigene Wunder“, die sein Streben nach Freiheit, Weisheit und Spiritualität befriedigen sollen. Doch dies geschieht im Kontext eines wachsenden religiösen „Analphabetentums“. Um nicht an Gottes Geist erinnert zu werden, versucht man entweder, ihn mit eigener Spiritualität zu verdrängen, oder aber man lehnt jede Art von Spiritualität als ein völlig veraltetes und nutzloses Phänomen ab beziehungsweise reduziert Gottes Geist auf die Welt der Vorstellungen und Gedanken, die nur wenig – oder gar nichts – mit dem echten Leben zu tun hat.

In den Versen, die dem heutigen neutestamentlichen Losungstext vorangehen und folgen, finden sich besondere Begriffe wie „Weisheit“ (*sophia*, *gnosis*) und „Vollkommene“ (*teleioi*). Diese Worte beschreiben die unterschiedlichen Weisheitslehren und religiösen Spekulationen, die in der Gemeinde vertreten waren, sowie deren Vertreter selbst. Paulus' Urteil über sie ist klar und deutlich:

„Es sind Gebote und Lehren von Menschen, die zwar einen Schein von Weisheit haben durch selbsterwählte Frömmigkeit und Demut und dadurch, dass sie den Leib nicht schonen; sie sind aber nichts wert und befriedigen nur das Fleisch" (Kol 2,22–23).

Wichtig ist hier, dass wir uns bewusst sind, dass die menschliche Weisheit nicht für den christlichen Glauben ausreicht. Sie kann nicht Ziel des Glaubens sein, der dem Menschen die Kraft gibt, die er braucht. Paulus verleugnet nicht die Bedeutung der menschlichen Weisheit, aber er sagt deutlich, für was sie nicht taugt. Er will auch nicht mit den wortgewandten Rednern konkurrieren, die ihre Kunst beherrschen. Paulus ist der Meinung, dass er etwas viel Wichtigeres zu sagen hat: Er will von Gottes Geheimnis reden, das dadurch enthüllt wurde, dass Jesus Christus zur Welt kam, starb und vom Tod auferstanden ist. Indem er sich die klassische Rhetorik zunutze macht, behauptet Paulus, dass kein Mensch Gott verstehen kann, ohne den Geist von Gott bekommen zu haben. Genauso wie man keinen anderen Menschen verstehen kann, ohne an seinen Erfahrungen Anteil zu haben.

Die göttliche Weisheit ist für den Menschen nur durch Gottes Geist zugänglich. Nur die, die Gottes Geist haben, können Anteil an Gottes Weisheit haben. Genau dieser Gedanke wird im alttestamentlichen Losungstext für heute formuliert: „Der Herr gibt Weisheit, und aus seinem Munde kommt Erkenntnis und Einsicht" (Sprüche 2,6).

Weisheit und Erkenntnis bedürfen der Offenbarung. Der Geist, von dem unser Text spricht, bildet die Brücke zwischen dem Menschlichen und Gott. Durch ihn können die Menschen ein wenig verstehen, wie Gott denkt und was sein Wille ist. Dies war kein seltsamer Gedanke, auch nicht im ersten Jahrhundert und unter Griechen. Auch die Götter des griechischen Pantheons engagierten sich manchmal im menschlichen Leben und agierten mit Hilfe von Menschen, um ihren Willen durchzusetzen und ihre Ziele zu erreichen.

Gottes Geist gibt Einsicht in zwei Dinge, die wichtig für den Menschen sind: Zum einen in das, was das Evangelium von Jesus Christus bedeutet, und zum anderen, auf welche Weise dieses Evangelium für die problematischen Bereiche des menschlichen Lebens relevant ist. Nur mit Hilfe von und durch Gottes Geist kann man systematisch untersuchen und begreifen, was der Sinn des Lebens und all dessen ist, was Menschen geschieht. Und dies wird in Gemeinschaft mit allen christlichen Menschen zugänglich.

Paulus glaubt, dass all die, die Anteil an Gottes Geist bekommen haben, folgendes tun können:

- Dinge untersuchen, für die es keine konkrete Anweisungen in der Schrift gibt (1 Kor 7,40),
- Tugenden im Verhältnis zu anderen Menschen verstehen und leben (Gal 5,18.22–25),
- mit Weisheit aus einer göttlichen Perspektive urteilen (1 Kor 6,3–6),
- die vorhandenen Kräfte und Gaben für den Bau der christlichen Kirche einsetzen (1 Kor 12).

Der gemeinsame Nenner für all dies ist, dass man in Christi Gedanken denken kann und in seiner Gesinnung lebt. Alles – Mystik, Weisheit und Handlungskraft – steht denen zur Verfügung, die Christi Gesinnung und damit Anteil an Gottes Geist haben.

Viele sind der Meinung, dass die Kirche dieses Streben und das Bedürfnis, dem Geist Gottes nahe zu kommen, ernst nehmen sollte. Der Theologe Ola Tjörholm versucht mit Hilfe dessen, was er „materialistische Spiritualität" nennt, Wegweisung bei der Suche zu geben. Zweifellos ist der Begriff eine verwirrende und paradoxe Art, die schwer definierbare „Geistlichkeit" zu formulieren. Doch sie geht nicht von abstrakten religiösen Ideen aus, sondern legt Christi Auferstehung und Gottes Schöpferwillen im Geist zugrunde.

Dies steht in einer Linie damit, dass Paulus betont, dass sowohl der innere als auch der äußere Mensch unter der Leitung von Gottes Geist leben sollte. In den Versen, die unserem Losungstext vorausgehen, sagt Paulus, dass das Einzige, was ihn interessiert, Jesus Christus, der Gekreuzigte, ist. Doch dies darf nicht so gedeutet werden, dass Paulus alle andere Weisheit leugnet. Nein, er sagt das in der Auseinandersetzung mit der heidnischen Philosophie, die sich in der Gemeinde etabliert hat. Und im wirklichen Leben stellt er dem Hochmut, der in der Gemeinde herrscht, Christi Demut gegenüber.

Eine alte Geschichte erzählt von einem Wandermönch, der auf seiner Wanderung unter einem Baum Rast machte, der nahe bei einem kleinen Dorf lag. Er wurde von einem Mann geweckt, der vom Dorf zu ihm gerannt war und zu ihm sagte: „Gib mir den Stein, den du hast. Gott hat mir offenbart, dass ich hinausgehen und *den* Mann nach dem Stein fragen soll, der unter dem Baum nahe des Dorfs übernachtet." Der Mönch nahm den Stein aus seiner Tasche und gab ihn dem Mann und sagte: „Das muss der Stein sein, den Gott meint. Ich habe ihn auf dem Weg hierher gefunden." Der Mann, der arm war, war überglücklich, denn er hatte einen großen und wertvollen Edelstein bekommen, einen Diamanten. Er ging froh nach Hause, konnte aber nicht schlafen. Früh am nächsten Morgen weckte er den Mönch wieder und sagte: „Gib mir bitte auch die Freiheit, solche großen Kostbarkeiten mit solcher Leichtigkeit zu verschenken!"

Die materialistische Spiritualität hat Konsequenzen im Blick darauf, wie man Theologie sieht und betreibt. Eine solcherart gestaltete Theologie ist nicht einseitig vergeistigt oder himmelszugewandt. Sie reißt das Geistliche und das Weltliche nicht auf eine gewaltsame Weise auseinander, die der Säkularisierung in die Hände spielt. Stattdessen stärkt eine solche Theologie geistlichen Realismus – und ist selbst geistlicher Realismus, ein Realismus, der erdverbunden, konkret und solidarisch mit der gesamten Schöpfung ist.

Um zu verstehen, was in der Welt geschieht, muss man zuerst an Gott und an Jesus glauben. Durch diesen Glauben öffnet das Leben seine größten Geheimnisse. Der Grund dieses Glaubens ist Jesu Auferstehung, die uns von allen Versklavungen erlöst, uns zugleich aber wieder zurück in diese Welt führt.

Im Johannesevangelium sagt Jesus Christus, dass er der Weg, die Wahrheit und das Leben ist. Evangelium ist, dass diese drei Werte zusammengehören und nur dann Sinn und Bedeutung für die Kirche und ihre Theologie haben, wenn sie in Jesus verbunden sind und sich aufeinander beziehen. Das ist Gottes Geschenk für die, die ihn lieben. Mit Gottes Geist gelingt es, die Beziehung zwischen diesen drei Werten zu erhalten. Zugleich ist es genau dieser Geist, der uns in ihm erhält, der die Wahrheit ist.

Amen.

Traugott
Koch

Die Brotbitte des Vaterunsers – und wir in einer rationalisierten Lebenswelt[1]

I.

Es war eine für die Geschichte des Christentums folgenreiche Tat, daß Luther im Jahre 1519 die vierte Bitte des Vaterunsers nicht mehr auf das sakramentale Brot, sondern auf das alltägliche Brot bezog und sodann diese Bitte ausdehnte auf alle Notwendigkeiten des Lebensunterhalts, auf alles, dessen wir notwendig bedürfen, um zu leben. So stellt Luther im „Kleinen Katechismus" – also in dem Text, den bald nach Luther jedes Kind schon auswendig zu lernen hatte – die Frage: „Was heißt denn täglich Brot?" Antwort: „Alles, was zur Leibesnahrung" und zum notwendigen Bedarf „gehört, als Essen und Trinken, Kleider, Schuh, Haus, Hof, Äcker, Vieh, Geld, Gut, fromm Gemahl, fromme Kinder" usw., auch „fromme und getreue Oberherren", „gut Wetter, Friede, Gesundheit […], gute Freunde […] und desgleichen" (BSLK, 514). Im „Großen Katechismus" weist Luther gleich eingangs nachdrücklich darauf hin: Unser täglich Brot „ist ein kurz, einfältig Wort, greifet aber sehr weit umb sich. Denn wenn Du ‚täglich Brot' nennest und bittest, so bittest Du alles, was dazu gehört, das täglich Brot zu haben und genießen […]. Darumb mußt Du Dein Gedenken wohl auftuen und ausbreiten, nicht allein in Backofen oder Mehlkasten, sondern ins weite Feld und ganze Land" (BSLK, 679).

---

1 Vorgetragen bei der 2. Tagung der 11. Generalsynode der VELKD am 23. Okt. 2009 in Ulm. Wir danken dem Verfasser, dass er seinen Text dem Jahrbuch des Martin-Luther-Bundes zur Verfügung gestellt hat, und erinnern mit dessen Publikation an die 11. Vollversammlung des Lutherischen Weltbundes, die vom 20. bis 27. Juli 2010 unter dem Motto „Unser tägliches Brot gib uns heute" in Stuttgart stattfand.

Damit, mit dieser lebensweltlich weiten Fassung der Brotbitte, hat Luther das Kloster als vorzüglichen Ort des Gebets überschritten hinaus in die alltägliche Welt des Lebens als Raum der Gegenwart Gottes. Sinngemäß entspricht dieser Überschritt Luthers Auffassung vom Beruf als Gottesdienst im weltlichen Leben. (Übrigens: Bekanntlich sah darin, in dieser Auffassung vom Beruf, Max Weber die größte Errungenschaft Luthers.)

Vor allem entsprach diese Ausformung der 4. Vaterunser-Bitte Luthers Verständnis der Schöpfung Gottes, wie er es in der Auslegung des 1. Artikels im „Kleinen Katechismus" dargelegt hat: „Ich glaube, daß mich Gott geschaffen hat samt allen Kreaturen, mir Leib und Seele [...] gegeben hat und noch erhält, dazu Kleider und Schuh, Essen und Trinken, Haus und Hof, Weib und Kind, Äcker, Vieh und alle Güter", mit allem notwendigen Bedarf und mit „Nahrung des Leibes und Lebens reichlich und täglich versorget" (BSLK, 510f).

Luther verstand die Welt, in der er lebte, mit ihren lebensnotwendigen Bedürfnissen – wir würden heute sagen: mit dem, was zur Lebensgrundlage und zum Lebensunterhalt gehört – als von Gott gegeben und unterhalten, als Gottes Schöpfung. Und um eben das von Gott Gegebene „bitten" wir nach Luther „in diesem Gebet", in dieser Bitte. Ja, noch mehr: Wir bitten nach Luther darum, daß Gott uns die Lebensgrundlage als von ihm gegeben „erkennen lasse" und wir folglich „mit Danksagung empfangen unser täglich Brot". Das nämlich ist der Unterschied zu den Gott nicht Erkennenden, daß „wir mit Danksagung empfangen unser täglich Brot" und damit unsere Lebensgrundlage (BSLK, 514). – Wir wissen: Die Welt, in der Luther lebte, war eine traditional geordnete, agrarische, von der unbeständigen Natur abhängige und für die meisten eine ärmliche Welt.

Luthers Verständnis der Brotbitte haben seine Nachfolger getreulich wiederholt. Ich zitiere eine Stimme aus dem späten 17. Jahrhundert, die Äußerung der Barockdichterin Catharina Regina von Greiffenberg in deren „Betrachtungen" des „Lebens Jesu Christi". In ihrer Ausführung zum Vaterunser, bei der Darlegung der Brotbitte, wiederholt sie fast wörtlich die Ausformung Luthers: „Es sey euch auch [...] gebotten, um alle[s] leiblich und zeitlich" Lebensnotwendige und um „Wolfarth zu bitten, mit diesen kurzen, doch alles in sich begreiffenden Worten: Unser tägliches Brod gieb uns heut." – „Mit dem Wort Brod ist alle unentbehrliche Leibes= und Lebens="Notwendigkeit „verstanden als Speise, Trank, Kleidung, Wohnung, Arzeney, Pferde, Vieh, Knechte, Mägde, Freund, und in Summa alle Creaturen, so zum zeitlichen Leben noth und nicht zu entrathen seynd": „um dieses alles wird mit dem Wörtlein Brod gebeten." Doch die Autorin fügt hinzu: „Darum bittet, so wird euch gegeben, suchet durchs Gebet, so werdet ihr finden, klopffet an [...], so wird euch die himmlische Schatz=Kammer alles Segens und Gedeyens aufgethan."

Damit, mit dieser Erinnerung an die von Luther nachdrücklich dargelegte Gebetserhörung nimmt die Autorin auf, was das Luthertum seit, sagen wir, 1529 mit der Brotbitte erfahren hat: nämlich, daß sie oft nicht erhört wurde, daß der Hunger und zu gewissen Zeiten der Durst nicht gestillt wurden, daß Hagelschlag, Mißernte und damit Hungersnöte nicht ausblieben. Und die Brotbitte war doch nicht selten die schier ausweglose Bitte: Gott möge einen am Leben erhalten, nicht um des Beters selbst willen, sondern wegen der Kinder, der Witwe und der Waisen. Mithin sind die folgenden drei Seiten der fünfseitigen Auslegung v. Greiffenbergs der Apologie gegen die Erfahrung der Nicht-Erhörung gewidmet – so schließend: „Und alles, was ihr den Vatter bitten werdet in Meinem Namen, das wird Er euch geben, es sey leiblich oder geistlich, zeitlich oder ewiges Gut, das erste zwar" mit der Bedingung „eurer Seeligkeit, das andere aber ohne alles Bedingen, weil es eure Seeligkeit selbst betrifft" (Ww. Bd. 5, 347–352).

II.

Und wir heute? Vorweg sei grundsätzlich gesagt. Wenn wir Gott nicht in unserer Lebenswelt erkunden und in unserem Leben glauben, fallen wir hinter Luther zurück. Wenn wir das nicht wollen, dann muß die Theologie in einer sehr wohlbedachten, aber in der Sprache unserer Lebenswelt sprechen. Sie muß so sprechen, daß das von ihr Gesagte für jeden nicht vorweg Verschlossenen verstehbar und potentiell einsehbar *wahr* sein kann. Die Theologie heute muß sich auf das Leben in der heutigen Lebenswelt beziehen: auf all das, was im Leben eines vernünftigen Menschen vorkommt, ihn im Ernst beschäftigt und betrifft; auf all das, was für ihn grundlegend ist und das Leben lebenswert macht. – So viel vorweg.

Also: die Brotbitte und wir heute. Paul Gerhardt konnte in seinem „Sommergesang: Geh aus mein Herz und suche Freud" in der 7. Strophe zum Ausdruck bringen: „Der Weizen wächset mit Gewalt, darüber jauchzet jung und alt und rühmt die große Güte des, der so überfließend [uns] labt und mit so manchem Gut begabt das menschliche Gemüte". Und heute? Mitten in der Erntezeit, am 7. September dieses Jahres 2009, steht als Balkenüberschrift im „Hamburger Abendblatt": „Die niedrigen Getreidepreise haben den Bauern die Ernte verhagelt." Am Freitag, den 2. Oktober 2009, lautet der Kurzkommentar in der „Frankfurter Allgemeinen" so: „Am Sonntag ist in Deutschland: Halloween, der Verkauf offen, Ende des Ramadan, Beginn des Winterschlussverkaufs? Alles knapp daneben. Am Sonntag ist Erntedankfest. Wer aber bittet und dankt noch für ‚unser täglich Brot'? Hunger braucht in diesem Land schon lange niemand mehr zu leiden. Milch kostet inzwischen weniger als Mineralwasser" usw. Der Kommentar läuft darauf hinaus, daß sich die Bauern auf den Markt einstellen und sich als Unternehmer verstehen sollen, die, wie jeder andere Produzent, ihre Produkte „vermarkten".

Die zwei Schlaglichter aus Zeitungen sollen andeuten, was wir Theologen, Christinnen und Christen schwerlich übersehen können, daß nach üblicher, weithin geteilter Auffassung, nicht Gott uns das tägliche Brot gibt und alles, was zum Lebensunterhalt nötig ist – sondern daß wir das Brot erwirtschaften. Wir leben in einer rationalisierten Lebenswelt. In ihr werden dominant (vorherrschend) zwei Erkenntnis- und Handlungsweisen praktiziert: die Erklärung aller Dinge und Sachverhalte nach ihren kausalen Ursachen oder Entstehungsbedingungen und die Bewertung aller Dinge nach ihrer Zweckmäßigkeit, d. h. als Mittel für von Menschen gesetzten, ökonomischen Zwecken.

Selbstverständlich wurde auch in der traditionalen, vormodernen Lebenswelt gewirtschaftet. Es gab dafür einen eigenen Stand, den „status oeconomicus", den Haus-Stand, den Stand der Haushaltung. Doch die agrarischen Tätigkeiten bezogen sich auf einen von der Natur vorgegebenen und insofern selbstverständlichen Zweck: auf den Lebensunterhalt derer, die zur „Haushaltung" gehörten: „fromm Gemahl, fromme Kinder, fromm Gesinde" (Luther) unter dem Hausherrn. Vormals ging es schlicht um Selbstversorgung zum Zwecke des eigenen Überlebens. In unserer Lebenswelt werden die sog. „Agrarprodukte" verkauft mittels des Marktes zu einem bestimmten Preis, also zu einem Zweck von Menschen gesetzt und/oder von einem anonymen Markt diktiert.

Die in unserer rationalisierten Lebenswelt dominant praktizierten Methoden, die Kausalerklärung und die Zweck-Mittel-Rationalität, „funktionalisieren" alles. Sie geben aber nicht zu erkennen, was „etwas" als es selbst oder in sich selbst ist. Sie lassen weder Gott noch Ich und Du erkennen, schließen im Gegenteil diese aus. Das ist der heimliche Nihilismus der Moderne.

III.

Die Theologie heute kann nur bei *dem* im Leben einsetzen, das den beiden genannten Erkenntnis- und Handlungsweisen nicht unterliegt. Da ist vor allem und zuerst die einzelne Person als sie selbst, die sich immer zu allem, was sie betrifft, selbst verhalten und darin sich selbst verstehen kann. Bei diesem Selbstbefund sollte die Theologie einsetzen, um einen Ort, einen „Sitz im Leben" zu haben. Denn der einzelne, die einzelne kann erkennen, daß kein Mensch sein Leben aus sich selber hat, sondern daß es ihm *gegeben*, vorgegeben ist, auf daß er es annehme und es *selbst* lebe. Jeder Mensch als Person kann erkennen, daß weder er sich, noch seine Eltern ihn hergestellt, produziert haben. Besinnt er sich auf sich selbst, so kann er erkennen, daß er, auch seinen Eltern gegenüber, etwas Eigenes, eben er selbst, ist. Er würde sich nicht selbst wahrnehmen, hielte er sich für ein Produkt, für ein Produkt anderer, der Gesellschaft oder einer blinden Natur-Evolution. Er wäre nur ein anonymes, ein austauschbares Exemplar, wie es das Einzelwesen in der Natur ist. Möge er, naturwissenschaftlich gesehen, zufällig sein; sein Leben selbst kann er nicht für zufällig halten. Denn jeder weiß, daß er für das, was er tut, selbst verantwortlich ist. Wäre der Mensch als er selbst, der Mensch als Person, nur Produkt von anderen, von der Gesellschaft, so gäbe es keine Freiheit, keine Selbstbestimmung, keine Würde, keine Schuld und keine Vergebung. Und noch ein weiteres kann jeder, jede bei sich selbst erkennen: daß das leibliche und insofern natürliche Leben, solange es jeweils besteht, sich selbst erhält, also in sich selbst lebendig ist, aber auch in sich gefährdet und somit *endlich* ist. Erkennt und versteht einer das Gegebensein seines Lebens, nimmt er das wirklich wahr, und läßt er das für sein Leben wirklich zu, so anerkennt er, daß das Leben *gut* ist, daß es zu leben gut ist. So bejaht einer sein Leben. Und er kann noch einen Schritt weiter gehen: Er kann für sein Leben, das er hat, *dankbar* sein. Und wenn das für ihn nicht ein unbestimmtes Gefühl ist, wenn es dabei nicht sein Bewenden hat, dann kann er *Gott* dafür dankbar sein: Gott, der Quelle des Lebens. Und er kann Gott darum bitten, daß ihm das Leben weiterhin gegeben sei.

So könnte die Brotbitte des Vaterunsers bereits aufgrund dieses ersten Eindruckes, daß das Leben uns gegeben ist und daß es zu leben gut ist, der Wahrnehmung dieser elementaren Grundlage des Lebens jedes und jeder einzelnen und genaugenommen jedes Menschen Ausdruck und Worte geben. Doch wir sehen, ohne Besinnung des einzelnen auf sich selbst wird nicht deutlich, nicht erkennbar, wer und was Gott ist und wirkt. Wer das im Guten Gegebensein nicht für sein eigenes Leben bejaht, der wird das schwerlich für das Leben überhaupt gelten lassen. Läßt aber einer das bei sich sein, so bleibt das nicht folgenlos: Das im Guten Gegebensein des Lebens gestaltet sich ihm zu einer neuen Lebensperspektive, zu einer ihn verändernden Ausrichtung auf das gutseiende Leben um ihn herum und überall.

Zum vorgegebenen Leben – zur elementaren Lebensgrundlage und zum elementaren Lebensunterhalt – eines jeden gehört noch viel mehr als das bislang Bedachte. Keiner findet sich in seinem Leben vor ohne andere vor ihm und mit ihm. Wahrnehmen kann einer, daß es zu seinem Leben gehört, mit anderen zusammen da zu sein, und daß das gut ist. Alles Leben ist lebendig inmitten von dem, das da lebt. Und dafür, auch für diese elementare Gegebenheit, kann er dankbar sein, Gott dankbar sein. Ist er das, so kann er auch darum Gott bitten, daß diese Gegebenheit sich für ihn – ja für alle Menschen – zum Guten wende: d. h., daß Menschen sich verstehen, sich miteinander verständigen und aussöhnen.

Noch einen Schritt weiter im Blick auf die elementare Grundlage unseres Lebens kann man gehen: Zu erkennen, zu erfassen ist, daß die Erde für Lebewesen bewohnbar ist. Wäre sie das nicht, es wäre kein Leben. Es ist ein Wunder, daß es in dem endlos-ungeheuerlich großen Universum einen kleinen Planeten gibt, die Erde, auf der das Wunder des Lebens geschehen ist und sich immer neu vollzieht. Und das Wunderbare daran kommt bei dem an, der sich darüber freuen kann. Ja, um Freude am Leben oder zum Leben kann man bitten.

Doch, noch mehr ist zu sagen: Die Erde ist fruchtbar, sie läßt Nährpflanzen wachsen und gedeihen. Immer geschieht auf ihr – über den Tod von Einzelexemplaren oder auch von Arten hinaus – erneuertes und neues Leben. Und darin ist sie, ohne unser Machen und Sorgen, verläßlich und ist die Lebendigkeit des Lebens auf ihr unverwüstlich. „Solange die Erde steht, soll nicht aufhören, Saat und Ernte, Frost und Hitze, Sommer und Winter, Tag und Nacht“ (1. Mose 8,22). Ein Lebensrhythmus für unser Leben ist das, der mit dem Bestehen der Erde gegeben ist. Es könnte im Blick auf die belebte Natur überhaupt erkennbar werden, begreifbar sein, daß die Natur *in sich selbst* etwas ist, etwas ganz ihr Eigenes hat, nämlich daß sie in sich *lebendig*, also selbstlebendig ist.

Luther weist uns an, in der Brotbitte die unentbehrliche Grundlage unseres Lebens und das Notwendige für den Lebensunterhalt zu bedenken. Ihm folgend legt es sich für uns nahe, die genannten unentbehrlichen Grundlagen für das Leben – die Bewohnbarkeit und Fruchtbarkeit der Erde, die Selbstlebendigkeit der belebten Natur – in der Brotbitte des Vaterunsers, neu verstanden, Ausdruck zu geben. Diese grundlegenden Gegebenheiten sind für uns die „guten Gaben“ („Alle guten Gaben …“).

Aber das wird zu allererst ein Dank sein dafür, daß uns das alles *gegeben* ist, daß so Leben, unser eigenes Leben insbesondere, real ermöglicht ist. Das auch ist es, was uns mit allen Menschen, auch den Ärmsten in Afrika, verbindet, was wir mit ihnen gemeinsam haben. Und so kann auch der Dank an Gott dafür, daß wir und viele Lebewesen leben können auf dieser Erde, uns mit ihnen und potentiell mit allen Menschen gemeinsam sein. Auch unter den schwersten, erbärmlichsten Verhältnissen – die ganz gewiß nicht sein sollen, denen von uns abzuhelfen ist, so gut es geht, die es aber auch zu Luthers Zeiten gab –, auch unter solchen kaum erträglichen Verhältnissen kann ein Lebensmut gelebt werden und ein im Gottvertrauen ruhender Lebenswille: Er „wird's wohl machen", er läßt mich nicht verderben. – Aus dem Dank erwächst dann die Bitte, daß die Lebensgrundlage und das Notwendige des Lebensunterhaltes allen Menschen gegeben und für alle erkenntlich sei, weltweit.

IV.

Jedoch, das Gebet und unser Glaube haben, wie man sieht, die Anschaulichkeit dessen, was zum Glauben und zum Gebet veranlassen kann – bei Luther z. B. „Äcker, Vieh und alle Güter" –, verloren. Wir können nicht mehr *unmittelbar* für die Früchte der Erde, für die Äpfel, Birnen, Krautköpfe, Weizenkörner danken und um sie bitten; denn das alles wird vermarktet. Sondern danken können wir dafür, daß die Erde fruchtbar ist, Nahrungspflanzen zuläßt. Und bitten können wir, daß diese Grundbedingung unseres Lebens allen Menschen ersichtlich sei. Dafür, für diese Grundlage des Lebens und des Lebensunterhalts, können die Früchte der Erde und vorweg das „tägliche Brot" ein *Ausdruck* sein. So, in diesem Zusammenhang verstanden, also herausgenommen aus der Zweck-Mittel-Rationalität des Wirtschaftens, kann das „täglich Brot" seinen Sinn als gute Gabe Gottes haben.

Aber, so wird zu bedenken gegeben, kann man denn nicht auch für sichtbare, leibliche und natürliche Gegebenheiten und für sozial Geglücktes – für die Gesundheit z. B., für eine glückliche Ehe, für klar erwachsen werdende Kinder, für den Frieden in unserem Land –, kann man dafür nicht auch danken und darum bitten? Nun, gewiß doch. Nur – wem das zuteil geworden ist, der möge für sich selbst wissen, daß ihm das umsonst, ohne sein Machen und ohne ein Privileg, unverdient und im Blick auf viele andere zufällig, zuteil geworden ist. Er danke Gott, so gut er kann von Herzen, aber vergesse die anderen, die das entbehren, nicht, sondern bitte darum, daß das, was ihm geschenkt ist, *allen* Menschen zuteil werde, weltweit – und setze sich dafür ein, so gut er kann.

Doch es ist nicht nur für die Gesundheit zu danken und um sie zu bitten, sondern für das Leben selbst und um es. Noch einmal sei Paul Gerhardt angeführt: „alsobald im Mutterleibe, da er [Gott] mir mein Wesen gab und das Leben, das ich hab und noch diese Stunde treibe" („Sollt ich meinem Gott nicht singen?", Strophe 2).

In einem öffentlichen Gottesdienst jedoch sollte der Dank und die Bitte dem gelten, was alle Menschen betrifft und wofür alle danken können, also in unserem Zusammenhang hier der Grundlage des Lebens und dem Unabdingbaren des Lebensunterhalts.

Zum Schluß eine Art Zusammenfassung: Unser Gebet zu Gott hat sich der Form oder Struktur nach bedeutsam verändert. Zu allererst und grundlegend steht der *Dank* an Gott für das, was uns gegeben ist. Daraus erhebt sich die *Bitte*, es möge mir und jedem Menschen das Leben und alles, was in ihm wesentlich ist, gegeben werden und erhalten bleiben und weiterhin gut und förderlich sein. Nur für das, wofür ich gegebenenfalls dankbar sein kann, nur darum kann ich Gott bitten. Doch wenn das eine Bitte an *Gott* ist, so kann sie niemals nur eine Bitte für mich sein, sondern es wird eine Bitte für alle Menschen sein. Und ich kann ehrlich nur darum bitten, wenn ich mich dafür, für menschenwürdiges Leben weltweit, einzusetzen bereit bin, so gut ich kann.

Manfred
Baumert[1]

Auch Heiden haben Geistesgaben

Charismen verstehen und erkennen bei Martin Luther

Der vorliegende Essay ist ein überarbeiteter Auszug aus der Dissertation zur Thematik *„Charismen entdecken. Eine praktisch-theologische Untersuchung in der Evangelischen Landeskirche in Baden*“[2] (2009), die an der University of South Africa, Pretoria, eingereicht wurde. Das Problem, wie sich Gnadengaben (Charismata) entdecken lassen, ist eine moderne Fragestellung. Dieser Artikel geht der Frage nach, welche Lösungsansätze der Reformator Martin Luther zum Erkenntnisinteresse der Gabenentdeckung beitragen kann. Zunächst entfaltet der Verfasser Luthers vielschichtiges Gabenkonzept, um von da aus das Problem zu klären, wie Luther die Gemeinde anleitet, Gnadengaben zu erkennen. Der Befund trägt bezüglich der Erkennungskriterien typologischen Charakter für die weitere Theologiegeschichte.

1. Fragestellung

Weltweit wird gefragt, wie Gnadengaben von Gemeindegliedern zu entdecken sind. Dabei kommen unterschiedliche Methoden, etwa empirische Fragebögen und entsprechende Seminare, zum Einsatz. Während die Freikirchen aktiv nach Geistesgaben suchen, um fähige Mitarbeiter für ihre Gemeindearbeit zu gewinnen, halten sich die Evangelisch-Lutherischen Kir-

---

1 Manfred Baumert ist Studienleiter des Akademischen Aufbaustudiums für Praktische Theologie am Theologischen Seminar Adelshofen (http://mth.lza.de).

2 In Vorbereitung zur Veröffentlichung (2011): Natürlich – übernatürlich: Charismen entdecken und weiterentwickeln. Ein praktisch-theologischer Beitrag aus historisch-systematischer Perspektive mit empirischer Konkretion.

chen eher zurück. Hinter dieser Zurückhaltung sind Theologie und Prägung des Reformators Martin Luther (1483–1546) zu vermuten. Darum stellt sich die historische Frage, was Luther zum Entdecken der Charismen beiträgt. Die Tatsache, dass Luther keine systematischen Aussagen über das Gabenverständnis in seinen Werken vorlegt, erschwert den Zugang zu seiner Auffassung über das Erkennen von Charismen. So lässt sich die Antwort auf die Fragestellung nicht einfach aus den Texten von Luther generieren. Dieser Artikel versucht daher zunächst, den vielschichtigen Gabenbegriff[3] unter systematisch-theologischen Gesichtspunkten aus den situativen Predigten und Schriften[4] Luthers zu analysieren, und erwartet, daraus die Lösung für die Problemstellung zu finden.

2. Zugang zum Gabenbegriff

Findet sich das griechische Wort „Charisma" nur in wenigen Belegstellen,[5] sind hingegen die Worte „Gaben" und *dona* über 1000 Mal belegt.[6] Wichtiger als die Begrifflichkeit ist aber die Sache. Darum muss neben dem Wort- auch das Sachfeld beachtet werden. Auch wenn Luther keine systematische Gabenlehre entwickelt, setzt er „das Charisma wieder in seine göttliche freie Stellung (und) in sein von kirchlichen Satzungen unabhängiges Recht ein" (Lauterburg 2010:77). Während in Luthers Bekenntnisschriften zwar Aussagen zu den Gaben auftauchen,[7] finden sich keine Ausführungen zum Entdecken von Gaben. Dazu bieten aber Luthers Predigten und Vorlesungen reichhaltiges Material. Allerdings liegt ein vielschichtiger Gabenbegriff

3 So auch Bayer (2001): "The word 'gift' is a fundamental word of theology, nevertheless ignored; theology must discover the meaning of this word in order to conceive its use in various fields – even unto ontology" (:45).

4 Es ist zu bedenken, dass selbst Luthers Exegesen keine Kommentare im modernen Sinne darstellen, sondern auf eine verpflichtende Anwendung seiner Botschaft hinauslaufen.

5 Vgl. WA 40/II (1532:421,28), WA 59 (1519:614,29).

6 Die Lutherbelege wurden in der digitalen Ausgabe der WA recherchiert und durften Dank der Europäischen Melanchthon-Akademie (Bretten) unter Mithilfe der Bibliothekarin, Frau Gerta Bauder, eingesehen werden.

7 Im dritten Artikel des Großen Katechismus bedeuten die dem Hl. Geist zugeordneten Gnadengaben stets: Rechtfertigung, Vergebung, ewiges Leben (Mostert 1990:33f). Wer Christus hat, ist durch den Hl. Geist mit Gaben erleuchtet und begnadet, was gleichbedeutend ist mit der Wiedergeburt (Slenczka 1990:101).

vor, weil, wie auch sonst bei Luther, die Komplexität aus dem situativen Charakter seiner Schriften und Predigten resultiert. D. h., er reagiert stets mit Gottes Wort auf die damals aktuelle Problemlage, wie etwa auf die Schwärmer, die Wiedertäufer oder die Papstkirche.[8] Hinzu kommt, dass sich Luther von der zeitgenössischen spätscholastischen Theologie absetzt. Aus diesen Gegenläufigkeiten entwickelte der Reformator seine pneumatische Hermeneutik (Asendorf 2004:30.463.498). Nach Durchsicht zahlreicher Lutherbelege ergeben sich *neun Hauptaspekte* seines Gabenverständnisses, die nicht alle eine eigenständige Überschrift erhalten, sondern an geeigneter Stelle mitbehandelt werden.[9]

2.1 Soteriologische Gabendimension

Abgesehen von den „Gaben" im Verständnis von geistlichen Gaben und Gnadengaben (WA 21 1544:419,1–4), erscheint „die Gabe", wie bei den Kirchenvätern (2.–4. Jahrhundert), vor allem personifiziert in Christus als rettende Heilsgnade[10] in ihrem ersten Hauptaspekt neben dem Glauben. Überhaupt ist Luthers gesamte Theologie allein vom „rechtfertigenden Glauben an Christus als dem Herrn, als welchen ihn der Heilige Geist offenbart hat", bestimmt (Asendorf 2004:675).[11] Bei Luther ist darum die Rechtfertigung ein Schlüssel für die unauflösbare Verbindung von Christologie und Anthropologie in der Gabenthematik. Entsprechend bezeichnet Luther in seiner Schrift „Kurzes Bekenntnis vom heiligen Sakrament" die Heilsmittel Abendmahl und Taufe als Gabe (WA 54 1544:163,2–5). Zugleich nimmt die Vergebung der Sünden als Gabe unter der soteriologischen Dimension eine zentrale Stellung ein (WA 21 1544:340,12–22).

---

8 Von da aus entwickelte Luther, wie Asendorf (2004) entgegen der früheren Forschung feststellt, zwar keine Gabentheologie, aber eine voll ausformulierte Geisttheologie (:29).

9 Teilweise lassen sich Überschneidungen nicht vermeiden.

10 „Christus als eyn gabe nehret deynen glauben und macht dich tzum Christen" (WA 10 I/1 1522:12,12 f) und WA 22 (1544:224,27–33).

11 In der Untersuchung „Grace and Gift" (2008) unterstreicht Skottene, norwegischer Lutherforscher, den rechtfertigenden und gnadenhaften Aspekt beider Begriffe, ebenso wie der dänische Lutherkenner Holm in seiner Dissertation „Gabe und Geben bei Luther" (2006:3). Zum Bedeutungsfeld von donum vgl. Holm (:132–167). Explizit werden die Charismen in beiden Arbeiten nicht behandelt.

2.2 Ethische Gabendimension

Neben dem Hauptaspekt der Gaben als Heilsgaben ist als Zweites ein ethischer Gabenbegriff zu nennen. Diesen beschreibt der Reformator so, dass der Geist durch die Gaben die Nachfolge, Heiligung und alle Lebensbereiche fördert[12] und ferner hilft, sündiges Verhalten zu vermeiden.[13] Weiter repräsentieren „die Gaben" einerseits inhaltlich positiv Geldgaben, Opfer und Geduld ebenso wie Trost.[14] Selbst die natürliche Milch der Mutter für die Ernährung des Kindes kann Luther als Geistesgabe bezeichnen.[15] Andererseits steht die negative Bedeutung des Gabenbegriffes für den Bereich außerhalb der Christenheit mit dem Teufel in Verbindung.

Bei Durchsicht einiger Predigten fällt, wie schon bei Chrysostomus, der parallele Gebrauch von „Gaben" und „Werken" auf.[16] Diese Parallelität von „Gaben" und „Werken" überrascht, denn sonst ist bei Luther die Bedeutung der „Werke" eher negativ besetzt (siehe Werkgerechtigkeit).[17] Zu fragen wäre darum, weshalb Luther „Gaben" an einigen Stellen mit den „Werken" gleichsetzt und was er inhaltlich damit ausdrücken will. Für Chrysostomus jedenfalls sind die Werke positiv belegt, weil durch sie die Taten der Liebe ausgedrückt werden (Ritter 1972:63). Vielleicht darf daraus gefolgert werden, dass sich Luther nahtlos an die Kirchenväter (2.–4. Jahrhundert) – besonders an Chrysostomus – anschließt, bei denen die Grenzen zwischen den Gaben und der Frucht des Geistes verschmelzen.[18] Auch Luther verwendet „Gaben" analog zur Liebe untereinander und zu Gott (Kongruenz: Geistesgaben und Glaube/Liebe).[19]

---

12 Vgl. WA 10/II (1522:497).

13 Indem Luther die sieben Gaben aus Jes 9,5f unter die ethischen Werke ordnet, deutet er sie in ethische Gaben um. Damit folgt Luther der altkirchlichen Tradition seit Irenäus und dem katholischen Verständnis, das bis heute vertreten wird.

14 Vgl. WA 10/I/2 (1522:76,22–29).

15 Vgl. Asendorf (1998:197f).

16 In Luthers Gebetsanleitung (WA 38 1535:365ff) werden Lebensmittel (WA 1544: 129,18f) oder der Besitz allgemein (WA 38 1535:368,16–18) und, im synonymen Sprachgebrauch, die Wohltaten und guten Werke als Gaben bezeichnet (Mikoteit [2004:266]). Unverkennbar tragen diese Gebete lehrhaften Charakter.

17 In der Schrift „Von den guten Werken" sind die Werke gut, die im Glauben geschehen (WA 6 1520:206,9–18).

18 Vgl. auch WA 2 (1519:197,22–23).

19 Vgl. WA 17/I (1525:438,14–19), WA 26 (1528:39,45).

2.3 Pneumatische Gabendimension

An den Stellen, an denen Luthers Aussagen über die Gaben nicht auf eine soteriologische oder ethische Bedeutung hinauslaufen, will er Gaben im Sinne von 1 Kor 12 verstanden sehen. So spricht er als Drittes differenziert über die Art und Weise, wie Gaben einzusetzen seien. Dabei beklagt Luther bei den Gläubigen teilweise ihren mangelnden Einsatz der Gaben in Gottes Kraft (WA 10/I/2 1526:423,7–11). In seiner Sommerpostille 1544 vertieft der Reformator denselben Ansatz, wenn er auf die Gnade verweist:

1 „Darumb zeigt der Apostel, wie Gott seine Gaben mancherley austeilet, [1. Kor. 12,4] und sagt,
2 es seien Mancherley Gaben, wie S. Paulus j. Corinth. xij. auch thut, da einem jeden ein sonders
3 zugeteilet und gegeben ist, Und dazu ein sonder Ampt, dazu er solche Gaben brauchen sol und
4 dabey bleiben, bis er zu einem andern beruffen wird, Wie abermal S. Paulus Rom. xij. [Röm. 12,
5 7] sagt: ‚Hat jemand Weissagung, der warte der Weissagung, Hat jemand ein Ampt, der warte des
6 Ampts‘ etc. Denn es ist nicht gnug, viel sondern Gaben haben, sondern es gehoeret auch die
7 Gnade dazu (wie er hie sagt: ‚Mancherley Gnade Gottes‘), das es Gott wol gefalle, segen und)
8 glueck dazu gebe, das der Mensch mit solchen Gaben wol und nuetzlich der Kirchen diene und
9 etwas guts stiffte, Solche Gnade wird nicht gegeben denen, die nicht im Glauben und nach Gottes
10 Wort oder befelh jres beruffs warten, Darumb gibt nu S. Petrus zum Exempel, wie man solcher
11 unterscheid der mancherley Gaben recht brauchen solle, ein schoene Regel und spricht: (WA 21
12 1544:419,26–39). [1. Petr 4,11]: Wer da redet, das er es rede als Gottes Wort, Wer ein Ampt hat,
13 das ers thu als aus dem vermoegen, das Gott darreichet“ (WA 21 1544: 420,1–3).

(Lutherzitat 1: Predigtauszug zu 1 Kor 12 und 1 Petr 4)

Nach Luther bekommt jeder Einzelne spezielle Gaben zu einem besonderen Amt. Diese Gaben soll er einsetzen, bis er zu einem anderen Amt berufen wird. Exemplarisch greift Luther neben Gaben für das Amt auch die Weissagung heraus. Wer diese Gabe besitzt, soll sie „warten" (Zeilen 5 und 10). Es stellt sich die Frage, ob Luther damit ein zeitliches Warten ausdrücken will. Im Duktus des Kontextes wird dazu kein Hinweis gegeben. Vielmehr denkt Luther, wie auch sonst, an die synonyme Bedeutung des Wortes „warten" im Sinne von „pflegen" oder „einsetzen"[20].

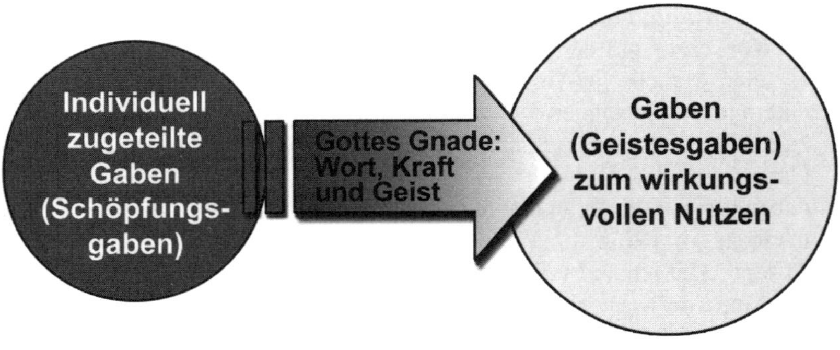

Abbildung 1: Umwandlung – Von den Schöpfungs- zu den Geistesgaben (© Graphik M. Baumert)

Der Übergang von den anvertrauten Schöpfungsgaben zu ihrem erkennbar wirkungsvollen Nutzen als Geistesgaben, wie in Abbildung 1 visuell interpretiert, liegt einerseits in der individuellen Inanspruchnahme der Gnade (Gottes Wort und Kraft), andererseits erfolgt sie über die Berufung der Gemeinde (Zeile 4: „bis er zu einem andern beruffen wird"). Bei Luther fallen also Gabe und Berufung zusammen.

In diesem Zusammenhang ist zu fragen, wer bei Luther die Gemeinde ist, die diese Berufung ausspricht: Ist es eine demokratische Versammlung

20 Vgl. die Lutherübersetzung (1912) zu Röm 12,7b–8: „Hat jemand ein Amt, so warte er des Amts. Lehrt jemand, so warte er der Lehre" und Luthers Predigt zum 4. Gebot, in der das Verb „warten" eindeutig als Fürsorge zu verstehen ist: „Denn Gott befihlt Vatter und mutter also das ampt, das sie der kinder warten" (WA 16 1525,489–490,7–8). Zahlreiche Belege enthält Grimms Wörterbuch (2010:2125–2167).

aller Gemeindeglieder oder die kirchliche Hierarchie von Bischof, Pfarrer oder Konsistorium? Im Laufe des Lebens verschiebt sich bei Luther die Ekklesiologie von einer kongregationalistischen zu einer eher hierarchischen bzw. episkopalen Ekklesiologie.[21] Neben dieser großen Verschiebung geben die Gottesdienstkonzepte, die Luther in seiner Schrift zur *deutschen Messe* darlegt,[22] zumindest Hinweise, in welchem Rahmen Berufungen Begabter zum Amt vollzogen wurden. Explizit lässt sich aber über die gottesdienstlichen Gestaltungsformen, die Luther für Wittenberg vorlegt (1526), im Blick auf das Einsetzen der Gaben nichts sagen.

Nach diesem kurzen Seitenblick gilt es, zum obigen Lutherzitat zurückzukehren. Charakteristisch dabei ist vor allem die glaubende Inanspruchnahme der Kraft und Gnade Gottes. Kraft Gottes versteht Luther indes als Kraft des Geistes, also pneumatisch, wie etwa im Kleinen Katechismus deutlich wird.[23] Entscheidend ist der Übergang von den Schöpfungsgaben oder Gaben zu den Gnadengaben bzw. Geistesgaben durch die personal-relationale Beziehung zu Gott und der gemeindlichen Berufung. Wie im obigen Lutherzitat deutlich wird, ist dabei der Dienstcharakter das entscheidende Kriterium. Im weiteren Verlauf der Sommerpostille fällt erneut der gleichbedeutende Gebrauch von Gaben und Werken auf (WA 21 1544:504,18 f).[24] In diesem Kontext ist der Begriff „Werke“ im Sinne charismatischer Gaben zu verstehen.

Zu der Fragestellung, wie Gaben zu erkennen sind, reicht diese Antwort aber noch nicht aus. Denn ausschlaggebend ist doch, ob die Gemeinde auf die Berufung oder auf Gaben achten soll und woran die Gemeinde erkennen kann, ob das eine oder andere zutrifft. Anders gefragt: An welchen Kriterien erkennt die Gemeinde, wer zu welchem Amt berufen ist? Selbst wenn diese Problemstellung noch offen ist, bleibt als *erster Erkenntnisfortschritt* festzuhalten: Für Luther verwandeln sich die empfangenen Gaben beim Einzelnen durch den Glauben und die Inanspruchnahme der Gnade in der Kraft des Wortes Gottes und des Geistes. Die Zäsur liegt also nicht zwischen Schöpfungsgaben und Geistesgaben, sondern in der Anwendung der Gaben: einem Rechnen durch den Glauben mit der Gnade und Kraft Gottes. Luther legt also

---

21 Krarup (2007) zeigt, dass die Verschiebung zur episkopalen Ekklesiologie (Landesherren wurde bischöfliche Kirchenhoheit übertragen) zu Problemen im Verhältnis von Berufung und Ordination führte (:211–230).

22 Vgl. WA 19 (1526:72,32–75,30).

23 2. Hauptstück, 3. Artikel: „Ich glaube, […] der Heilige Geist hat mich durch das Evangelium berufen, mit seinen Gaben erleuchtet …“ (WA 10/I 1522:302,12 f), übersetzt in Bayer (2007:116.220).

24 „Also sind auch im Reich Christi mancherley gaben, werck, leiden etc. einem jglichen nach seiner masse und beruff zugeteilet.“

einen besonderen Schwerpunkt auf die aktualisiert-relationale Verbindung zu Gottes Kraft und Gnade, wenn es darum geht, Gaben einzusetzen. Diese Grundaussage besitzt für die gegenwärtigen theologischen Hauptfelder typologische Bedeutung.[25]

2.4 Schöpfungstheologisch-anthropologische Gabendimension

Als Viertes qualifiziert Luther die Gaben in ihrer anthropologischen Dimension, weil Menschen bzw. Heiden sie besitzen: *„Das ist aber auch der Christen eigene kunst und das furnemest, so sie und die Heiden scheidet, das sie wissen und erkennen, das solche gaben, empter und krefften Gottes und des HErrn Christi und heiligen Geistes sind, Denn solches erkennet und sihet die Welt nicht, ob sie gleich auch Gottes gaben hat"* (WA 22 1544:184,35–40). Die Frage ist, welche Gabendefinition hier speziell vorliegt. Meint Luther „Geistesgaben", die sogar die Heiden[26] besitzen, wie in der These von Oskar Föller vertreten (1997:178)? Dieser Interpretation zufolge hätten auch Heiden den Heiligen Geist. Oder denkt Luther an Schöpfungsgaben? Sollte die zweite Deutung maßgebend sein, käme Luther wohl von der Schöpfungstheologie her. Diese theologische Problemstellung spielt jedenfalls in das Thema des Entdeckens der Gaben hinein. Stimmt die *erste* Auffassung, besitzen alle Menschen Charismen und sind vom Geist Gottes durchdrungen. Das aber widerspricht Luthers reformatorischem Ansatz der Rechtfertigung radikal. Die *zweite* Interpretation stößt an ihre Grenzen, sofern an die heutige Kategorie der natürlichen Fähigkeiten im Sinne von Kompetenzen gedacht wird. Zu bedenken ist aber, dass, nach dem was unter Punkt 2.3 erarbeitet und in *Abbildung 1* dargestellt wurde, Schöpfungsgaben und Geistesgaben bei Luther kaum zu unterscheiden sind. Denn Schöpfungsgaben werden zu Geistesgaben, wenn sie durch die Inanspruchnahme der Kraft des Heiligen Geistes und der Gnade Gottes in den Dienst der Gemeinde gestellt werden und dem Nächsten dienen. Denn bei Luther wird, wie die deutsche Lutherforschung zeigen kann, die Verwirklichung des Menschseins dem Menschen völlig entzogen und „allein dank der reputatio Gottes und dem sola fide"

---

25 Ähnlich die Exegeten: N. Baumert (2001:227) und Dunn (1997:254). Praktische Theologie: Herbst (2010:28f).

26 Selbst die Verwendung des Heidenbegriffs kann mehrdeutig sein. Nach Körnlein (2005) kann Luther die leitenden Gemeindeglieder als Heiden bezeichnen, weil er sie nach dem damaligen humanistischen Bildungsstand beurteilte (:62, Anm. 162).

durch die Rechtfertigung gegeben (Ebeling 1990:59).[27] Nach Mostert (1990) führt „der Heilige Geist den Menschen über Christus zum Vater und zum Schöpfer zurück“ (:32). So ist *Christus der Brennpunkt*, der die natürlichen Fähigkeiten in Rückführung auf den Schöpfer allen Menschen schenkt. In der Sprachgestalt des Kleinen Katechismus bilden sich die umfassenden Lebensfähigkeiten und Gaben des Menschen ab, indem Gott, der Schöpfer, der „kategorisch Gebende“ ist (Bayer 2007:155).[28] Alles Geschöpfliche wirkt Gott, darum führt das Wahrnehmen der Begabungen über das Danken und Loben zum Dienen. Ausgehend von dieser *doxologischen Dimension der Charismen*, lehnt Luther das eigenmächtige Handhaben der Gaben stets ab (WA 22 1544:217,10–12). Dies kommt in seinen Predigten und Schriften fast durchgängig zum Ausdruck. Luther rechnet also mit der *hamartiologischen Dimension* der Charismen,[29] die ambivalente Deutungen einschließt. Im Hintergrund steht die theologische Dialektik, beides zu sein, Sünder und Gerechter.

Nach dieser Annäherung ist jedoch die Ausgangsfrage nach dem Empfang der Geistesgaben an Heiden noch offen. Um dem Versuch einer Lösung näher zu kommen, ist Luthers Regimentenlehre[30] anhand zweier Predigtbeispiele aus seinen späten Jahren dort aufzunehmen, wo er sie im Zusammenhang mit den Gaben entfaltet. Im einen Beispiel handelt es sich um seine Sommerpostille:

---

27 Angesichts des biblischen Schöpfungsglaubens befreit sich Luther vom Kausalitäts- und Analogiedenken, weil er die Schöpfung als Ergebnis der Rechtfertigung begründet. Mensch und Welt werden also durch Christus „im Horizont der Schöpfung neu aneinander gewiesen“ (Gloege 2004:1598).

28 „Ich glaube, dass mich Gott geschaffen hat samt allen Kreaturen, mir Leib und Seele, Augen, Ohren und alle Glieder, Vernunft und alle Sinne gegeben hat und noch erhält … ohn all mein Verdienst und Würdigkeit, dass *alles ich ihm zu danken und zu loben und dafür zu dienen und gehorsam zu sein schuldig bin*“ (WA 30/1:364,2–365,4, kursiv MB), übersetzt in Bayer (2007:148). Alles Geschöpfliche wirkt Gott, was (1.) vom Wahrnehmen über das Loben zum (2.) Reden, Dienen und Weitergeben der Begabungen führen muss (:162).

29 Selbst wenn Luther inhaltliche Redundanzen zulässt, sollen sie hier vermieden werden. Aus diesem Grund wird die hamartiologische Dimension der Charismen nicht unter einem eigenständigen Punkt erarbeitet.

30 Zur fundamentaltheologischen Erörterung der Regimentenlehre vgl. Anselm (2004: 776–784).

1 „Gleich wie er auch andere zeitliche gueter unter die Heiden und Gottlosen allezeit gegeben und
2 erhalten hat, das die Heiden und Gottlosen auch haben solten jre Propheten, Aposteln und
3 Theologos oder Prediger zum weltlichen regiment, wie auch S. Paulus der Cretenser Poeten,
4 Epimeniden, jren Propheten nennet. Und Mattheus die Heiligen drey Koenige Magos, nennet,
5 darumb das sie der Araber Priester, Propheten oder Lerer waren. Also sind bey jnen Homerus,
6 Plato, Aristoteles, Cicero, Ulpianus &c. gewest, wie bey Gottes volck Moses, Elias, Esaias & c.
7 Und jre Keiser, Koenige, Fuersten, als Alexander, Augustus & c. sind jre Davides u. Salomones
8 gewest." (WA 51 1534/36 234:1–9)

(Lutherzitat 2: Neutestamentliche Gabenbezeichnungen für Heiden)

Weil Luther auf Plato und Aristoteles, Alexander und Augustus Bezug nimmt (Zeile 6), geht es nicht um Geistesgaben im neutestamentlichen Sinne,[31] stattdessen ist, meiner Einschätzung nach, eher an immanente Gaben zu denken. Denn obwohl Luther die theologische Terminologie „Propheten, Aposteln und Theologos" auf die Welt anwendet, hat diese vergleichenden Charakter. Überdies zeigt die Präposition „zum" im vorliegenden Zitat (Zeile 3), dass Luther diese „Gaben" nicht mit denen im geistlichen Regiment gleichsetzen will, sondern sie für das weltliche Reich reklamiert. Dass Gott jedem Reich entsprechende Gaben gegeben hat, dem einen zum ewigen Reich und dem anderen mit dem Ziel, das weltliche Reich zu erhalten,[32] zeigt die weiterführende Logik seiner Auslegung,[33] wie es auch Peters (1991)

31 Anders akzentuiert bei Föller (1997:178).

32 Calvin teilt dieses Gabenverständnis Luthers, wenn er von „gratia generalis" spricht und damit die jedem Menschen verliehenen Gaben meint, die ihm zur Wissenschaft, Kunst und sozialen Arbeit gegeben wurden (Dabney 1997:95).

33 Vgl. WA 51 (1534/1535): „Denn gleich wie die geistlichen und Heiligen Propheten und Koenige haben die leute geleret und regirt zum ewigen Gottes Reich zu komen und da bey zu bleiben, So haben diese weltliche, Heidnissche, Gottlosen Propheten und Koenige die leute geleret und regirt, das weltliche Reich zu erhalten. Denn weil Gott den Heiden oder der vernunfft hat wollen die zeitliche herrschafft geben, hat er ja auch muessen leute dazu geben, die es mit weisheit und mut, dazu geneigt und geschickt weren und erhielten, gleich wie er allezeit seinem volck hat muessen geben

bestätigt (:43). Folgerichtig ordnet Luther die Selbsterschließung des dreieinigen Gottes so, dass sein Schöpferwirken dem weltlichen Reich und das Erlösungshandeln dem geistlichen Regiment zugehört (:43) und der Geist, als *spiritus creator*, beides umgreift (:46).[34]

Als anderes Beispiel dient Luthers Predigt über Joh 16. In ihr vergleicht er die Worte des Papstes – die Luther mit denen der Heiden gleichstellt – mit den Worten Christi. Luther folgert, dass beide, Papst und Heiden, der Vernunft unterworfen seien und daher weder den Heiligen Geist kennen noch besitzen.[35] Einige Passagen weiter differenziert Luther seine Darlegung, indem er zwei Genres der Weissagung erwähnt. Das *erste* Genre ordnet er der politischen Prophetie des Alten Testaments zu. Es gehört vor allem in den Rahmen des weltlichen Regiments. Diese Art der Prophetie soll Gott auch „zu weilen den Boesen so wol als den Fromen“[36] zuteilwerden lassen (WA 46 1537:60,37–38). Dagegen ordnet er das *zweite* Genre der Prophetie, welches die Entwicklung des Glaubens und eschatologische Themen der Kirche beinhaltet, ausschließlich dem Reich Christi zu. Es wird, nach Luthers Ansicht, den Christen von niemand anderem als durch den Geist offenbart (:61,13–14). Während hier entsprechend den Regimenten ein zweiteiliger Gabenbegriff vorliegt, muss zur Kenntnis genommen werden, dass Luther demgegenüber die Gaben des Geistes beiden Regimenten homogen zuordnen kann. Die Trennlinie zieht Luther aber qualitativ. Das heißt, die Gaben in ihrer ganzen Bedeutungsbreite (u. a. soteriologisch, pneumatologisch) sind grundsätzlich in beiden Regimenten vorhanden. Während sie im weltlichen Reich nicht erkannt werden, erschließen sie sich aber im Reich Christi, wie zur Verdeutlichung der entsprechende Predigtauszug in einem Textschaubild zeigen kann (WA 22 1544:184,36–40).[37] Mit dem Indikativ „sind“ werden

---

rechte, reine, trewe Lerer, die seine Christliche Kirchen haben koennen regirn und wider den Teufel streiten“ (:243,10–18).

34 In diesem Zusammenhang ist an den Satz von Augustin zu denken: „opera trinitatis ad externa sunt indivisa“ – „die Werke der Trinität nach außen hin sind unteilbar“ (vgl. Lange 2001:260), d. h., auch wenn z. B. der Heilige Geist in besonderer Weise an den Gläubigen wirkt, so ist er doch auch am Wirken des Schöpfers und des Erlösers mit beteiligt.

35 WA 46 1537: „Welches alles der Vernunfft unterworffen ist, als leiblich und vergenglich wesen, so zum Reich Gottes nichts fordert, Und die Heiden eben so gut machen koennen, so vom Heiligen Geist nichts uberall wissen noch haben“ (:52,33–36).

36 Teilweise kämen diese Gaben auch bei Christen vor. Sie wären zwar zum geistlichen Leben nicht nötig, wer diese Art der Weissagung aber erhalten hat, soll sie wie die anderen Gaben einsetzen (WA 46 1537:61).

37 In der Psalmenauslegung 101 sagt Luther: „Denn es haben offt die Gottlosen von Gott viel schoener, hoher gaben und geschickligkeit zu weltlichen sachen …“ WA 51

die Gaben, wie unten im Lutherzitat zu sehen, bleibend trinitarisch[38] bestimmt (Zeile 4).

	Christen	Heiden
1	Das ist aber auch der Christen eigene kunst und das furnemest	
2	so sie und	die Heiden scheidet
3	das sie wissen und erkennen	
4	das solche gaben, empter und kreffte Gottes und des HErrn Christi und heiligen Geistes sind	
5	ob sie gleich auch Gottes gaben hat.	
		Denn solches erkennet und sihet die Welt nicht
		ob sie gleich auch Gottes gaben hat.

(Lutherzitat 3: Gaben erkennen bei Christen und Heiden [© Graphik M. Baumert])

Drei komplementäre Lösungsansätze bieten sich an:

1. Die Heiden besitzen alle Gaben des Geistes – auch wenn sie den Urheber nicht kennen.
2. Luther verwendet die gleiche theologische Terminologie für Christen wie Heiden: Die Gaben werden trinitarisch bestimmt. Zwischen den Gaben des Geistes, den Gaben des Herrn Christus und Gottes- bzw. Schöpfungsgaben besteht kein Unterschied.
3. Die trinitarischen Gaben des Geistes stehen allen Menschen zur Verfügung. Weil die Heiden jedoch den Urheber nicht kennen, erkennen sie weder die Gaben Gottes, noch können sie seine Kraft anwenden.

Vernunftbegabte Sprach- und Auslegungskompetenz

Die Kompetenz zur Schriftauslegung dient als abschließendes Beispiel, an dem die Unterscheidung wie auch das Zusammenspiel von allgemeinen Gaben (Schöpfungsgaben) und Geistesgaben vorzustellen ist. Zur anthropologi-

(1534:226,27f), aber die erkennen es nicht, wie Luther in anderen Predigten bemerkt, etwa in WA 21 (1544:418,28–34).

38 So werden auch die drei Personen Gottes als Gaben bezeichnet (WA 54 1545:64,17).

schen Gabendimension gehört die vernunftbegabte Sprachkompetenz.[39] So plädiert Luther in seiner Schrift „an die Ratsherren aller Städte deutsches deutschen Landes" (1524), dass sie christliche Schulen und Ausbildungsstätten einrichten sollten. Hier ragt die schöpfungstheologische Dimension der Charismen in die *hermeneutisch-kommunikative und pneumatische Dimension* hinein, weil das „Evangelium, das durch den Heiligen Geist gekommen ist und täglich kommt [...], durch die Vermittlung der Sprachen [...] gewachsen und [...] dadurch auch erhalten werden" muss (WA 15 1524:37,4–6).[40] An anderer Stelle definiert der Reformator die Auslegungskompetenz explizit als Gabe des Heiligen Geistes.[41] Bei Luther kommen zwei charismatische Komponenten zusammen: Erstens beansprucht die Bewahrung des Evangeliums sprachliche Fähigkeiten (Hebräisch, Griechisch und Latein), die durch eine entsprechende Bildung anzueignen sind.[42] Zweitens bedarf es, pneumatologisch gesehen, das Wahrnehmen des Heiligen Geistes als Hermeneuten. Bildung und Heiliger Geist verbinden sich.

2.5 Ekklesiologische Gabendimension

Als fünften Hauptaspekt behandelt Luther in derselben Predigt zu 1 Kor 12 spektakuläre Einzelgaben. Der Grundtenor innerhalb der ekklesiologischen Gabendimension ist mit seiner Einleitung gelegt: Einsatz der Gaben zur Einigkeit und Auferbauung der Kirche,[43] vornehmlich im Predigtamt (WA 22 1544:170,24f). Die Charismen insgesamt bestimmt Luther trinitarisch (:181,20–28) und ordnet sie – wie noch zu zeigen ist – in das Leib-Glied-Denken ein (vgl. Punkt 3). Im Gegensatz zu den falschen Christen (Mt 7,22), die ihre Gaben ohne Beziehung zu Christus einsetzen, hebt Luther den selbstlosen Einsatz der Gaben hervor (WA 22 1544:183,1–10), welchen er chris-

39 Ähnlich Dieter (2009) im Begründungszusammenhang von „Heiliger Geist und Vernunft bei Luther" (:173–196).

40 Nach der Übersetzung von Dieter (2009:188).

41 Vgl. Die „gabe des heiligen Geystes, die da heyst Außlegung der Schrifft, ist ein ewiger schatz, dadurch wir lernen Gott erkennen" (WA 52 1544:4).

42 Zur Hochschätzung der drei Grundsprachen vgl. WA 15 (1524:37,18–24, :38,1–6, :40,8–13).

43 Luther spricht davon, dass die „Kirche erbawet" (erbaut) werden soll (WA 21 1544: 198,1f :418,37).

tologisch begründet.[44] Insofern markiert er ein wesentliches Kriterium für ihre erkennbare Echtheit. Dahinter steht Luthers theologischer Ansatz einer Trennung zwischen (christlichen) Personen einerseits und christlichen Amtsträgern innerhalb der Kirche andererseits.[45]

> „Denn solches (außergewöhnliche Gaben) nicht ist der personen, sondern des Ampts oder wirckung des Geists, so der Kirchen gegeben wird, Das sie in dem Ampt und von wegen der Kirchen viel und grosses thun, das nicht jnen, sondern andern nuetzet" (WA 22 1544:183,7–11).

Die Vollmacht, außergewöhnliche oder auch geringe Gaben wirkungsvoll einzusetzen, ist daher nicht einzelnen Personen gegeben, sondern, wie Luther weiter erklärt, vorrangig Amtsträgern. Er bestimmt diese Vollmacht als Wirkungen des Geistes. Auch wenn er dem Amt einen Vorrang einräumt, werden die Gaben insgesamt der Kirche gegeben.[46] Diese bisher kaum untersuchte ekklesiologische Auffassung lässt auch Goertz (1997) in seinem ausgewiesenen Exkurs zum Charismenverständnis bei Luther erkennen (:241–252).

Als *zweiter Erkenntnisfortschritt* bleiben zwei Befunde festzuhalten: Dass Gaben in ihrer soteriologischen Bedeutung Loben und Danken auslösen, wurde an anderer Stelle untersucht.[47] Hier ist als erster Befund deutlich, dass charismatische Gaben zur Dankbarkeit führen, weil nach Luther der Begabte dem Schöpfer und seinem erlösenden Handeln in Christus alles verdankt.[48] Grundsätzlicher erscheint als zweiter Befund Luthers vielgestaltiger Sprachgebrauch hinsichtlich seines Gabenbegriffs, der hier herausgearbeitet werden konnte. Er fordert eine hermeneutisch-theologische Differenzierung, um nicht zu vorschnellen Bedeutungszuweisungen zu kommen. Aus dem bisher Gesagten ergibt sich, meiner Einschätzung nach, bei Luther ein neun-

---

44 Weil Christus gedient hat, „darumb sind die Gaben uns nicht gegeben zu unserm kuetzel, hoffart, trotz oder stoltz, Sondern dem Nehesten zu nutz und huelffe, wo wir nur koennen" WA 51 (1546:170,30–32).

45 Föller (1997) betont mehr den Gegensatz zwischen Personen und Amtsträgern. Vollmacht zur Ausübung von Gaben ist nicht Personen gegeben, sondern den Amtsträgern (:178).

46 Weitere Belege: WA 21 (1544:418,28f) und WA 22 (1544:183,5.8.30.36. :184,8–10. :186,30). In der gleichen Predigt definiert Luther, was er unter Gaben, Kräften, Werken und Ämtern versteht. Ämter sind berufene und geordnete Gaben (Apostel, Evangelisten ...) in der Gemeinde (:183,22–32). Kräfte und Werke sind ebenso synonym verwendet (:183,16) wie Gaben und Kräfte (:183,34–37).

47 Vgl. Mikoteit (2004:134ff).

48 Vgl. u.a. die Sommerpostille zu 1 Kor 12, WA 22 (1544:306–310). Zur Dankbarkeit: Mostert (1990:16).

faches Gabenverständnis.[49] Die Begabungen sind zweifach von Gott beiden Herrschaftsbereichen (Regimenten) zugeteilt, um ihrem jeweiligen Auftrag zu dienen. In der Zusammenschau von Luthers Ausführungen ist sein Gabenverständnis trinitarisch definiert und bezieht sich auf beide Bereiche. Darum kann Luther ohne weiteres auch von den Gaben des Geistes im weltlichen Bereich sprechen. Aus *Abbildung 2* ist zusammenfassend eine neunfache Gabendimension bei Luther zu entnehmen:

<table>
<tr><th colspan="4">Neunfache Gabendimension</th></tr>
<tr><td colspan="4">1. anthropologisch</td></tr>
<tr><td colspan="4">2. hamartiologisch</td></tr>
<tr><td colspan="4">3. pneumatologisch</td></tr>
<tr><td colspan="4">4. doxologisch</td></tr>
<tr><td colspan="4">5. ethisch</td></tr>
<tr><td colspan="2"></td><td colspan="2">6. soteriologisch
7. christologisch
8. ekklesiologisch
9. eschatologisch</td></tr>
<tr><td colspan="4">trinitarisch</td></tr>
<tr><td colspan="4">für das weltliche und geistliche Regiment</td></tr>
<tr><td>weltliches Regiment</td><td></td><td colspan="2">geistliches Regiment</td></tr>
<tr><td>Gaben, Kräfte und Geistesgaben im Einsatz zur Erhaltung des weltlichen Regiments</td><td>Heilsgabe für die Menschen, Gerechtigkeit vor Gott</td><td>Gaben, Kräfte, Geistesgaben im selbstlosen Einsatz zum Nutzen anderer, zum ewigen Reich</td><td>Gaben für die Nachfolge und Heiligung</td></tr>
<tr><td colspan="4">Synonyme: Gaben, Wohltaten und gute Werke (Besitz, Kleider, Essen …)
Werke und Geistesgaben, Liebe (Frucht) und Gaben</td></tr>
</table>

Abbildung 2: Gabendimensionen und -begriffe in der Zuordnung der Zwei-Reiche-Lehre (© Graphik M. Baumert)

49 Die eschatologische Dimension kann hier nicht mehr näher ausgeführt werden, verdient aber, genannt zu werden (vgl. etwa WA 36 1532:587b,36–40).

Das Schaubild versucht, die unterschiedlichen Dimensionen der Charismen im Verhältnis zu den beiden Regimenten bildhaft darzustellen. Während die ersten fünf Dimensionen beide Regimente durchdringen (durchlaufende Linien), markieren die Dimensionen 6 bis 9 eine qualitative Zäsur, indem die soteriologische, christologische, ekklesiologische und eschatologische Dimension der Charismen das geistliche Regiment bestimmen und in Christus nutzbringend wirken.

3. Kriterien des Gabenerkennens

Von Luthers neunfachem Gabenbegriff ausgehend, ist oft nicht eindeutig bestimmbar, ob tatsächlich ein ekklesiologisches Gabenverständnis existiert. Was Luther jedoch in seiner Postille 1522 (Lutherzitat 4) unter Bezugnahme auf 1 Petr 4,10 fordert, scheint Hinweise auf eine ekklesiologische Richtung zu beinhalten. Wie das untenstehende Zitat zeigt, enthält es einen umschriebenen Kirchenbegriff, der ein gliedhaftes Verständnis des Leibes Christi kennt (1 Kor 12, Röm 12). Daher scheint es naheliegend, dass Luther an dieser Stelle zu einem gliedhaft-charismatischen Verständnis der Kirche anleitet, was im Blick auf seine gesamten Schriften aber zurückhaltend einzuschätzen ist (Knauber 2006:175).[50] Dies gilt allein schon deshalb, weil die Gottesdienstreform noch bevorstand (Heckel 1984:78).[51] Um nicht überzuinterpretieren, ist vor allem zu bedenken, dass Luther kein Kirchen- und Gottesdienstverständnis im heutigen Sinne kennt und sich seine Fragestel-

50 Knauber (2006) ist der Ansicht, dass „in der Stoßrichtung des Reformators die pneumatologisch-ekklesiologische Komponente von 1 Kor 12–14 und Eph 4 zu kurz" kommt (:325). Zimmerling (2002) postuliert die „radikale Ablehnung jedes Geistwirkens außerhalb von Wort und Sakrament" (:100) bei Luther, während Föller (1997) zu der Einschätzung gelangt, dass Luther weder zur Entdeckung der Gaben aufgerufen, noch „die Wir-Gemeinschaft der Kirche" entfaltet hat (:201). Während Lauterburg (2010:81ff) in seiner Arbeit über den Charismabegriff schon die passive Gemeinde bei Luther anmahnt, führt Schlatter (2002), der die Grundanliegen der Reformation bejaht, über sie hinaus, indem er in der empfangenen Gnade den Dienst verpflichtend begründet sieht (:100).

51 Luther spricht im folgenden Zitat im Konjunktiv („Wie gar eyn feyn weßen were es ..."), was seinem Wunsch nach Veränderung entspricht, aber auch schlicht den appellativen Charakter seiner Predigt unterstreichen will.

lung nicht primär um das Entdecken der Gaben bemühte. Dennoch ist diese Stelle für die hier zu verhandelnde Fragestellung beachtenswert und daher im Kontext zu zitieren.

1 „1. Pet. 3: Ihr solt seyn wie die trewen, gutten schaffner odder amptleutt der mancherley gnaden, das eyn
2 iglicher dem andern diene und fodderlich sey, das er entpfangen hatt. Sihe, da sagt S. Peter, das die
3 gnaden und gaben gotis nit eynerley, sondern mancherley sey. Und eyn iglicher soll der seynen
4 warnhemen, dieselbigen uben und damit den andern nutz seyn. Wie gar eyn feyn weßen were es,
5 wo es alßo tzugieng, das eyn iglicher des seynen warttet und doch dem andern damit dienete
6 unnd alßo hewfflich auff der rechten straß mitteynander gen hymell furen. Alßo schreybt auch sanct
7 Paulus. Ro. 12. und .1. Cor. 12: Das der corper viell gelidt hatt, aber nicht alle gelid eynerley werck, alßo
8 wyr auch viell gelid eyner Christlichen gemeyn, aber nitt alle eynerley werck haben, soll niemand des
9 andern werck, ßondern eyn iglicher des seynen warnhemen, und alle ynn eynem eynfeltigen gehorsam
10 ynn vielerley befelh und manchfeltigen wercken eyntrechtlich wandeln" (WA 10/I/1 1522:311,3–13).

(Lutherzitat 4: Kirchenpostille am St. Johannestag 1522)

Was ist zur Textanalyse zu sagen? Auffällig ist zunächst die sprachliche Verschiebung von den Gaben Gottes zu den Werken (Lutherzitat 4, Zeilen 3 u. 7–9). Beide Begriffe werden, wie schon wiederholt festgestellt, synonym verwendet. Luther stellt den Begriff „Werke" hier in einen ekklesiologischen Kontext synonym zum Gabenbegriff.

3.1 Individuelle Gabenförderung

Weiter ist dieses Lutherzitat von Bedeutung, weil die Belegstelle vom Erkennen der Gaben spricht. Luther entfaltet sie im Rahmen des ekklesialen Handelns. Er spricht über die Grenzen der individuellen Begabungen, um das egoistische Verhalten derjenigen abzuwehren, die meinen, alles zu können. Es ist wesentlich, dass nicht die Gaben des anderen zu entdecken sind, sondern *jeder*[52] *seine eigenen* Gaben durch den Glauben einüben soll. Außerdem sollen *alle* in einfältigem Gehorsam (Lutherzitat 4, Zeile 9) *einander* innerhalb der Gemeinde, die Luther als Leib mit seinen Gliedern (Lutherzitat 4, Zeile 7) versteht, dienen. Nach Asendorf (2004) darf im Ausdruck der Selbstwahrnehmung der Gaben („seynen warnhemen") jedoch nicht die moderne Terminologie mit ihren psychologischen Aspekten anachronistisch hineininterpretiert werden, sondern er ist wesenseins mit dem Glauben zu verstehen (:41).[53] Damit soll jeder Einzelne seine Gaben im Glauben einüben („dieselbigen uben"). Angesichts der Schöpfungstheologie Luthers wäre es durchaus legitim, ein gewisses Wahrheitsmoment im psychologischen Wahrnehmen (sinnlich wahrnehmen, entdecken) der Gaben und Werke anzunehmen.[54] Auch das Grimm'sche Wörterbuch (2010) unterstützt die Wortbedeutung des psychologischen „Wahrnehmens" und Entdeckens der Charismen, wenn die Grundbedeutungen „sich umschauen, ins Auge fassen, betrachten, acht haben, seine Aufmerksamkeit [...] auf etwas richten"[55] die Bedeutungsbreite bestimmen. In der älteren Sprache soll der Begriff des „Achtgebens" vorherrschen. Das Bedeutungsmoment tendiert zur „Rücksichtnahme auf etwas" oder zu „der Sorge für etwas" (:27,941–946). Richtig zu entscheiden, was Luther meint, ist aber von da aus schwierig. Angemessener scheint es daher, Luther in seinem eigenen Sprachgebrauch zu konsultieren. In der Tat stehen Belege in der unrevidierten Bibel von 1545. Dort findet sich „wahrnehmen" in Hebr 2,1 sowie 10,24, was in der revidierten Lutherbibel von 1984 mit „auf (jemanden/etwas) acht(geb)en" übersetzt wird.[56] In beiden Stellen geht es nicht um ein erstmaliges „zur Kenntnis nehmen", sondern ein vertiefendes Wahrnehmen, das sowohl Erkenntnisvorgänge, praktisches Einüben und Anwenden einschließt. In Rö-

52 Körnlein (2005) weist darauf hin, dass er in Abgrenzung zur dinglich-sakramentalen Austeilung des Heils, bedingt durch die Botschaft von der Rechtfertigung, um „das Vertrauen des einzelnen" wirbt. Damit fördere die Reformation die Subjektivität und Individualität des einzelnen Menschen (:63).

53 Es ist eine offene Frage, ob hinter Asendorfs (2004) Auffassung die nachreformatorische Theologie mit ihrer puritanischen Verengung in der Geisttheologie zum Ausdruck kommt.

54 Vgl. Besch (2003), der insbesondere die sprachliche Bedeutung Martin Luthers hervorhebt (2252–2296).

55 Diese Bedeutung findet sich in Luthers Fastenpostille 1525. Hier fordert er zum Glaubenskampf auf, indem die Aufmerksamkeit nicht auf hinderliche Dinge gerichtet sein soll (WA 17. II. 128,17–18).

56 Vgl. Hebr 2,1: „Darum sollen wir desto *mehr achten* auf das Wort, das wir hören, damit wir nicht am Ziel vorbeitreiben" und Hebr 10,24: „... und lasst uns aufeinander *Acht haben*".

mer 1,20 erscheint „wahrnehmen" allerdings schon bei Luther 1545 im Sinne von „erkennen" und wird deshalb in der revidierten Lutherbibel (1984) beibehalten.[57]

Das Ergebnis dieser Wortstudien zeigt, dass es nach dem 4. Lutherzitat darum geht, die eigenen Gaben zur Kenntnis zu nehmen. Diese Art der Selbstwahrnehmung der Gaben und Werke hat im obigen Zitat eine klare Zielsetzung: Sie soll dem anderen nutzen (Lutherzitat 4, Zeilen 4–5). Erstaunlich ist, dass der Reformator an dieser Stelle, wie schon in WA 21 (1544:419,31), vom „Warten" der eigenen Gaben spricht. Nach dem wahrnehmenden Einsetzen der Gaben fordert Luther also auch hier zum „Warten" – im Sinne von Pflegen oder Fördern – der eigenen Gaben auf. Im laufenden Satz zeigt Luther durch das Adverb „doch" an (Lutherzitat 4, Zeile 5): Die Selbstpflege der Gaben im Glauben hat ihr Recht, sofern sie auf das Dienen im Miteinander der Gemeinde ausgerichtet ist. Charismen qualifiziert Luther in ihrer individuellen Vielfalt in Bezug auf die anderen, weil sie in dieser Zuordnung zum Leib Christi ihre Wirkung entfalten (Lutherzitat 4, Zeile 7).[58]

3.2 Einheit im Leib Christi

Die weitere Recherche nach der Wendung „Leib Christi" bzw. dem gliedhaften Denken in Relation zu den Gaben in Luthers Schriften scheint vordergründig singulär zu sein. Mit anderen Wortkombinationen aber lässt sich der gleiche Sachverhalt mehrfach erheben. Da ist einmal Luthers allegorische Josephdeutung, worin er den bunten Rock mit den vielfarbigen Gaben der Kirche vergleicht (WA 14 1523/1524:21–22).[59] Eine weitere Belegstelle findet sich in der Sacharjaauslegung mit der „Messschnur"[60] und den „sieben Leuchtern", die auf die paulinischen Gaben hinweisen (WA 13 1524/1526:588). In jedem dieser Belege spricht Luther vorzugsweise das

57 Vgl. Röm 1,20: „Denn Gottes unsichtbares Wesen, das ist seine ewige Kraft und Gottheit, wird seit der Schöpfung der Welt ersehen aus seinen Werken, wenn man sie *wahrnimmt.*" Ein weiterer Beleg für das „Wahrnehmen" im Sinne des empirischen Erkennens vgl. die Adventspostille WA 10/I. 2. (1522:67,8–10). Zum „Wahrnehmen" in der Bedeutung von „einsetzen" vgl. WA 10/1 (1522:306).

58 Interessant ist Luthers Bemerkung, dass geschöpfliche Gaben am negativen Gegensatz (eine gute Ehe durch eine schlechte Ehe) erkannt werden (WA 29 1529:471).

59 Vgl. auch Asendorf (2004:469f), Hiebsch (2002:189).

60 Die Messschnur ist Christus, während das in der Hand Halten der Messschnur das Austeilen der Charismen bedeutet. Vgl. Asendorf (2004:320f).

ekklesiologische Leib-Glied-Denken an, das der Geist vermittelt.[61] Auch in seiner Predigt zu 1 Kor 12 knüpft Luther daran an, wenn er das einheitliche Handeln in der Kirche als Indikator zur Erkennung der Gaben zählt (WA 22 1544:184). Das Gesagte macht deutlich, dass Luther ein Kirchenverständnis im Sinne des Leib-Glied-Denkens kennt. Nach diesem Verständnis hat jeder seine Gaben durch den Glauben für den anderen einzusetzen, um so einander gegenseitig zu dienen.

Schließlich hebt Luther in der Auseinandersetzung mit Papst und Wiedertäufer, die Streit und Zerrissenheit auslösen, in seinem Predigtauszug zu 1 Kor 12,4–11 die Einheit bewirkende Kraft und das Wesen der Charismen als Erkennungskriterien hervor. Auch wenn er die Gabe der Dämonenaustreibung nicht besitzt, akzeptiert Luther diese Disposition, weil er vom Ergänzungsprinzip ausgeht, dass jeder mit anderen Charismen beschenkt ist.[62] Dagegen würden Müntzer und Karlstadt nach Gaben greifen, die sie nicht haben. Luther führt ihr Verhalten auf ihre Arroganz zurück. Selbst Petrus und Paulus hätten nicht alle Gaben gehabt, obwohl sie Apostel gewesen wären (WA 41 1531:398–404).[63]

3.3 Zirkuläres Erkennen

Es folgen exemplarische Belege, in denen Luther versucht, das Erkennen der Gaben weiter zu umschreiben. Entscheidend ist, dass Luther entsprechend der theologisch unumkehrbaren Reihenfolge von Rechtfertigung und Heiligung Gaben in die Heiligung integriert, wie er es in der programmatischen Vorrede zum Römerbrief entfaltet. Während die Gnade Christi jeden vollkommen annimmt, unterstehen die Geistesgaben einem Wachstumsprozess und beziehen sich eschatologisch auf Christus. Luther stellt die Charismen an die Stelle der Werke des Fleisches. Damit weisen sie einen partikularen Charakter auf (Brecht 1995:149). Christus oder der Heilige Geist fungieren als Geber der Gaben, die individuell maßgerecht zu Amt oder Beruf (Stand)

---

61 Vgl. WA 6 (1519/1520:407), WA 21 (1544:504,5–19), besonders WA 22 1544: „Gleich wie *die glieder* in einem *leibe mancherley unterschiedlich ampt* und *werck haben*, und keines kan des andern werck fueren, Und doch alle sind in leiblicher einigkeit einerley lebens, Also auch die Christen, wie mancherley unterscheid der Personen, Sprachen, *empter*, gaben unter jnen sind, doch in der einigkeit und gleicheit des sinnes, als in einem leibe leben, zunemen und erhalten muessen werden" (:57 f, kursiv MB).

62 Vgl. WA 12 (1522:333,3).

63 Vgl. Übersetzung bei Ellwein (1968:149).

ausgeteilt werden. Zu den bedeutsamen Voraussetzungen für das Erkennen von Gaben gehört es, nach Luther, das Wort von Christus angenommen zu haben und seinen Geist zu besitzen: *Niemand kann „Gottes Gaben erkennen durch seine Vernunft, sondern der heilige Geist muss (es) unserm Herzen zeigen. Wir haben den Geist Gottes empfangen, dass wir wissen können, was uns von Gott gegeben ist“*[64] (WA 31/1 1530:405,3–6), und *danken* ihm dafür. Luthers Gabenverständnis ist christozentrisch ausgerichtet – auch deshalb, weil Gaben manifestieren, *„das(s) Christus durch uns offenbaret ist“* (WA 36 1532:513b,34f).[65] In einer Predigt zu 2. Mose relativiert Luther die Gaben des Wundertuns für seine Person insofern,[66] als die Menschen letztlich doch sterben, auch wenn Gott sie vorher gesund machen würde. Seinen Zuhörern spricht er dennoch die Vollmacht Gottes zu: *„Wenn ein Mensch mit Gottes wort gefasset ist und hat Gottes wort, so will er als ein Christen wol die Blinden sehend und die Lamen gehend machen, denn Gottes wort ist in im und er ist Gottes Son“* (WA 16 1524/1527:109c,13–19). Hier predigt Luther über die Voraussetzungen, wie vollmächtige Gaben zur Wirkung kommen: durch Vertrauen auf Gottes Wort. Überall, wo also Gottes Wort gepredigt und im Vertrauen angenommen wird, werden Gaben erfahren. In Kürze zusammengefasst: Charismen wahrzunehmen ist eine Gabe des dreieinigen Gottes.

3.4 Gabenempfang und Berufung

Was bei der ganzen Gabenthematik Luthers beachtet werden muss, ist seine Akzentuierung auf die amtliche (ordentliche) Berufung, die sowohl für geistliche als auch weltliche Berufsgruppen gilt[67] und, wie erwähnt, beiden Gaben verleiht. Gerade durch die Selbstbeauftragung der Schwarmgeister sah sich

---

64 Modernisierte Übersetzung (kursiv MB). Original: „Nu kan niemand Gottes gaben erkennen durch seine vernunfft, sondern der heilige geist mus (1. Kor. 2,12) unserm hertzen zeigen, wie S. Paulus leret .j. Corin. ij.: ‚Wir haben den geist Gottes empfangen, das wir wissen koennen, was uns von Gott gegeben ist.‘“

65 Vgl. die Auslegung des Vaterunsers (WA 38 1535:365,35): „Zum andern dancke ich der herrlichen gaben, das er mir seinen namen offenbart und gegeben hat.“

66 Vgl. auch Föller (1997:181). Zu den Wundertaten bei Luther vgl. Föller (1997: 185ff).

67 Als Reaktion auf das mittelalterliche Mönchsethos wertet Luther den bürgerlichen Beruf als Gottesdienst des Christen im Bezug auf den christlichen Weltauftrag in der Schöpfungsordnung auf (Gäckle 1992:237). Eine fromme Magd, die ihrem Amt (vocatio) gehorsam folgt und den Hof kehrt oder den Mist austrägt, kommt in den

Luther veranlasst,[68] die „äußere Berufung außerordentlich stark zu betonen" (Lauterburg 2010:81). Diese These ist nach der Recherche in Luthers Werken uneingeschränkt zu bestätigen.[69] So fehlt bei Luther die Unterscheidung zwischen der inneren (*vocatio interna*) und äußeren Berufung (*vocatio externa*) (:81). Normal ist die äußere und mittelbare Berufung (*vocatio mediata*) durch die Gemeinde, die durch eine ganze Reihe nüchterner empirischer Befragungen[70] – und ethische wie natürliche Begabungen –[71] ihre Objektivierbarkeit unter Beweis stellt (WA 30/III 1532:519,12–17). Trotzdem bleibt auch hier Gott selbst der Berufende.

In zahlreichen Predigten, wie jene über die Notwendigkeit schulischer Bildung, konkretisiert Luther diesen theologischen Ausgangspunkt insofern, als in jedem Stand umfassend alle Aufgaben, Gaben und Berufungen Gottes zusammenfallen, aber nur dann, wenn sie in irgendeiner Weise das Evangelium unterstützen und somit der Ehre Gottes dienen. Auch darum kennt Luther keinen Unterschied zwischen natürlichen Fähigkeiten und Geistesgaben im heutigen Sinn, was Goertz (1997) ausgehend vom Kriterium des dienenden Nutzens der Charismen bestätigt (:248). Ein weiteres grundlegendes Argument besteht bei Luther in seiner theologischen Überzeugung, dass sich Schöpfung und Erlösung wechselseitig aufeinander beziehen.

Himmel, während ein Mann, der in die Kirche geht, aber sein Amt und Werk liegen lässt, in die Hölle kommt (WA 30/1/I (1522:310,9–13).

68 Luther widmet den Schwärmern die Schrift „Von den Schleichern und Winckelpredigern" (WA 30/III 1532:518–527).

69 Vgl. u. a. WA 34/II. 1531:306a,11 (vocatio externa), WA 40/I. 1535 (vocatio mediata), WA 40/I. 1531:59b,16 (divina vocatio duplex, una mediata, altera immediata). In seiner Predigt über 2. Mose spricht Luther von der inneren Berufung (WA 16 1524:33a,4–6 – vocatio interna).

70 Z. B.: „Wo her kommst du? Wer hat dich gesandt? Wer hat dir befohlen mir zu predigen? Wo sind deine Wunderzeichen, das dich Gott gesandt hat? Warum trittst du nicht öffentlich auf?" Die Fragen wurden zur besseren Lesbarkeit leicht modifiziert (MB).

71 Vgl. unter Punkt 3.8.

3.5 Anstifter für Wundertaten und retrospektives Erkennen

Luther unterscheidet aber graduell zwischen den Befähigungen der Christen für allgemeine Aufgaben, ihrer Befähigung, dem Evangelium zu dienen, und ihrer Berufung zum Predigtamt als einer besonderen Gabe,[72] weil Christus darin ganz und gar durch seinen Geist zum ewigen Heil wirkt, was im weltlichen Beruf nicht gegeben ist (WA 30/II 1530:562a). Aus diesem Grund wirbt Luther in der angesprochenen Predigt über die Bildung bei den Eltern um die Freigabe ihrer Kinder zum Predigtamt. Seine Motivation dazu verbindet er mit dem Versprechen, dass in diesem Amt Wunderwerke geschehen,[73] wenn „nicht leiblich", so „doch geistlich", weil Letzterem nach Christus ein höherer Stellenwert zukommt (:534a). Wenn der zum Predigtamt Gerufene „nun solche großen Werke und Wunder geistlich" vollbringt, „so folgt daraus, dass er sie auch leiblich tut oder jedenfalls *Anstifter und Ursache dazu gibt*"[74] (Lange 1982:103, kursiv MB). So gibt Lange Luthers Verkündigung wieder. Wie sonst in seinen Predigten wird deutlich: Luther bejaht nicht nur wunderhafte Gaben, sondern spricht auch davon, dass Prediger andere zum Erkennen der Begabungen auffordern.

So kennt er göttliche Erscheinungen, Offenbarungen und Träume, die unmittelbar gegeben werden. Sie seien aber wie die prophetische Zukunftsschau erst nach ihrem Eintreten zu erkennen (Föller 1997:180f). Was Wunder und Zeichen des Heiligen Geistes betreffen, sind sie nicht nur Folge der Erstverkündigung (:191), sondern können, zusätzlich zur Lehre von Christus, das wahrhaft Christliche bestätigen. Gott selbst schenkt, vergewissert und bestätigt seine Wunder (WA 16 1524:104,9–17). Auch hier wird wieder das zirkuläre Erkennen bekundet: Gottes Gaben benötigen die göttliche Approbation.

---

72 Vgl. Goertz (1997:238ff).

73 Luthers Aufzählung ist exemplarisch: „Als todten auff wecken, teuffel aus treiben, blinden sehend, tauben horend, aussetzigen rein, stümmen redend, lamen gehen machen" (WA 30/II 1530:534a).

74 Wörtlich: „Thut er nu solche grosse werck vnd wünder geistlich. So folget daraus, das er sie auch leiblich thut odder yhe ein anfenger vnd vrsach dazu ist" (WA 30/II 1530:534a).

3.6 Anleitung zum Glaubensgebet in Krankheiten

Was das Glaubensgebet in Krankheiten angeht, spricht sich der junge Luther, geprägt von seiner Kreuzestheologie, für das „Drunterbleiben" aus.[75] Heilungswunder, die aus Glauben geschehen, würden nur die Ungeduldigen und Schwachen im Glauben erfahren (Noll 2002:24). Erst nachdem Luthers Frau und sein reformatorischer Mitstreiter Melanchthon ernstlich erkrankten, praktizierte er am Ende seines Lebens das charismatische Gebet um Heilungen im privaten Bereich für sich, seine Frau Käthe und Philipp Melanchthon[76] wie in der Gemeinde und erlebte Gottes Eingreifen (:24f). In einem Brief an Pfarrer Severin Schulze im Jahr 1545 (WA.B 11:112,1–31) legt Luther auf dem Hintergrund seines theologischen Denkens und bereits geübter Heilungserfahrungen in Wittenberg die Vorgehensweise des Glaubensgebets, das in der Kraft Christi geschehen solle, fest.

1. Ortspastor besucht den Kranken mit Hilfsprediger und „zwei oder drei guten Männern"
2. Haltung des Hauptpredigers: Definitive Gewissheit, durch das kirchliche Amt zum Handeln beauftragt zu sein
3. Handauflegung mit Friedensgebet
4. Gebet des Glaubensbekenntnisses und Vaterunsers mit vernehmlicher Stimme
5. Gebet unter Berufung auf zugesagte Verheißungen des Wortes Gottes[77]
6. Vor dem Abschied: Erneute Handauflegung mit Gebet von Mk 16,17
7. Dreimaliger Besuch mit gleichem Ablauf
8. Fürbitte in Glaubensvollmacht im Gottesdienst von der Kanzel, bis Gott erhört

(Ergebnistafel 1: Luthers Anleitung zum Heilen nach Jak 5)

---

75 Fritsche (1985:769f). In seiner Kreuzestheologie sieht Luther „das Leiden als ein unabtrennbares Element des Lebens an (…) und als notwendig zur Erkenntnis Gottes … Der Glaube richtet sich ja auch auf die zukünftigen Güter, und diese haben wir *non in re, sed spe* [nicht gegenständlich, sondern in der Hoffnung]. Auch der im Glauben neu gewordene Mensch erscheint in seinem Leben *sub contraria specie* [unter seinem Gegenteil], deshalb gehören auch zu ihm das Leiden, die Erniedrigung und das Tragen des Kreuzes als Zeichen der Verbundenheit mit Christus. Die Nichterhörung eines Gebets ist Zeichen dafür, dass das Reich Gottes – unter seinem Gegenteil – vorhanden ist" (:769f).

76 Vgl. WA.TR 5:129,31f.

77 Das Gebet enthält: Worte der Befreiung, Zerstörung Satans, Zielsetzung der Heilung: zur Verherrlichung des Herrn Jesus Christus und zum Wachstum der Heiligen.

Obwohl Luthers Anleitung zum Glaubensgebet das bereits Gesagte in dem Sinn bestätigt, dass er die charismatische Vollmacht an den Amtsträger bindet (Schritt 2), erhält das gemeinsame Beten im Team einen außerordentlichen Stellenwert (Schritt 1). Dabei geht es ihm nicht um das Beten und Handauflegen an sich, sondern um das Gebet unter Berufung auf die Zusagen Gottes, den Bekenntnissen sowie seiner Vollmacht, eingebunden in ein konkretes Gebetsteam und in die Gemeinde (Schritte 1 und 8). Was Luther hier erläutert, ist einerseits als konkreter Mitvollzug pastoralen Handelns zu verstehen, andererseits Einbezug der Gemeinde in charismatisch-vollmächtiges Handeln.

Im Rückblick bleibt festzuhalten: Auch wenn sich Luther insgesamt, wie im frühen Mittelalter üblich, durch die ordentliche Berufung auf die Person des Amtsträgers konzentriert und zu einer „Veramtlichung des Charismas" neigt (Brecht 1995:154), kommen den Charismen höchste Relevanz zu, wenn die Gemeinde den Amtsträger stellvertretend zum Dienst beauftragt.[78] Die vorausgehende Untersuchung erweitert die Lutherinterpretation von Brecht und Goertz, denn Luther ist offen für die damals gegenwärtigen Charismen und ruft bei aller Abwehr gegen die Schwärmer seiner Zeit doch zur individuellen Inanspruchnahme der Gaben im Glauben auf, die in der Kirche wechselseitig und füreinander eingesetzt werden sollen. Luther kennt also ansatzweise ein gliedhaft-charismatisches Kirchenverständnis. Wichtig ist ihm aber hauptsächlich der personenbezogene-relationale Aspekt, d. h., im Vertrauen auf Gottes Gnade und Kraft Gaben zu empfangen. Ebenso praktiziert der ältere Luther nicht nur das charismatische Glaubensgebet, sondern leitet auch dazu an.

Weil sich Luthers Taufverständnis im Zusammenhang mit den Gaben an die Auffassung der frühen Kirchenväter und des scholastischen Vordenkers Thomas von Aquin „vom eingegossenen" (*virtutes infusae*) und stellvertretenden Glauben (*fides alinea*) anschließt (Ernst 2005:343–376)[79] und die lutherische Orthodoxie und bis heute die lutherische Kirche prägt,[80] ist auf diesen Aspekt einzugehen.

---

78 Vgl. Goertz (1997:246).

79 Vgl. Zimmermann (2006:166), Wallraff (2005). Seit Konstantin ist die Taufe „Voraussetzung, nicht mehr Abschluss der Christianisierung" (:62).

80 Glaube ist nicht eine Voraussetzung der Taufe, sondern ihre Wirkung. Sie wird als mystische Union des Täuflings mit Christus verstanden und konstituiert die Kirche. Weil sie heilsnotwendig und „ein eschatologisch-prozesshaftes Geschehen" ist und so das ganze Leben einschließt, spricht Luther daher vom „Zurückkriechen in die Taufe", vgl. Steiger (2005:73). Kirchenrechtlich gilt die Taufe in allen evangelischen Landeskirchen in ihrer heilsvermittelnden Handlung als ein „unauslöschliches Merkmal" (Thiele 2005:86).

3.7 Taufe und Charismen

Luther sah in der Taufe[81] die unbestreitbare Gnadenmitteilung gegeben (Asendorf 2004:636f).[82] In ihr wird Sündenvergebung als individuelle Zuteilung wirksam zugesprochen. Insofern gehören Taufe und Rechtfertigung bei ihm „als Zurechnung der vor Gott geltenden Gerechtigkeit" zusammen (Sommerlath 2004:646). Dies bringt ihren „passiven Empfangscharakter der in ihr geschehenden neuen Schöpfung zum Ausdruck" (:646).[83] Folglich ist die Taufe Eingliederung in die Kirche als Leib Christi (1 Kor 12,13) und darum „selbstverständlich ... die causa efficiens des Heils", das sie als „causa instrumentalis" vermittelt (:647). Und weil der „Hl. Geist ... mit der Einverleibung in Christus verliehen wird" (:647), ist Luthers Überzeugung schlüssig: „... so kinder getaufft sind", dass sie „grosse heilige gaben" empfangen (WA 26 1528:168,12f).[84]

Von da aus ist es für Luther klar, dass er im Akt der Ordination „weder eine Übertragung der Vollmacht noch der Befähigung zum Dienst an Wort und Sakrament verbindet" (Goertz 1997:318).[85] Alles ist schon in der Taufe gegeben. Dass Luthers Taufverständnis in Bezug auf die Kindertaufe sich im Laufe seiner Biographie geändert hat, wurde eingehend untersucht.[86]

81 Dem Taufverständnis Luthers geht eine dreifache Reduktion voraus: 1) Der Wegfall des Katechumenats vor der Taufe, 2) Trennung von Firmung und 3) Eucharistie von der Taufe. Vgl. Grethlein (2003:208f).

82 Zum grundlegenden Verständnis von Taufe, Geist und Rechtfertigung bei Luther vgl. Asendorf (2004:636–674).

83 Vgl. die wichtige Ausführung von Goertz (1997:103ff).

84 Vgl. WA 36 (1532:261b,12–15). Die kommende Veröffentlichung (M. Baumert 2011) zeigt im empirischen Befund, inwieweit Pfarrer und Pfarrerinnen der Badischen Landeskirche die Beziehung zwischen Erstempfang der Charismen und Taufe auf der Grundlage ihres theologischen Gabenverständnisses interpretieren.

85 Laut der Lutherinterpretation von Goertz (1997) würde darum in der Berufung zum Amt unter Handauflegung keine Charismenverleihung stattfinden, sondern für die Gemeinde würden dadurch die vorhandenen Gaben bestätigt (:319). Die Stellen in 1 Tim 4,14 und 2 Tim 1,6 wären zurückhaltend als Erhörungsgewissheit zu verstehen, aber nicht so, als würde die Handauflegung Charismen vermitteln (:320ff). Für die urchristliche Zeit postuliert Luther jedoch eine Gabenverleihung durch Handauflegung vgl. Krarup (2007:259f).

86 Zur Diskussion vgl. Zimmermann (2006), der die Kindertaufe unter dem Blickwinkel der Beschneidung untersucht. Zu Luthers Entwicklung seiner „Kindertauflehre" (:168f).

Einer der einflussreichsten Theologen der lutherischen Orthodoxie, Johann Gerhard, führt diese Grundgedanken weiter und schreibt in seinen Loci theologici, dass „durch die Taufe … der Glaube und die übrigen Gaben des heiligen Geistes in uns entzündet (accenduntur)“ werden.[87] Mitzuhören ist hier wieder die ganze Breite von Luthers Gabenbegriff.

3.8 Priesterverständnis und Gabenbegriff

Schließlich darf der Hinweis nicht fehlen, dass Luther insgesamt nicht die Begrifflichkeit der „Gaben“ als Einzelbefähigungen betont, sondern – wie hinlänglich bekannt – die des „Priesters“ im Sinne des allgemeinen Priestertums verwendet (Goertz 1997).[88] Zunächst denkt Luther aber nicht an die allgemeine Mitarbeit in der Gemeinde, wenn er vom allgemeinen Priestertum redet. Er stellt sich mit dieser Wendung vielmehr soteriologisch vehement gegen die Tradition der römischen Kirche mit ihrem Verständnis des Priesters als alleiniger sakramentaler Heilsvermittler. Priester zu sein bedeutet für Luther, den freien Zugang zu Gott zu haben, und ist insofern eine Umschreibung für das Christsein (:316). Daraus folgt die Neuakzentuierung bei Luther: Priester- und Gabenbegriff fallen zusammen. In seiner Predigt zu Ps 110 stellt Luther die rhetorische Frage: Was ist der Priesterschmuck, der alle Christen ziert? Antwort: *„Nichts anders denn die schoenen, Goettlichen, mancherley gaben des heiligen Geists“* (WA 1535/36 154b:24f). Denn wie in der Taufe alle das Priestersein erhalten,[89] so werden auch die Gaben zugeteilt. Jeder käme demnach für ein ordiniertes Amt in Frage. Nicht nur dem Priester, sondern allen Christen, stehe die „gleiche Würde vor Gott als auch die Vollmacht zum Dienst an Wort und Sakrament“ zu (:316).[90] Daraus folgert Luther: Weil allen der Dienst zusteht, braucht es eine öffentliche Berufung. Die Gemeinde solle demnach diejenigen berufen, welche besondere Gaben besitzen.[91] Daraus ergibt sich die Reihenfolge: Alle Getauften

---

87 J. Gerhard übersetzt und zitiert in: Zimmermann (2006:274).

88 Vgl. Peters (1991:218), Barth (1990:29ff).

89 WA 6 1519/1520:407,13: „Dem nach szo werden wir allesampt durch die tauff zu priestern geweyhet, wie sanct Peter i. Pet. ij. sagt.“

90 Bei schwierigen Schriftstellen ist Luther in der Schriftinterpretation offen für verschiedene Deutungen und gibt dem Verstand und den Geistesgaben des Einzelnen Raum (WA 38 13,25–30).

91 „Wenn er aber ein *Priester durch die Tauffe geborn* ist, so kompt darnach das Ampt und machet einen unterscheid zwischen jm und andern Christen, Denn da mussen aus dem gantzen hauffen der Christen etliche genomen werden, so da sollen andern

sind Priester und Begabte, während zu einem Amt nur einige berufen werden, welche dazu besondere Gaben besitzen.

Woran lassen sich aber diese besonderen Gaben erkennen? Luthers Schriften geben Orientierung. Erste Hinweise finden sich in einer Predigt zum 5. Buch Mose (WA 28 1529:511b–541b). Zu den Ämtern sind Leute von der Gemeinde zu wählen, *die fromm, geschickt, erfahren und ehrbar sind, zudem Eheleute, die ihre Kinder ehrlich aufziehen und friedliebend sind.* Bedeutsam ist zudem der äußere Lebensstil (:531b,30f :532b,25). Geistliche Profilierungen fordert Luther nicht, denn für diese sorgt Gott durch Gedeihen und Segen selbst. Neben den ethischen Qualifikationen führt Luther negative Eignungskriterien an, die im Vorfeld für ein vollmächtiges Amt disqualifizieren. Dazu gehören ehrgeizige Leute, die sich einbilden, viel Erfahrung zu besitzen, die andere verlästern und alles autark meistern wollen.[92] Auch das Streben nach Reichtum, Geld, Gut, Freundschaft, Gunst oder Gewalt zeigt ihre Inkompetenz (:29f). Weitere Kriterien, die zum Predigtamt qualifizieren, beinhaltet Luthers Schrift „Vom Missbrauch der Messen“: Nach Luther zeichnet sich die Kompetenz zum Prediger des Wortes Gottes durch *Erfahrung* aus, die sowohl das *Lehren und Unterweisen* als auch eine *gute Stimme und Aussprache* integriert. Zur weiteren Eignung gehört ein *gutes Gedächtnis*. Diese Fähigkeiten charakterisiert Luther als natürliche Gaben, welche er sicher unter die Schöpfungsgaben einreihen würde (WA 8 1521:497,30–38).

Der Ernstfall des konkreten Erkennens von Charismen bzw. der Unterscheidung der Geister wird durch das herausfordernde Verhalten der Zwickauer Propheten in Wittenberg und ihre wunderhaften Fähigkeiten provoziert. Auch hier fordert Luther den bereits beeindruckten Melanchthon auf, nach ihrer äußeren Berufung durch Repräsentanten der Gemeinde zu fragen. Die autoritative öffentliche prophetische Lehre wäre dann legitim, wenn es bei den Zwickauer Propheten analog zu den alttestamentlichen Propheten und Jesus vor ihrer Sendung, ohne menschliche Vermittlung, zur direkten Berufung durch die Stimme Gottes gekommen sei und entsprechende Zeichen ebenso folgen wie die Lehre, welche dem Wort Gottes zu entsprechen habe. Durch diesen Sonderfall in Wittenberg ergeben sich zwei neue Aspekte, um Charismen zu erkennen. Einerseits bedarf es zur gött-

---

fuerstehen, Welchen denn Gott *sonderliche gaben* und *geschicklgkeit* da zu gibt, das sie zum Ampt tuegen.“ Luther verweist hier auf Eph 4,11 (WA 41 1535/1536:209,26–31, kursiv MB).

92 Vgl. WA 28 (1529:530b,33–35).

lichen autoritativen Sendung mit Charismen einer vorausgehenden direkten Berufung durch Gott, andererseits muss die öffentliche Lehre mit Gottes Wort übereinstimmen (Krarup 2007:71). Während für die Schwärmer der Geist als Offenbarungsquelle ausreicht, zählt für Luther das Erkennungsprinzip von Wort und Geist. Als Weiteres gibt Luther Melanchthon ein Kriterium an die Hand, um die prophetische Gabe zu prüfen. Bestimmend ist dabei nicht die *Theologie* des Kreuzes, sondern in erster Linie soll der *Theologe* nach seiner existenziellen Erfahrung des Schreckens[93] befragt werden. Gerade die „furchtlose Sicherheit" würde Luther genügen, um die Zwickauer Propheten zu disqualifizieren (Dietz 2009:276).

Schließlich kann festgestellt werden, dass der Reformator seiner Differenzierung zwischen denjenigen Christen, die das allgemeine Priestertum und Gaben empfangen haben, und jenen mit speziellem Amt (Predigtamt) und den damit verbundenen besonderen Gaben durchgehend treu bleibt.[94]

4. Würdigung und Ertrag

Die Problematik in den Äußerungen Luthers zu den Gaben besteht in der Mehrdimensionalität seines Gabenbegriffs. Dieser wurde aber ebenso differenziert herausgearbeitet wie die Frage des Gabenerkennens unter Berücksichtigung des situativen Kontextes. In mehrfacher Hinsicht ist daher die bisherige Lutherforschung zum Gabenverständnis und Erkennen der Gaben zu erweitern, deren Ergebnisse hier thesenartig zusammengefasst werden (Ergebnistafel 2).

- Luthers Gabenbegriff oszilliert und bedarf einer situativ hermeneutischen Trennschärfe
- Gaben sind anthropologisch-ontisch jedem Menschen gegeben (Schöpfungsgaben)

93 Während die Furcht Gottes bei Luther als Ehrfurcht aufgefasst wird und eine Furcht zur Liebe darstellt, definiert Dietz (2009) den Schrecken als Folge, „dass etwas anderes als Gott geliebt werde" (:79).

94 Knapp zehn Jahre später wird Luther zur Einweihung der Schlosskirche Torgau wieder von der Taufe her begründen, dass er alle Christen „zu jeder Zeit an allen Orten" für befähigt ansieht, „Gottes Wort zu verkündigen" (Luther in: Meyer-Blank 2001:29). Zum Predigtamt sollen aber diejenigen berufen werden, welche die Gabe zum Verkündigen und zur Schriftauslegung besitzen (:29).

- Schöpfungsgaben besitzen einen weltverpflichtenden Charakter (Welterhaltung)
- Schöpfungsgaben schließen paulinische Gaben (Prophetie ...) und den materiellen Besitz ein, aber ohne heilsgewinnende Wirkung
- Luther synonymisiert innerhalb der Ekklesiologie Werke und Gaben und erweitert damit den engen paulinischen Gabenbegriff
- Gaben sind personal-relational trinitarisch qualifiziert mit christologischer Akzentuierung
- Luther kennt eine Ich-Du-Beziehung innerhalb seines Kirchenbegriffs im Sinne einer Wir-Gemeinschaft nach 1 Kor 12 als Leib-Glied-Struktur
- Wunder- und Krafttaten sind der Kirche gegeben, also nicht exklusiv den Amtsträgern
- Luther kennt eine individuelle Kultivierung (ausbauen, fördern, weiterentwickeln) der Gaben im Inanspruchnehmen der Kraft Gottes
- Luther legitimiert den individuellen Gabengebrauch (auch Wunder- und Krafttaten) in finaler Hinsicht auf den anderen bezogen
- Luther rechnet stets mit der Macht der Sünde. Diese hamartiologische Dimension der Charismen gehört darum zum Wesen der Gaben und bedingt den prüfenden Erkennungsprozess.

(Ergebnistafel 2: Thesen zum Gabenverständnis und Gaben Erkennen bei M. Luther)

Der Befund zeigt mehrfache Kriterien zum Erkennen der Gaben. In der Auseinandersetzung mit den Schwärmern seiner Zeit, die von einer grundlegend positiven Position gegenüber einem unmittelbaren Offenbarungsverständnis des Geistes ausgehen, sieht Luther in der Kreuzesgestalt ein entscheidendes Kriterium der Unterscheidung (Föller 1997:170ff). Dazu gehört der selbstlose Einsatz der Gaben, deren Kehrseite jeglichen Hochmut fragwürdig macht. Luther kennt jedoch auch eine bejahende Position des Gabenerkennens. Wie es sich aber gezeigt hat, darf die Lutherinterpretation in Bezug auf die Gaben nicht vorschnell von einer hermeneutisch gleichen Aussageebene ausgehen, weil oft die exakte Trennschärfe fehlt.[95]

Abbildung 3 visualisiert die Gabenkonzeption innerhalb von Luthers trinitarischem Wirklichkeitsverständnis: Alles, was Menschen an Gaben besitzen, auch im anthropologischen Sinn, ist ihnen von Christus durch den Schöpfer in den jeweiligen beiden Regimenten gegeben. Dieser ontische

95 Ähnlich vgl. Ebeling (1990:40).

Status[96] der wechselseitigen Beziehung umschließt den umfassenden Gabenbegriff. Aber erst durch Partizipation, also das glaubende Rechnen mit Gottes Kraft, seinem Wort und seiner Gnade durch das Heilswerk Christi, das in der Taufe seinen Anfang markiert, ist die Möglichkeit eröffnet, für Kirche und Beruf in beiden Bereichen für den Nächsten im Sinne des Evangeliums zu wirken und die Gaben in ihrer umfassenden Bedeutung zur Ehre Gottes einzusetzen. Von daher enthält der Gabenbegriff bei Luther anhaltend eine doxologische Dimension, denn überhaupt fällt auf, dass die dankbare Haltung für die umfassenden Gaben einen gewichtigen Rang einnimmt.

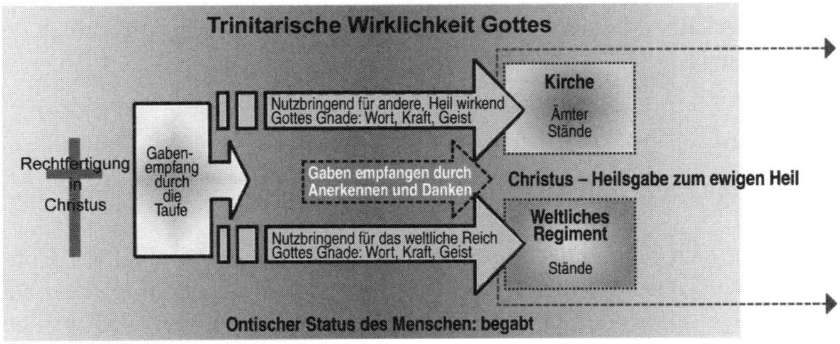

Abbildung 3: Wirklichkeitsverständnis und Gabenempfang (© Graphik M. Baumert)

Grundsätzlich unterscheidet Luther zwischen den gegebenen Gaben des Geistes auf der einen und ihrem Einsatz unter der Leitung und Inanspruchnahme der Kraft Gottes auf der anderen Seite. Theologisch ist daraus zu schließen, dass es Luther nicht auf die bloß gegebenen Gaben ankommt, die teilweise auch Heiden besitzen. Vielmehr liegt ihm an ihrer wirkungserschließenden Beziehung durch Gottes Gnade. Erst in ihrem Annehmen kommen die Gaben zur christusgemäßen Geltung, was einer selbstlosen Modalität entspricht und eine grundsätzlich dankbare Empfangsbereitschaft im Gebet voraussetzt. Luther kennt zudem die Fürbitte um Gaben, wenn es um aus-

96 Lehmkühler (2004) vertritt in seiner Habilitation eine theologisch ontologische Lutherinterpretation, die ein relationales und substanzielles Verhältnis zwischen Gott und Menschen für vereinbar nachweist (:238–286).

zusendende Diener Gottes geht.[97] Auch die Predigt des Evangeliums unter der Wirkung des Wortes im Geist setzt Gaben frei. Andererseits spricht Luther davon, dass die Einzelnen ihre Gaben individuell fördern, und zwar im Sinne einer aktualisierenden personalen Glaubensaneignung der Gaben, mit dem Ziel, dem anderen in der Gemeinde zu dienen. Zur Beschreibung der Gemeinde benutzt Luther das paulinische Leib-Glied-Denken. Gaben integriert Luther demnach in ihren ekklesialen Ort. Dort gilt es, miteinander den kindlich gehorsamen Gebrauch der Gaben einzuüben und diese im Inanspruchnehmen der Kraft Gottes zu fördern. Luther zeichnet im Kontext seiner Lehre von den zwei Regimenten (weltliches und göttliches) eine weitere qualitative Unterscheidung, indem er dem Dienen im Reich Gottes einen graduellen Mehrwert zurechnet, weil es um das ewige Reich, den Aufbau der Gemeinde geht.

Zusammenfassung und Ausblick

Damit lässt sich bei Luther ein *dreifacher Gabenempfang* ableiten: Unter dogmatischen Gesichtspunkten sind die Gaben schöpfungstheologisch schon bei der Geburt allen Menschen gegeben, (1.) weil Gaben über Christus dem Schöpfer zugeordnet sind. Davon getrennt werden (2.) die Geistesgaben bei der Taufe aufgrund der Erlösung in Christus zugeeignet, die aber (3.) erst in der relationalen Dimension des Glaubens durch Gottes Gnade und Kraft zu ihrer Bestimmung kommen, d. h., explizit nutzbringend für andere wirken. Schließlich sind noch die Aspekte zum Verhältnis von Berufung und Gaben zu nennen. Berufung und Gabenempfang fallen zusammen, und die geschenkten Gaben entsprechen den Aufgaben. Berufung ist eine äußere Beauftragung der Gemeinde, die aber das rezeptive Reden Gottes zu den Einzelnen voraussetzt. Berufen wird derjenige, der entsprechende Begabungen zu einer Aufgabe mitbringt. Daher kann Luther auch konkrete Begabungen für das Predigtamt benennen. Im Laufe der Ausführungen hat sich eine Vielzahl an Erkennungskriterien ergeben. So reicht es aus, hier die signifikanten Gabenindikatoren zu bündeln:

97 In der Auslegung zu Mt 9,38 (WA 10/II 1522:497,17–19).

- Zirkuläre Erkenntnisstruktur: Geistesgaben erschließen sich durch den trinitarischen Gott.
- Menschen mit Gaben danken Christus und geben Gott die Ehre.
- Gaben zeigen sich in einer geistlich einheitlichen Gemeinschaft.
- Gaben präsentieren sich im Nachhinein in ihrem erkennbaren Gewinn für den Nächsten innerhalb und außerhalb der Gemeinde (im weltlichen Regiment).
- Gaben werden dort geschenkt und erkannt, wo das Evangelium von Christus im Sinne der Rechtfertigung gepredigt und dem Wort Gottes vertraut wird.
- Eingesetzte Gaben repräsentieren Christus.
- Das Erkennen der Gaben verweist in den Erfahrungsraum der Kirche. Dort gilt es, Gaben individuell im Glauben wahrzunehmen, auszubilden, einzuüben und einzusetzen.
- Zur Bekräftigung des Evangeliums werden neben der missionarischen Erstverkündigung auch Zeichen und Wunder erwartet.
- Glaubensvollmacht und Gabenerwartung gehören zusammen.
- Erkannte Gaben benötigen stetige individuelle Anwendung des Glaubens in Bezug auf den anderen im Leib Christi.
- Die Gabe zum Predigen setzt natürliche Redegaben und ethisches Handeln voraus.
- Öffentlich oder individuell eingesetzte Charismen bedürfen gemeindlicher Repräsentanten, die zum Dienst beauftragen.
- Das Charisma öffentlicher autoritativ vorgetragener Lehre muss mit dem Wort Gottes übereinstimmen.
- Im Leben dessen, der charismatische Begabungen aufweist, gehört das Kreuz Christi (Anfechtungen) zu einem wesentlichen Signum.

(Ergebnistafel 3: Gabenindikatoren nach M. Luther)

Ausgehend vom Kernpunkt reformatorischer Rechtfertigungstheologie als Ganzer und dem bisher Gesagten, ist Luther, nach meiner Einschätzung, so zu verstehen, dass allen Menschen Gaben Gottes zur Verfügung stehen, die ohne Bezug zum dreieinigen Gott, entweder egoistisch oder vom Bösen beeinflusst, benutzt werden können. Zu Charismen qualifizieren sich Schöpfungsgaben erst durch die objektiv geschenkte Rechtfertigung in der Taufe. Zur subjektiven Aneignung kommen Gaben aber dann durch die Beziehung zum trinitarischen Gott. Funktional ergeben sich zwei Möglichkeiten: Gaben dienen entweder dem Nächsten und zur Auferbauung der Kirche oder, außerhalb der Gemeinde (Beruf, Politik), der weltverpflichtenden Gestaltung.

Ungeachtet des speziellen Kontextes besteht der verallgemeinernde Typus[98] bei Luther, neben allen anderen Aspekten des Gabenerkennens, hauptsächlich in seinem *relational-christologischen Ansatz* und *geistgewirkten zirkulären Erkennen, dass Gaben durch das Inanspruchnehmen der Kraft Gottes im Glauben ihre Wirkung erschließen.*[99]

Nach dieser Lutherauffassung ist der in der praktisch-theologischen Literatur und den bi- und unilateralen Verlautbarungen der Vereinigten Evangelisch-Lutherischen Kirche Deutschlands (VELKD) weithin noch vertretene habituell-statische Gabenbesitz des Charismen- und Gabenträgers (Amtsträger)[100] einseitig akzentuiert und ebenso präsent wie in den so genannten Gabentests freikirchlicher Prägung ohne Luthertradition,[101] die in der gabenorientierten Gemeindeentwicklung – auch in den Landeskirchen – eingesetzt werden. Die Konsequenzen aus diesem Beitrag wollen anspornen, die Thematik der Charismen, partiell unter dem Bereich der Heiligung, gemeindepädagogisch und kybernetisch in der Gemeinde so zu etablieren, dass Gemeindeglieder *vor* und *in* den Aufgaben in Kirche, Familie und Gesellschaft im Vertrauen auf den dreieinigen Gott ihre gegebenen Charismen erfahren und mit neuen rechnen. Auch die Weite des trinitarischen Charismenverständnisses bedarf einer neuen Aufmerksamkeit, um Engführungen spektakulärer Begabungen zu überwinden. Zudem reichen die Charismen, angesichts ihrer schöpfungstheologischen Weite, über die Lokalkirchen hinaus bis hinein in multikulturelle Kontexte, um sie dort in den missionarischen Handlungsfeldern zu erkennen und anzuwenden. Gerade Luthers stetig vorgetragene Position, dass alle Begabungen unverfügbar sind, ermöglicht dem Christenmenschen eine empfangende und abhängige Haltung in seiner Be-

---

98 Schon früh wurde M. Luther in seiner Person charismatisch als „Heiliger, Prediger und Prophet" stilisiert (Pohlig 2007:100–107).

99 Die zirkulär-erkennende Struktur ist besonders bei Schleiermacher und dem Praktischen Theologen Möller ausgeprägt, die zusammen mit der personal-relationalen Charakteristik bisher kaum Beachtung fand, vgl. M. Baumert (2010:204–205.207–208). Ausführlicher demnächst: M. Baumert (2011).

100 Vgl. VELKD (2001:5) u. (2000:58). Anders akzentuiert Obenauer, wenn sie die „Grundzüge einer Theorie gabenorientierter Mitarbeit" (2009) für die evangelische Kirche herausarbeitet (:142).

101 So etwa Schwarz (2001:47). Die meisten freikirchlichen Gabentests gründen in der amerikanischen Gemeindewachstumsbewegung und gehen explizit auf C. Peter Wagner zurück. Das Gabenmaterial des Amtes für missionarische Dienste der Ev. Kirche in Baden basiert zwar ebenfalls auf einem amerikanischen Hintergrund. Allerdings wird eine Kontextualisierung in das landeskirchliche Sprachmilieu versucht. Zur Evaluation des Gabenmaterials vgl. die bevorstehende Publikation (M. Baumert 2011).

ziehung zu Gott. Von da aus kann sich eine wertschätzende Offenheit gegenüber kirchendistanzierten oder areligiösen Menschen mit ihren Gaben entwickeln. Hier stellt sich die Frage, inwieweit ihre geschöpflichen Begabungen wahrgenommen und in die ehrenamtliche Gemeindearbeit integriert werden. Schließlich darf auch die Praxis der Berufung wieder verstärkt ins Blickfeld kommen, indem konkrete Berufungen durch die Gemeinde zur Vergewisserung der individuellen Begabungen in der Gemeinschaft führen.

Literatur

Anselm, R. 2004. Zweireichelehre. I. Kirchengeschichtlich. TRE 36:776–784.

Asendorf, U. 1998. Lectura in Biblia. Luthers Genesisvorlesung (1535–1545). Forschungen zur systematischen und ökumenischen Theologie (FSÖT 87). Göttingen: Vandenhoeck & Ruprecht.

Asendorf, U. 2004. Heiliger Geist und Rechtfertigung. Göttingen: Vandenhoeck & Ruprecht Unipress.

Barth, H.-M. 1990. Einander Priester sein. Allgemeines Priestertum in ökumenischer Perspektive. In: Kirche und Konfession 29. Göttingen: Vandenhoeck & Ruprecht.

Baumert, M. 2010. Pfarrer, Gemeinde, Charisma. Wie werden Charismen identifiziert und entwickelt? In: Jahrbuch für Evangelikale Theologie (JETh) 24:195–221.

Baumert, N. 2001. Charisma – Taufe – Geistestaufe 1: Entflechtung einer semantischen Verwirrung. Würzburg: Echter.

Bayer, O. [1986] ^{2}1990. Schöpfung als Anrede. Zu einer Hermeneutik der Schöpfung. Tübingen: Mohr.

Bayer, O. 2001. The doctrine of justification and ontology. Neue Zeitschrift für systematische Theologie und Religionsphilosophie (NZSTh 43) 1:44–53.

Bayer, O. [2003] ^{3}2007. Martin Luthers Theologie. Eine Vergegenwärtigung. Tübingen: Mohr.

Besch, W. ^{2}2003. Entstehung und Ausformung der neudeutschen Schriftsprache/Standardsprache. In: Besch, W., Betten, A., Reichmann, O. & Sonderegger, S. Sprachgeschichte. Ein Handbuch zur Geschichte der deutschen Sprache und ihrer Erforschung: Sprachgeschichte 3. Handbücher zur Sprach- und Kommunikationswissenschaft (HSK 2.3) Wiegand, H. E. (Hg.). Berlin: De Gruyter, 2252–2296.

Brecht, M. 1995. Geistliche Gemeindeerneuerung und Geistesgaben – ihre Beurteilung in der evangelischen Kirche Deutschlands vom 16. bis zur Mitte des 19. Jahrhunderts. In: Brecht, M. Ausgewählte Aufsätze 1: Reformation. Stuttgart: Calwer, 148–163.

Chadwyck-Healey, Böhlaus, H. & ProQuest Information and Learning Company (Hg.). 2000–2001. Luther, Martin. Weimarer Ausgabe. 1483–1546. Full-Text Database. Cambridge. http://luther.chadwyck.co.uk/.

Dabney, D. L. 1997. Die Kenosis des Geistes. Kontinuität zwischen Schöpfung und Erlösung im Werk des Heiligen Geistes. Neukirchener Beiträge zur systematischen Theologie (NBSTh 18). Huber, W. u. a. (Hg.). Neukirchen-Vluyn: Neukirchener.

Dieter, T. 2009. Heiliger Geist und Vernunft bei Luther. In: Geist und Heiliger Geist. Philosophische und theologische Modelle von Paulus und Johannes bis Barth und Balthasar. Düsing, E., Neuer, W. & Klein, H.-D. (Hg.). Würzburg: Königshausen & Neumann, 173–196.

Dietz, T. 2009. Der Begriff der Furcht bei Luther. Beiträge zur historischen Theologie (BHTh 147). Dissertation Philipps-Universität Marburg. Tübingen: Mohr.

Dunn, J. D. G. [1975] ²1997. Jesus and the Spirit. A Study of the Religious and Charismatic Experience of Jesus and the First Christians as Reflected in the New Testament. Grand Rapids: Eerdmans.

Ebeling, G. 1990. Das Sein des Menschen als Gottes Handeln an ihm. In: Heubach, J. (Hg.). Anthropologie und Christologie. Veröffentlichungen der Luther-Akademie e. V. Ratzeburg (VLAR 15). Erlangen: Martin-Luther-Verlag, 23–68.

Ellwein, E. (Hg.). 1968. Die Korintherbriefe. D. Martin Luthers Epistelauslegung 5. Göttingen: Vandenhoeck & Ruprecht.

Ernst, S. 2005. Die entscheidende Rolle der Demut. Christliche und philosophische Grundhaltungen in der speziellen Tugendlehre. In: Speer, A. (Hg.). Thomas von Aquin. Summa theologiae. Werkinterpretationen. Berlin: Walter de Gruyter, 343–376.

Föller, O. [1994] ³1997. Charisma und Unterscheidung: Systematische und pastorale Aspekte der Einordnung und Beurteilung enthusiastisch-charismatischer Frömmigkeit im katholischen und evangelischen Bereich. TVG: Monographien und Studienbücher. Dissertation Universität Heidelberg, 1993. Wuppertal: Brockhaus.

Fritsche, U. 1985. Heilung/Heilungen. II. Kirchengeschichtlich/Ethisch/Praktisch-theologisch. TRE 14:768–774.

Gäckle, V. 1992. Berufung. b) theologiegeschichtlich. ELThG 2:236–238.

Gloege, G. [1956/1965] 2004. Welt, dogmatisch. RGG³ 6:1595–1603.

Goertz, H. [1995] ²1997. Charismen bei Luther. In: Goertz, H. Allgemeines Priestertum und ordiniertes Amt bei Luther. Marburger theologische Studien (MThS 46). Dissertation Universität Heidelberg, 1996. Marburg: Elwert, 241–252.

Grethlein, C. 2003. Taufe. In: Grethlein, C. & Ruddat, G. Liturgisches Kompendium. Göttingen: Vandenhoeck & Ruprecht, 305–328.

Grimm, J. und W. Deutsches Wörterbuch (DWB 27). 2010. warten bis warteplatz. Kompetenzzentrum für elektronische Erschließungs- und Publikationsverfahren in den Geisteswissenschaften. Universität Trier, Fachbereich II/Germanistik & Akademie der Wissenschaften und der Literatur, Mainz (Hg.). Trier: Universität, Sp. 2125–2167. http://www.woerterbuchnetz.de/ [13. November 2010].

Heckel, G. 1984. Luthers Spiritualität. In: Heubach, J. & Förster, H. (Hg.). Zugänge zu Luther. (VLAR 6). Erlangen: Martin-Luther-Verlag, 55–95.

Herbst, M. [1986] ⁵2010. Missionarischer Gemeindeaufbau in der Volkskirche. Dissertation Universität Erlangen-Nürnberg 1985. Beiträge zur Evangelisation und Gemeindeentwicklung (BEG 8). Neukirchen-Vluyn: Neukirchener Theologie.

Hiebsch, S. 2002. Figura ecclesiae. Lea und Rachel in Martin Luthers Genesispredigten. Arbeiten zur historischen und systematischen Theologie (AHSTh 5). Dissertation Universität Amsterdam 2000. Münster: Lit.

Holm, B. K. 2006. Gabe und Geben bei Luther. Das Verhältnis zwischen Reziproziät und reformatorischer Rechtfertigungslehre. Theologische Bibliothek Töpelmann (TBT 134). Dissertation. Berlin: Walter de Guyther.

Knauber, B. E. 2006. Liebe und Sein. Liebe als fundamentalonotologische Kategorie. Dissertation University of South Africa 2003, Pretoria. TBT 133. Berlin: Walter de Gruyter.

Körnlein, J. 2005. Gottesdienste in einer komplexen Welt: Eine praktisch-theologische Untersuchung von Gottesdiensten im Zusammenspiel kirchlicher und gesellschaftlicher, individueller und kollektiver Faktoren. (Mikrofiche-Ausg. 1999, Internetfassung 2005). Neuendettelsau: Diss. Augustana-Hochschule. http://www.augustana.de/ahs-0/ahs-0-h-4.htm. [11. Januar 2006].

Krarup, M. 2007. Ordination in Wittenberg. Die Einsetzung in das kirchliche Amt in Kursachsen zur Zeit der Reformation. BHTh 141. Tübingen: Mohr.

Lange, D. 1982. Eine Predigt Martin Luthers, dass man Kinder zur Schule halten solle. 1530. In: Bornkamm, K., Ebeling, G. & (Hg.). 1982. Kirche, Gottesdienst, Schule. Martin Luther. Ausgewählte Schriften 5. Frankfurt: Insel, 90–139.

Lange, D. 2001. Glaubenslehre. Bd. II. Tübingen: Mohr.

Lauterburg, M. [1898] 2010. Der Begriff des Charisma und seine Bedeutung für die praktische Theologie. Beiträge zur Förderung christlicher Theologie. Reihe 1; 2,1. (Nachdruck 1898). Whitefish: Kessinger Publishing.

Lehmkühler, K. 2004. Der Streit um die Lutherdeutung. In: Inhabitatio. Die Einwohnung Gottes im Menschen. Forschungen zur systematischen und ökumenischen Theologie (FSÖTh 104). Habilitation Universität Erlangen-Nürnberg 2002. Göttingen: Vandenhoeck & Ruprecht.

Meyer-Blanck, M. 2001. Liturgie und Liturgik. Der Evangelische Gottesdienst aus Quellentexten erklärt. Theologische Bücherei (TB 97). Gütersloh: Gütersloher Verlagshaus.

Mikoteit, M. 2004. Theologie und Gebet bei Luther. Untersuchungen zur Psalmenvorlesung 1532–1535. Diss. Universität Münster 2003. TBT 124. Berlin: Walter de Gruyter.

Mostert, W. 1990. Hinweise zu Luthers Lehre vom Heiligen Geist. In: Heubach, J. Der Heilige Geist im Verständnis Luthers und der lutherischen Theologie. (VLAR 17). Erlangen: Martin-Luther-Verlag, 15–45.

Noll, C. 2002. Heilungsgebet – Martin Luthers Erfahrungen. In: Aschoff, F., Noll, C. & Toaspern, P. Heilung. GGE-thema. Hamburg: GGE, 24–25.

Obenauer, S. 2009. Vielfältig begabt. Grundzüge einer Theorie gabenorientierter Mitarbeit in der evangelischen Kirche. Dissertation Universität Heidelberg 2009. Heidelberger Studien zur Praktischen Theologie (HSPTh 14). Dechsel, W., Lienhard, F. & Möller, C. u. a. (Hg.). Münster: Lit.

Peters, A. 1991. Kommentar zu Luthers Katechismen 2: Der Glaube. Göttingen: Vandenhoeck & Ruprecht.

Pohlig, M. 2007. Zwischen Gelehrsamkeit und konfessioneller Identitätsstiftung. Lutherische Kirchen- und Universalgeschichtsschreibung 1546–1617. Spätmittelalter und Reformation (SMHR 37). Dissertation Humboldt-Universität Berlin, 2005. Tübingen: Mohr.

Ritter, A. M. 1972. Charisma im Verständnis des Johannes Chrysostomos und seiner Zeit. Ein Beitrag zur Erforschung der griechisch-orientalischen Ekklesiologie in der Frühzeit der Reichskirche (FKDG 25). Habilitation Theologische Fakultät Göttingen 1970/71. Göttingen: Vandenhoeck & Ruprecht.

Schlatter, A. 1905. Noch ein Wort über den christlichen Dienst. In: Neuer, W. (Hg.). 1991. Der Dienst des Christen. Beiträge zu einer Theologie der Liebe. Gießen: Brunnen, 94–121.

Schlatter, A. [1991] ²2002. Der Dienst des Christen. Beiträge zu einer Theologie der Liebe. Neuer, W. (Hg.). Gießen: Brunnen.

Schwarz, C. A. ¹¹2001. Die 3 Farben deiner Gaben. Wie jeder Christ seine geistlichen Gaben entdecken und entfalten kann. Emmelsbüll: C & P.

Skottene, R. 2008. Grace and Gift. An Analysis of a Central Motif in Martin Luther's Rationis Latomianae Confutatio. Frankfurt: Lang.

Slenczka, R. 1990. Die Erkenntnis vom Geist, die Lehre vom Geist und die Unterscheidung der Geister. In: Heubach, J. VLAR 17. Erlangen: Martin-Luther-Verlag, 75–104.

Sommerlath, E. [1956/1965] 2004. Taufe. IV. Dogmatik. RGG[3] 6:646–647.

Steiger, J. A. 2005. Taufe. III. Kirchengeschichtlich. 3. Evangelisch. a) Lutherisch. RGG[4] 8:72–74.

Thiele, C. 2005. Taufe. VII. Rechtlich. RGG[4] 8:85–87.

VELKD (Hg.). 2001. Der gemeinsame Auftrag der haupt- und ehrenamtlichen Mitarbeiterinnen und Mitarbeiter. Vorbereitungstexte und Beiträge zum Schwerpunktthema der Generalsynode 2000 in Schneeberg. VELKD-Texte 101. Hannover: Kirchenamt.

VELKD & Bilaterale Arbeitsgruppe der Deutschen Bischofskonferenz (Hg.). 2000. Communio Sanctorum. Die Kirche als Gemeinschaft der Heiligen. VELKD-Texte. Paderborn: Bonifatius.

Wallraff, M. 2005. Taufe. III. Kirchengeschichtlich. 1. Alte Kirche und Mittelalter. RGG[4] 8:59–62.

Zimmermann, U. 2006. Kinderbeschneidung und Kindertaufe. Exegetische, dogmengeschichtliche und biblisch-theologische Betrachtungen zu einem alten Begründungszusammenhang. Dissertation Universität Heidelberg. Beiträge zum Verstehen der Bibel (BVB 15). Münster: Lit.

Zimmerling, P. [2001] [2]2002. Die charismatischen Bewegungen. Theologie – Spiritualität – Anstöße zum Gespräch. Kirche – Konfession – Religion (KKR 42). Barth, H.-M., Hanstein, J. & Obst, H. (Hg.). Göttingen: Vandenhoeck & Ruprecht.

Christoph
Levin

Lebenszeugnis für Christus

Predigt über Hebräer 13,5 b–15
am 18. Januar 2010 in der Erlöserkirche
in München-Schwabing im Gedenkgottesdienst
für Erzbischof Prof. D. Georg Kretschmar

Der Herr hat gesagt: „Ich will dich nicht verlassen und nicht von dir weichen." So können auch wir getrost sagen: „Der Herr ist mein Helfer, ich will mich nicht fürchten; was kann mir ein Mensch tun?" Gedenkt an eure Lehrer, die euch das Wort Gottes gesagt haben; ihr Ende schaut an und folgt ihrem Glauben nach. Jesus Christus gestern und heute und derselbe auch in Ewigkeit. Lasst euch nicht durch mancherlei und fremde Lehren umtreiben, denn es ist ein köstlich Ding, dass das Herz fest werde, welches geschieht durch Gnade, nicht durch Speisegebote, von denen keinen Nutzen haben, die damit umgehen. Wir haben einen Altar, von dem zu essen kein Recht haben, die der Stiftshütte dienen. Denn die Leiber der Tiere, deren Blut durch den Hohenpriester als Sündopfer in das Heilige getragen wird, werden außerhalb des Lagers verbrannt. Darum hat auch Jesus, damit er das Volk heilige durch sein eigenes Blut, gelitten draußen vor dem Tor. So lasst uns nun zu ihm hinausgehen aus dem Lager und seine Schmach tragen. Denn wir haben hier keine bleibende Stadt, sondern die zukünftige suchen wir. So lasst uns nun durch ihn Gott allezeit das Lobopfer darbringen, das ist die Frucht der Lippen, die seinen Namen bekennen.

Liebe Gemeinde, liebe Familie Kretschmar,
liebe Schüler, Amtsbrüder und Weggefährten von Georg Kretschmar,
liebe Kommilitonen und Mitglieder unserer Fakultät!

Gedenkt an eure Lehrer, die euch das Wort Gottes gesagt haben. Georg Kretschmar war ein Lehrer der Kirche, als Professor der Kirchengeschichte ebenso wie in seinem Amt als Erzbischof. Wir folgen heute der Weisung des

Apostels und gedenken seiner in großer Dankbarkeit als des Zeugen Jesu Christi, der uns das Wort Gottes gesagt hat und der die Kirche in der theologischen Lehre wie im geistlichen Amt erbauen half. Er hat viele Brücken geschlagen, zwischen Gott und den Menschen wie auch zwischen Menschen verschiedener christlicher Konfession. Er war ein Menschenfischer, der das Netzwerk Gottes auszuwerfen verstand und darin nie müde geworden ist. Das erfüllt uns mit Dankbarkeit gegen ihn und gegen Gott, der ihn in unsere Mitte gestellt und jetzt wieder von uns genommen hat.

Wer Georg Kretschmar gekannt hat, wird zustimmen, dass mehrere Worte unseres Textes verblüffend genau auf ihn zutreffen. An erster Stelle dieses: *Wir haben hier keine bleibende Stadt, sondern die zukünftige suchen wir.* Georg Kretschmar war ein Mensch, der in seiner Jugend seine Heimat verloren hatte und der seither unterwegs war, je älter er wurde, desto mehr. Auf Reisen war er in seinem Element. Manche von uns haben ihn überhaupt nur auf Zwischenstopps erlebt. Dieses viele Reisen hatte immer Ziele: Begegnungen mit Menschen, mit Gemeinden, mit Kirchenleitungen, mit theologischen Ausbildungsstätten. Am Ziel angekommen, war Georg Kretschmar in einer sehr besonderen Weise sofort und voll und ganz gegenwärtig, den Menschen und den Aufgaben mit seiner wachen und energiegeladenen Person zugewandt. Er war, wo er war, immer ganz da – kein Vagabund, sondern ein Mensch, der raumgreifend überall zu Hause war. An ihm bewahrheitete sich die Verheißung, die einst Josua, der Knecht Gottes, zu Beginn der Landnahme erhielt und die der Verfasser des Hebräerbriefes für die Christen wiederholt und bekräftigt hat: *Ich will dich nicht verlassen und nicht von dir weichen.* Wo Georg Kretschmar war, da war Gott mit ihm. Daran glaubte er, und das gab ihm seine Kraft und eine Zuversicht, für die in unserem Text das Zitat des 118. Psalms steht, der auch Martin Luthers Lieblingspsalm gewesen ist: *Der Herr ist mein Helfer, ich fürchte mich nicht; was können mir Menschen tun?* Wenn wir sein Ende ansehen, und von diesem nun erreichten Ende her sein ganzes Leben, so sehen wir vor allem den Glauben. Und wir sehen, was an diesem Leben köstlich gewesen ist: *Es ist ein köstlich Ding, dass das Herz fest werde, welches geschieht durch Gnade.* Diese Gnade und Wahrheit gilt auch und gerade, nachdem Georg Kretschmar von dem Herrn, seinem Helfer, aus unserer Mitte in die zukünftige Stadt geholt worden ist, deren Bürgerrecht er Zeit seines Lebens besaß und in der er sich zuhause wusste.

Wir haben hier keine bleibende Stadt, sondern die zukünftige suchen wir. Mit dieser Hoffnung antwortet der Glaube der Christen auf die Erfahrung der Endlichkeit, die allen Menschen gemein ist. Dass unser persönliches Dasein eine Frist hat, dass es siebzig und wenn es hoch kommt achtzig Jahre währt, heutzutage vielfach noch darüber hinaus, ist kein Fluch, sondern Gottes Geschenk. Unser Leben ist eine große, einmalige Chance, die Gott uns einräumt. Dass es, wie alles unter dem Himmel, seine Zeit hat, dass es nicht ewig, sondern historisch ist, entwertet es nicht, sondern macht es nur umso kostbarer. Dass wir auf dieser Erde nicht ewig bleiben können, entlastet uns von dem Albtraum, es gäbe keinen Ausweg aus der Schuld, die wir unser Leben lang anhäufen. Es entlastet uns von der Furcht, es gäbe keinen Ausweg aus der Not, die keinem von uns erspart bleibt. „Herr, lehre doch mich, dass ein Ende mit mir haben muss und mein Leben ein Ziel hat.“ Dieses Ziel ist die große Geborgenheit Gottes, die unser aller Dasein umgreift, schon jetzt und dereinst. In diese Geborgenheit können wir uns fallen lassen, im Leben wie im Sterben, und in ihr wissen wir uns verbunden mit den Lebenden und den Toten, unter ihnen am heutigen Tage besonders mit unserem Bruder Georg Kretschmar. Die Gemeinde des Herrn schließt die Entschlafenen nicht aus, sondern ein. Sie gehören für immer dazu und wir zu ihnen. Genau das ist der theologische Grund, weshalb wir uns so tief, mit allen Werkzeugen historischer Wissenschaft, mit der Geschichte der Kirche befassen. Wir können ohne die Geschichte unseren Glauben nicht leben. In unseren Gottesdiensten hier und heute ist zugleich mit unserem Gott auch seine obere Gemeinde anwesend, die um ihn her ist und die unser oft so kleines Lob in die Äonen hinein verstärkt. In unserer Liturgie sind die Geschichte und das Eschaton zugleich gegenwärtig.

Wenn wir uns heute zum Gedenken an einen großen Kirchenhistoriker und Bischof versammelt haben, so steht uns die vertikale und die horizontale Dimension unseres Glaubens vor Augen: Der Glaube schaut nach oben in der Hoffnung auf die künftige Gottesherrschaft, die uns verheißen ist und deren Vorgeschmack wir in der Gemeinschaft der Kinder Gottes erfahren, und er schaut hinter sich in die Vergangenheit, um jene Spuren zu sehen, die Gottes Verheißung in der Geschichte hinterlassen hat. Die Koordinaten, in denen wir unsere Existenz vor Gott erfahren, ergeben sich aus beidem: aus unserem Ort in der Geschichte, den wir uns nicht aussuchen können, und aus unserer Ausrichtung auf die kommende Gottesherrschaft. Diese Koordinaten sind kontingent – was im Lichte Gottes nicht heißt, dass sie zufällig wären. Für den Glauben ist es gerade die Vorläufigkeit, die der Geschichte ihre Würde und dem Gedenken an die Vorgänger im Glauben seine Zuversicht gibt.

Denn die Geschichte ist keine Abfolge vermeintlicher Heilstatsachen. *Wir haben hier keine bleibende Stadt!* Geschichte *sub specie Dei*, also Kirchengeschichte, ist vielmehr die Geschichte des Glaubens: des Glaubens der Väter und des Glaubens unserer Lehrer, *die uns das Wort Gottes gesagt haben.* Dieses Wort Gottes ist selbst zwar geschichtlich geworden und insofern bedingt. Es ist ein Faktor der religiösen Traditionsgeschichte, wenn man so will. Aber es steht gleichwohl als Deutung außerhalb der Geschichte. Denn jenes Ereignis, das der Geschichte in den Augen des Glaubens die Mitte gibt, von der her sich Ursprung wie Hoffnung bestimmen, stand und steht quer zu allem: *Jesus, damit er das Volk heilige durch sein eigenes Blut, hat gelitten draußen vor dem Tor.* Draußen vor dem Tor unserer Geschichte und doch zugleich mitten darin ist etwas geschehen, das unsere Vorstellungen von historischer Kausalität im wahrsten Sinne durchkreuzt hat.

Seither ist der Satz widerlegt, dass die Weltgeschichte das Weltgericht sei – wenn er denn je gegolten hat; denn die Position außerhalb, die der urteilende Geist erstrebt, ist ihm unerreichbar, so dass, wenn die Weltgeschichte das Weltgericht wäre, das zu verkündende Urteil aus den verschlossenen Türen dieses Gerichts nicht hinausdringen könnte. Auch als Weltgericht bliebe die Geschichte unverstanden. Sie würde nur umso mehr jedes Trostes ermangeln. Stattdessen aber ermutigt uns das Vorbild unserer Lehrer, dem Wort zu folgen und im Glauben unser eigenes Urteil über die Geschichte auf das Wort zu gründen. Dieses Wort besagt, dass hier, mitten in der Geschichte und doch zugleich draußen vor ihrem Tor, Gott selbst sich so mit dem Schicksal der Menschen eingelassen hat, dass seither die historische Kausalität zwar vielleicht nicht anders verläuft, aber anders zu werten ist: Das Ineinander von Ursache und unentrinnbarer Folge, von Schuld und Sühne – oder auch (unseren Wunsch nach historischer Gerechtigkeit empfindlich verletzend) von fehlender Sühne – ist seither entschränkt, wenn es nicht sogar auf dem Kopf steht: Der Schöpfer und damit die Ursache selbst wird *draußen vor dem Tor* zum Opfer der historischen Umstände. Das Jenseits der Geschichte wird ganz und gar diesseitig. Die Verheißung: *Ich will dich nicht verlassen und nicht von dir weichen*, gilt nicht mehr nur im aktiven, sondern vor allem im passiven Sinn. Gott ist in *unserem* Kreuz und Leiden gegenwärtig, und dies sogar deutlicher als irgendwo sonst. Hier kann sich das Herz fest machen, denn es erfährt die Gnade. *Ich will mich nicht fürchten; was können mir Menschen tun!*

Dies ist auch der Grund, weshalb wir das Ende unserer Lehrer anschauen sollen: ihren Tod, der sie in unüberbietbarer Weise mit dem leidenden Christus vereint. *Jesus Christus gestern und heute und derselbe auch in Ewigkeit*, diese Formel ist keine bloße Formel, sondern der Schlüssel zur umfassenden Wirklichkeit, auch wenn wir uns nicht anmaßen können, diese *res ineffabilis et incomprehensibilis* je zu verstehen. Sie besagt, dass sich in Christus Geschichte und Ewigkeit, Gottheit und Menschheit vereinen, und zwar nicht in der Einheit des Wesens, wohl aber in der Einheit der Person, nämlich der Person unseres Herrn.

Man fragt am Ende eines Menschenlebens unwillkürlich nach dem, was bleibt. Auch wir tun dies im Gedenken an Georg Kretschmar. Es gibt bei diesem so geisteswachen, energiegeladenen und gestaltungswilligen Menschen sehr vieles, das hier zu nennen wäre, und jeder von uns kann das Seine dazu beitragen. Diese Erinnerungen machen dankbar. Sie trösten und verbinden uns. Wichtig ist aber gerade darum, dass Georg Kretschmar wie wir alle nicht nach den Werken gerechtfertigt wird, sondern nach dem Glauben. *Gedenkt an eure Lehrer, die euch das Wort Gottes gesagt haben; ihr Ende schaut an und folgt ihrem* ***Glauben*** *nach.* Wenn Georg Kretschmar heute unter uns wäre, hätte er, bei allem Selbstbewusstsein, das er besaß, entschieden von sich weggewiesen, von seinen Leistungen in der Wissenschaft wie in der Leitung der Kirche. Er hätte uns auf Christus verwiesen, dessen Wort er sein Leben lang verkündet hat: *Jesus Christus gestern und heute und derselbe auch in Ewigkeit.*

Amen.

Rainer
Stahl

„Zwei Regierweisen Gottes“? Ja: „Zwei Regierweisen Gottes“![1]

1. Mit mehreren Hinführungen möchte ich beginnen:

1.1 Seit vielen Jahren beschäftigt mich dieses Gedankenbild. Es ist mir ursprünglich unter dem Etikett „Zwei-Reiche-Lehre“ begegnet. Diese Redeweise hat natürlich Anhalt an Texten Luthers. Trotzdem habe ich schon sehr lange das Gefühl, dass diese Begrifflichkeit irgendwie unangemessen ist. So vergesse ich nie den kurzen Hinweis eines Amtsbruders im Altenburger Konvent Mitte der achtziger Jahre des vorigen Jahrhunderts, der mir sagte, dass Luther vom Reich Gottes und vom Reich des Teufels rede, die miteinander im Kampf liegen – noch heute –, und dass Luther von zwei „Regierweisen Gottes“ rede, zwei Handlungsarten Gottes in unserer Welt und unserem Leben – und darum gehe es, wenn die Leute von „Zwei-Reiche-Lehre“ reden! Die Begrifflichkeit der „zwei Regierweisen“ sei die eigentlich angemessene. Das war damals eine für mich sehr erhellende Bemerkung, die mir geholfen hat, auf den rechten Weg zu kommen.

Wir wissen ja, dass die Bibel die Wirklichkeit eines Kampfes zwischen Gott und dem Bösen bezeugt: „Denn er muss herrschen, bis Gott ihm ‚alle Feinde unter seine Füße legt‘. Der letzte Feind, der vernichtet wird, ist der Tod“ (1 Kor 15,25f). Dieser Kampf bestimmt vielleicht nicht unseren alltäglichen Glauben und unser alltägliches Leben, aber er ist eine Wirklichkeit, die wir nicht vergessen dürfen. Dieser Kampf um die Herrschaft „wird [...] geführt, und zwar von Christus, nicht von den Christen, sondern für sie. Dies ist ein Vorgang, ein Ringen, das in all seiner Heftigkeit im Gange

1 Grundlage dieses Aufsatzes ist ein Vortrag, der ab dem 9. 1. 2009 erarbeitet und vor dem Konvent der Ephoren Süd der Evangelischen Kirche in Mitteldeutschland, also den Superintendentinnen und Superintendenten des Propstbezirkes Meiningen, am 21. 4. 2009 in Erlangen gehalten wurde.

ist; aber der Ausgang steht schon jetzt fest als Sieg."[2] Mir ist der Hinweis von Reinhard Slenczka, dass nicht wir Christen diesen Kampf führen, ganz wichtig. Wir sind da lediglich Empfangende. Um die Auseinandersetzung dieser Reiche kann es also auch bei dem, was immer wieder „Zwei-Reiche-Lehre" genannt wird, nicht gehen. Sondern es muss um das Verstehen, um das Nachspüren, um die Ahnung der beiden Handlungsweisen, der beiden Regierweisen Gottes in unserem Leben und in unserer Welt gehen.[3]

1.2 Einen weiteren Zugang darf ich versuchen. Er sei mir als früherem Theologen der DDR ausdrücklich zugestanden. Ich möchte nämlich an ein Gesprächsdokument zwischen reformierten und lutherischen Theologen in der DDR erinnern, das im Zusammenhang des „Leuenberg-Prozesses" erarbeitet wurde: „Kirchengemeinschaft und politische Ethik. Ergebnis eines theologischen Gespräches zum Verhältnis von Zwei-Reiche-Lehre und Lehre von der Königsherrschaft Christi".[4] In diesem Dokument dominiert bei der Terminologie der lutherischen Teilnehmer der Arbeitsgruppe leider der Begriff „Zwei-Reiche-Lehre" – wie schon im Titel – und nur manchmal findet sich auch ergänzend die Rede von „Regimenten":

> „Die Zwei-Reiche-Lehre sucht die Beziehung und Unterscheidung zwischen dem Christusheil und der geschaffenen und gefallenen Welt unter dem Bild zweier ‚Reiche' zu fassen, dem ‚Reich Christi' und dem ‚Reich der Welt'. Das Reich Christi ist das Reich, in dem das Evangelium von Christus verkündigt und geglaubt wird. [...] Das Reich der Welt ist die Schöpfung Gottes in ihrer durch die Sünde entstellten Form."[5]

2 Reinhard Slenczka, Ziel und Ende. Einweisung in die christliche Endzeiterwartung: „Der Herr ist nahe", Neuendettelsau 2008, 49. Ohne hier in die Einzelheiten gehen zu können, sei als Beleg auf Martin Luther, De servo arbitrio / Vom unfreien Willensvermögen (1525), hingewiesen: Martin Luther. Lateinisch-Deutsche Studienausgabe, Band 1: Der Mensch vor Gott, unter Mitarbeit von M. Beyer hg. und eingeleitet v. W. Härle, Leipzig 2006, 648/649.

3 Vgl. Theodor Dieter, Der Auftrag der lutherischen Kirchen in Europa. Die Denkfigur der zwei Regimente Gottes, in: Lutherische Kirche in der Welt, Folge 51, Erlangen 2004, 42–58. Hier verweise ich auch auf: Karlmann Beyschlag, Grundriss der Dogmengeschichte, Band II: Gott und Mensch, Teil 2: Die abendländische Epoche, Darmstadt 2000, 371, der nur kurz auf dieses Gedankenbild eingeht, aber sogleich festhält: „geht für Luther die Unterscheidung der ‚beiden Reiche' (bzw. der beiden ‚Regimenter' Gottes), denen beiden der Christ zugehörig ist, d. h. einerseits die Schöpfungsordnungen (bzw. Erhaltungsordnungen) dieser Welt [...], andererseits die Liebesordnung der kirchlichen Gemeinschaft" konform.

4 Hg. von Joachim Rogge und Helmut Zeddies, Berlin 1980.

5 A. a. O., 12, Ziff. 7.

„Die Zwei-Reiche-Lehre leitet dazu an, im Reich Christi aus glaubender Liebe und im Reich der Welt in vernünftiger Gerechtigkeit zu leben, beides nicht zu vermischen und die Spannung dazwischen bewußt auszuhalten, auch wenn diese Spannung manchmal nur schwer ertragbar ist.“[6]

Im Rahmen kritischer Auseinandersetzungen mit verschiedenen Ausprägungen dieses Gedankenbildes im Laufe der Theologiegeschichte wird eine ganz wichtige Spur gelegt: „Dann kam es zur Behauptung der ‚Eigengesetzlichkeit‘ insbesondere der weltlichen Ordnungen, bei der vergessen wurde, daß es sich in beiden Reichen und Regimenten um Gottes Reiche und Regimente handelt“[7].

In dieser eher beiläufig gemachten Feststellung liegt m. E. ein ganz entscheidender Hinweis, dem wir nachgehen müssen. Hier öffnet sich schon ein wenig die Tür für das richtige Verständnis. Hier betreten wir schon den Weg, der uns von den Missverständnissen weg in die richtigen Dimensionen einführen wird. – Es geht also darum, dem Handeln Gottes in unserer Welt und in unserem ganz diesseitigen Leben nachzuspüren. Auch wenn wir scheinbar „nichts fühle[n] von deiner [/nämlich: Gottes] Macht“,[8] so heißt, „Gott glauben“, doch festhalten, dass er wirklich wirksam ist. Darum, diese Wirksamkeit zu ahnen, geht es bei den folgenden Reflexionen.

1.3 Vor wenigen Jahren hat Notger Slenczka die von mir als notwendig empfundene Differenzierung in Frage gestellt: „Mir ist der Sinn der Unterscheidung der Wendung ‚Zwei Reiche‘ von der Bezeichnung ‚Zwei Regimenter‘ nicht zugänglich bzw. die Behauptung, daß die zweite Wendung einen irgendwie besseren Sinn habe, als ernsthafte These nicht nachvollziehbar“[9]. In seinem hochinteressanten Aufsatz zeichnet er ganz theologiegeschichtlich

6 A. a. O., 13, Ziff. 10. Zu dieser Zuordnung darf ich schlicht fragen: Herrscht denn der auferstandene Christus „im Reich der Welt“ nicht? Er herrscht doch auch dort. Aber vielleicht auf andere Weise als in der Wirklichkeit, die hier mit „Reich Christi“ bezeichnet wird!

7 A. a. O., 14, Ziff. 14.

8 Für mein Glaubensverständnis ist das Lied „So nimm denn meine Hände“ der Rigaer Julie Hausmann, die in St. Petersburg verstorben ist, ganz wichtig. Dessen dritte Strophe bringt den mir wichtigen Gedanken zum Ausdruck: „Wenn ich auch gleich nichts fühle von deiner Macht, du führst mich doch zum Ziele auch durch die Nacht“ (EG 376,3).

9 Notger Slenczka, Gott und das Böse. Die Lehre von der Obrigkeit und von den zwei Reichen bei Luther, in: Luther. Zeitschrift der Luther-Gesellschaft, 79, 2008, 75–94, Zitat: 84, Anm. 21.

die Positionen Luthers nach und fügt ausdrücklich hinzu: „Mit dieser Nachzeichnung ist noch kein einziger Schritt zur Beantwortung der Frage getan, ob und unter welchen Bedingungen diese Unterscheidung ‚Zweier Reiche' auch für die Gegenwart und unter den Bedingungen einer ganz andersartig verfaßten ‚Obrigkeit' relevant und orientierend sein kann."[10] Gerade aber um die Erfassung der Positionen Luthers und ihre Vertretung heute geht es mir, weshalb ich die Bildrede von zwei Regierweisen für passender halte.

1.4 Es sei mir erlaubt, einmal nicht bei Martin Luther zu beginnen – sondern bei den Juden:

1.4.1 Shalom Rosenberg gibt im siebenten Kapitel – „Gut und Böse in der Kabbala" – seines Buches „Von der Macht des Bösen"[11] den Hinweis auf ein Denkmodell, das „in der Kabbala zur Veranschaulichung von Gut und Böse und des Verhältnisses der beiden zueinander verwendet" wurde:[12]

> „Das erste Modell möchte ich das Modell von rechts und links nennen. In der Oberwelt der zehn *sefirot* (Emanationen) finden sich *chesed* (Gnade oder Liebe) und *gwura* (Stärke oder Kraft) sowie *middat ha-rachamim* und *middat ha-din* (das göttliche Attribut der Gnade und das göttliche Attribut des Gerichts). Diese Einteilung spinnt einen Gedanken fort, der sich schon in den Werken der talmudischen Weisen findet, dass es nämlich zwei göttliche *middot* (wörtlich: ‚Maße': Qualitäten oder Attribute) in der Welt gibt. Die Qualität der Gnade und die Qualität des Gerichts werden dabei als im Kampf oder Streit begriffen betrachtet, personifiziert in der Gestalt eines kosmischen Anklägers und eines kosmischen Verteidigers. Auf der einen Seite stehen Liebe und Erbarmen, und auf der anderen Macht und Stärke – die Erkenntnis, dass diese Liebe im Interesse ihres Empfängers eingeschränkt werden muss. Das sind die Emanationen von *chesed* und *gwura*, die in eine Synthese gebracht werden müssen [...] Die Dualität zwischen Gottes überströmender Liebe und ihrer Einschränkung wird in der Symbolsprache der Kabbala mit den Begriffen ‚rechts' und ‚links', angelehnt an die beiden Hände des Menschen, verdeutlicht."[13]

---

10 A. a. O., 93. Vgl. auch als neuesten Text zum Thema vom Autor: Notger Slenczka, Spuren der Reformation im gegenwärtigen Verständnis der öffentlichen Ordnung und des Staates, in: Luther. Zeitschrift der Luther-Gesellschaft, 80, 2009, 170–184.

11 Shalom Rosenberg, Von der Macht des Bösen. Eine Reise zu den Abgründen Gottes, Berlin 2001.

12 A. a. O., 83.

13 A. a. O., 83f. Zur Kabbala allgemein vgl. E. L. Dietrich, Art. Kabbala, RGG^3, Bd. III, 1959, 1079–1080, und Joseph Dan, Art. Kabbala, II. Jüdische Kabbala und III. Christliche Kabbala, RGG^4, Band 4, 2001, 726–727.

Hier sind wir sozusagen im Zentrum der Ahnung, im Zentrum des Gedankens: Es geht um ein Nachspüren mit Blick auf Gott; es geht um ein Ahnen über Gott. Meines Wissens hat sich Martin Luther bewusst nicht mit talmudischen und besonders kabbalistischen Gedanken auseinandergesetzt, waren sie ihm doch zu spekulativ. Das war aber für humanistische Kollegen seiner Zeit – so Johannes Reuchlin – durchaus möglich.[14] Auf alle Fälle war jedenfalls Martin Luther in der Grundlage dieses Gedankengebäudes zu Hause: Denn dieses Ahnen, dieses Nachspüren ist tief biblisch begründet.

1.4.2 Ich brauche jetzt nur auf eine einzige Aussage hinzuweisen, die uns der Traditionsstrom der Jesaja-Tradition zur Verfügung stellt, die vielleicht aus dem babylonischen Exil, vom so genannten „Deuterojesaja“ oder von Verarbeitern des Denkens des „Deuterojesaja“, stammt:

„Ich bin JHWH, und sonst keiner mehr,
Gestalter des Lichts (*'or*)
und Schöpfer der Finsternis (*choschek*),
Macher des Friedens (*schalom*)
und Schöpfer des Bösen (*ra^{c}*).
Ich bin JHWH,
der all dies macht“ (Jes 45,6b–7).

Vor Jahren habe ich diese Aussage eine „Spitzenaussage des Glaubens“ genannt, die „übrigens auch nicht vom Neuen Testament überboten worden“ ist.[15] Heute darf ich ihr eine andere – aus theologiegeschichtlich jüngerer Zeit

14 Einen kurzen Überblick über die Anfänge der christlichen Kabbala bietet: Tobias Funke, Der Renaissanceerker an Barthels Hof zu Leipzig und seine Inschriften. Ein Zeugnis christlicher Kabbala in Leipzig? In: leqach 8, Mitteilungen und Beiträge, hg. v. der Forschungsstelle Judentum, Theologische Fakultät Leipzig, 2009, 45–64, bes. 55–58.

15 Rainer Stahl, Zukunft für Verzagte, Bibelwoche 1999/2000, Erfurt 1999, 17: „Das Neue Testament hat aber eine besondere und neue Annäherung an diese Spitzenaussage gefunden: Sie besteht darin, daß Gott selbst unter Finsternis und Bösem leidet. In dem am Kreuz leidenden Jesus aus Nazaret ist Gott nicht neben und außerhalb der von ihm geschaffenen Finsternis und des von ihm geschaffenen Bösen geblieben, sondern er ist selbst zum Opfer geworden, das unter ihm mitleidet.“ – Vgl. auch: Irmtraud Fischer, Gottes lebendige Bilder. Sieben Abschnitte aus Jesaja 40–55, hg. v. Rosemarie Micheel, Neukirchen-Vluyn 1999: „Wenn heute gerade kontextuelle Theologien die Göttlichkeit Gottes in seinem Mitleiden mit dem Menschen sehen, so zeigt sich, daß wir das theologische Problem, woher denn das Böse kommt und seine Macht hat, noch immer nicht gelöst haben“ (64).

stammende – biblische Aussage an die Seite stellen, die ich selbst ganz persönlich durchbuchstabiert habe:

> „Auch das Gute haben wir angenommen von Gott –
> und das Böse (*ha-ra*^{c}) sollten wir nicht annehmen?“ (Ijob 2,10).

Wer konsequent *einen* Gott glaubt und keinerlei Gegenmächte oder Götzen neben ihm anerkennt, muss alle Widerfahrnisse auf diesen einen Gott zurückführen. Das geht gar nicht anders. Dann ist hinter allem letztlich Gott Urheber und Akteur: hinter dem Schönen und Befreienden, aber auch hinter dem Einengenden und Gefährdenden. Diese tiefe Glaubenseinsicht ist m. E. der eigentliche Wurzelgrund für das Ringen um die Zusammenhänge, die mit dem Begriff „Zwei-Reiche-Lehre“ oder besser: „Zwei-Regimenten-Lehre“ oder noch besser: der Bildrede von den „zwei Regierweisen Gottes“ gemeint sind.[16] Wir begreifen in unserer Glaubensgeschichte, dass das Lebenserhaltende, das Befreiende, das Beglückende, ja – diese Dimension muss schon jetzt eingetragen werden – das Erlösende von Gott her kommen. Wir begreifen aber auch, dass Gott begrenzt, dass Gott schmerzhaft korrigiert, dass Gott auf ungewollte Wege weist, dass Gott an ein Ende führt, dass es Gott ist, der tötet.[17]

1.4.3 Wenn diese Einsichten stimmen, dann ist auch die Gegenmacht, die letztlich von Gott überwunden werden wird – das „Reich des Bösen“, „der letzte Feind, […] der Tod“ (1 Kor 15,26) – „nur“ eine Macht, die eigentlich „vorübergehend“ von Gott zugeteilt worden war, die von Gott geliehen war und die am Ende von Gott wieder entzogen werden wird. Sowohl im Ijob-Buch als auch in der Erzählung von der Versuchung Jesu (Mt 4,1–11) wird „der Böse“ als Mitarbeiter Gottes verstanden, als einer, der doch im Dienst Gottes steht, so dass wir die Gewissheit haben können, dass Gott selbst dessen Überwindung bewirken wird.[18]

---

16 Genauso urteilt Notger Slenczka, a. a. O. (wie Anm. 9): „Es wird […] erkennbar werden, daß die Zwei-Reiche-Lehre in mehr als einem Sinn mit dem Thema ‚Gott und das Böse‘ zu tun hat“ (76).

17 Wenn ich dann im Folgenden die andere „Regierweise Gottes“, diejenige mit der „linken Hand“ befragen werde, dann meine ich nicht nur „Böses“ (*ha-ra*^{c}), dann meine ich auch begrenzend Ordnendes, Freiheit Einschränkendes, ja: Strafendes. Diese Dimensionen sind alle mit gegenwärtig, wenn wir gemeinsam nun den Weg weitergehen.

18 Vgl. die Anregungen bei Magdalene L. Frettlöh, Von der Macht des GottesWortes im WortWechsel mit dem Teufel. Bibelarbeit zu Matthäus 4,1–11; in: Dies., Worte sind

Solange er dies aber noch nicht getan hat, grenzt er die Macht dieses „Bösen“ gerade durch seine „zwei Regierweisen“ ein, indem er auf diese beiden Weisen die Bedingungen für die Möglichkeiten des Lebens schafft. Das folgende ältere, aber sehr hilfreiche Zitat changiert wieder hinüber zu den Reich-Bildern: „Ohne die Regimente Gottes bliebe es beim Teufelsreich. Erst durch sie schafft Gott so etwas wie ein neutrales Reich für Leben in der Welt, keineswegs aber ein geruhsames Leben! Denn gegen das ordnende Wirken der Regimente in seinem Reich setzt sich der Teufel zur Wehr. Gegen die Regimente selbst kann er nichts tun, aber natürlich gegen Menschen, die durch ihr Amt die Ausführungsorgane von Gottes Regimenten in der Welt sind.“[19] Damit habe ich ein Forschungsergebnis aus dem Beginn der achtziger Jahre des vorigen Jahrhunderts aufgegriffen:

1.5 Zum Lutherjubiläum 1983 war in der DDR eine hochinteressante Festschrift herausgegeben worden: „Leben und Werk Martin Luthers von 1526 bis 1546“. Darin ist ein wichtiger Aufsatz von Michael Beyer zu „Luthers Ekklesiologie“ enthalten. In ihm bestimmt er die Zusammenhänge in einer Weise, die meiner Reflexionsrichtung entspricht: „Vielleicht kann man so formulieren, daß der Begriff ‚Reich‘ anzeigt, daß und in welchem Umfang Herrschaft ausgeübt wird, während ‚Regiment‘ sich auf die Art und Weise der Herrschaftsausübung bezieht.“[20] Weil die Ausübung von Herrschaft nie strittig ist, außer es gelingt, diese zu verschleiern, müssen m. E. die Art und Weise ihrer Ausübung, also die Strukturen dieser Ausübung im Vordergrund stehen. Dies geschieht hier mit der Terminologie der „Regierweisen“.

Im Unterschied zur Herangehensweise von Notger Slenczka ist schon die Anfangsfrage meines Textes mit den Herausforderungen heute verwoben,

---

Lebensmittel. Kirchlich-theologische Alltagskost, Erev-Rav-Hefte Biblische Erkundungen Nr. 8, Knesebeck 2007, 25–41, bes. 38 f.

19 Michael Beyer, Luthers Ekklesiologie, in: Leben und Werk Martin Luthers von 1526 bis 1546. Festgabe zu seinem 500. Geburtstag, Berlin ^{2}1985, 93–117, Zitat: 100.

20 A. a. O., 100. Dort weiter ausgeführt: „Beide Regimente Gottes, das geistliche wie das weltliche, haben eine gemeinsame Zielrichtung. Sie dienen als Gottes Herrschaftsweisen dazu, Welt aus ihrer Verfallenheit an den Teufel zu befreien. Sie tun es allerdings auf unterschiedliche Weise. Während das geistliche Regiment dahin gerichtet ist, Christen zu ‚machen‘, also Menschen durch den Heiligen Geist dem Christusreich einzugliedern, ist das weltliche Regiment darauf ausgerichtet, durch Abwehr von Schaden seitens böser Menschen und Nichtchristen den äußeren Frieden zu gewährleisten.“

weshalb mir die Begrifflichkeit „zwei Regierweisen" hilfreicher erscheint.[21] Dem hat in jüngster Zeit Hans-Martin Barth zugestimmt: „Die Pointe von Luthers Ansatz besteht [...] darin, dass er Gottes doppelte ‚Herrschaftsweise' – heute vielleicht besser ‚Regierweise' –, nämlich mit Hilfe der ‚Rechten' und der ‚Linken', im Kampf gegen den ‚Herrschaftsbereich' des Satans sieht. Unter dieser Voraussetzung sollte man lieber von ‚Zweiregimentenlehre' als von ‚Zweireichelehre' sprechen."[22]

2. Zu Beginn des weiteren Weges halte ich die bisherige Erkenntnis fest:

2.1 „Dabei gibt es einen elementaren Grundgedanken von großer Bedeutung und Reichweite [...]: *Beide* Regimente, d. h. Regierweisen, die geistliche und die weltliche, sind Regierweisen *Gottes*. Und sofern sie das sind, kann man auch sagen, dass beide Reiche – das Reich Gottes und das Reich der Welt – Gott unterstehen und insofern *Gottes* Reiche sind."[23] Diese Feststellung Wilfried Härles haben wir ganz ins Zentrum zu rücken. Gott handelt in komplexer Weise an seiner Schöpfung und an uns Menschen. Sein Handeln ist darauf gerichtet, uns Heil zu erwirken *und* uns ein gutes und geordnetes Leben zu ermöglichen.

---

21 Vgl. dazu von Notger Slenczka die Reflexion unter „*7. Die Obrigkeit, die Geschichte und der Deus absconditus*" (a. a. O. [wie Anm. 9], 91–93: „Daß Gott durch das Böse hindurch auch in seinem verborgenen Handeln auf das Gute zielt, ist Luther [...] gewiß – das ist eben die Gewißheit des Glaubens, der [...] darauf vertraut, daß auch das verborgene Handeln Gottes in der Geschichte seinen Sinn in seiner gegen das Böse gerichteten Güte hat" (93). – Auch Eduard Lohse, Wir sind die rechte alte Kirche. Ein Zuspruch Martin Luthers, in: Kirche in reformatorischer Verantwortung: Wahrnehmen – Leiten – Gestalten, FS Horst Hirschler, hg. v. Konvent des Klosters Loccum, Göttingen 2008, 251–259, hat die Terminologie der „zwei Regierweisen" anhand einer Auseinandersetzung mit „Wider Hans Worst" in guter Weise begründet: „‚Wer hat euch befohlen, solche Neuerung zu machen? Dass ihr mit dem weltlichen Schwert regiert und das am meisten braucht, unschuldiges Blut zu vergießen?' Die Kirche der Reformation aber hat mit dieser Vermengung der beiden Regierweisen Gottes gebrochen. Daran ist zu erkennen, ‚dass wir es mit der alten Kirche halten und aus derselben kommen'" (a. a. O., 258).

22 Hans-Martin Barth, Die Theologie Martin Luthers. Eine kritische Würdigung, Gütersloh 2009, 426.

23 Wilfried Härle, Kirche und Staat. Die „Zwei-Reiche-" bzw. „Zwei-Regimenten-Lehre", in: Konfession: Evangelisch-lutherisch. Die lutherischen Bekenntnisschriften für Laien erklärt, hg. v. Klaus Grünwald, Gütersloh 2004, 107–116, Zitat: 110.

„Es kommt darauf an, zu begründen, warum Gott eigentlich an dem Gesetz festhält. Das ist letztlich begründet in der Tatsache, dass Gott, in zweifacher Weise mit der Welt und dem Menschen umgehend, die Welt als Schöpfung auf ihr Telos, auf ihre Vollendung zuführen will. Das eine ist der Heilsweg, die zugesprochene Gerechtigkeit; das andere ist – dass dieser Gott gleichzeitig als der Schöpfer dieser Welt seinen wirkenden Umgang mit der Welt nicht einstellt“ – so einmal eher von außen, von einem philosophischen Zugang aus in einem seiner letzten Vorträge von Günter Rohrmoser formuliert.[24] Ich finde, das ist eine Formulierung, die die Notwendigkeit des Bildes von den „zwei Regierweisen“ in „schlagender“ Weise einleuchtend macht.

2.2 Martin Luther wendet nun diesen komplexen Gottesgedanken auf unser irdisches Leben an und setzt dabei die Begrifflichkeit von den „zwei Reichen“ ein. Er fasst die Wirkbereiche der beiden „Regierweisen“ als „Reiche“, als Wirklichkeitsbereiche, denen wir Menschen zugehören und denen entsprechend wir uns zu verhalten haben.

Ich finde – und hier nehme ich den unter 1. verfolgten Gedankengang wieder auf –, dass die Begrifflichkeit von „Reichen“ unserer Zeit wenig angemessen ist. Wir erleben keine Wirklichkeit eines „Reiches“. Wir als frühere DDR-Bürger erinnern uns, dass wir lange Zeit dem sowjetischen Imperium angehört haben – insofern wird für uns die Kategorie „Reich“ nachempfindbar. Aber das ist eigentlich keine positive Erinnerung. Außerdem entspricht der Begriff „Reich“ nicht den heutigen Erfahrungszusammenhängen in Politik und Gesellschaft. Hier dominieren Strukturen, Funktionszusammenhänge, Machtdimensionen. Wir haben in gewisser Weise an diesen Strukturen, Funktionen und Dimensionen Anteil – z. B. dadurch, dass wir als Wahlbürger mitentscheiden daran, wer Verantwortung und Macht in unserem Auftrag übertragen bekommt. Wir verwirklichen diese Strukturen, Funktionen und Dimensionen in unseren jeweiligen Verantwortungsbereichen, in unseren Beauftragungsbereichen. Wir sind aber mit diesen Bereichen nicht deckungsgleich. Anteile von uns sind immer auch außerhalb dieser Strukturen, Funktionen und Dimensionen – insofern wir immer auch Privatleute sind, insofern wir Urlaub machen, insofern wir einmal in Ruhestand gehen werden.

Diese gewiss viel zu knappe Skizze soll genügen, um uns deutlich zu machen, dass es wirklich besser ist, hier von zwei Strukturzusammenhängen zu

24 Günter Rohrmoser, Sünde abgeschafft – Christentum adieu. Die Rechtfertigung des Sünders, in: Zeitwende/Confessio Augustana III/IV, 2008, 60–65, Zitat: 63.

sprechen, durch die Gott seine „Regierweisen“ durchsetzt und in die wir als Menschen hineinkommen, in ihnen „funktionieren“ müssen und wir so zu Mitarbeitern Gottes werden.

3. Wenden wir uns nun – in eher kurzer Form – dem Strukturzusammenhang der „Regierweise Gottes zur Rechten“ zu. Dazu möchte ich zwei Predigten Martin Luthers aufgreifen, die dieser im Jahr 1518 gehalten hatte: den „Sermon über die zweifache Gerechtigkeit“ vom 28. März 1518 und den „Sermon über die dreifache Gerechtigkeit“, später im Jahr 1518 gehalten.[25]

3.1 Die „Regierweise Gottes zur Rechten“ stellt uns in den Wirkzusammenhang der Rettung, des Heils: „Durch eines Menschen Gerechtigkeit ist zu allen Menschen die Rechtfertigung gekommen, die zum Leben führt, und durch den Gehorsam eines Menschen werden viele zu Gerechten.“[26] „Diese Gerechtigkeit wird uns durch die Taufe übertragen, diese Gerechtigkeit ist es eigentlich, die das Evangelium verkündigt, und es ist nicht die Gerechtigkeit aus dem Gesetz, sondern die Gerechtigkeit aus Gnade.“[27] „So macht Christus durch seine Gerechtigkeit alle, die aus ihm geboren sind, gerecht und selig, und zwar durch diese seine eigene Gerechtigkeit, die für diese eine fremde und unverdiente ist“[28].

„Die erste ist eine fremde und von außen eingegossene Gerechtigkeit; das ist diejenige, nach der Christus gerecht ist und (die) durch den Glauben rechtfertigt“[29]. „Mein eigen ist, dass Christus gelebt hat, gewirkt, geredet, dass er gelitten hat und gestorben ist, nicht anders, als hätte ich es selbst gelebt, hätte so gehandelt und geredet, hätte gelitten und wäre gestorben“[30].

„Christus allein ist ewig: So ist auch seine Gerechtigkeit ewig, und damit auch unsere.“[31]

---

25 Martin Luther. Lateinisch-Deutsche Studienausgabe, Bd. 2: Christusglaube und Rechtfertigung, hg. v. Johannes Schilling, Leipzig 2006, XV f, 53–65, 67–85.

26 A. a. O., 59.

27 Ebd.

28 A. a. O., 59.61. Mit Sätzen aus dem „Sermon über die dreifache Gerechtigkeit“.

29 A. a. O., 69.

30 Ebd. Mit Sätzen aus dem „Sermon über die zweifache Gerechtigkeit“.

31 A. a. O., 61. Noch ein Hinweis aus dem „Sermon über die dreifache Gerechtigkeit“.

3.2 Was bewirkt diese Gabe bei uns?

3.2.1 Auf dieser ewigen Gerechtigkeit steht unser Bemühen um Mitwirkung in diesem Kraftstrom „zur Rechten", auf ihr fußen alle unsere Aktivitäten, die die Wirklichkeit der Dimension „zur Rechten" weitervermitteln: Indem wir diesen Strukturzusammenhang lebendig halten, anderen anbieten – nämlich indem wir predigen, die Sakramente verwalten, Seelsorge üben.

3.2.2 Zugleich aber fußt auf dieser ewigen Gerechtigkeit auch unser Bemühen, mit dessen Hilfe wir die Wirklichkeit dieses Kraftstromes von Gott her „erfahrbar machen" können: Dazu hat sich Martin Luther in seinem „Sermon über die zweifache Gerechtigkeit" genauer geäußert: „Jetzt trachtet die Seele nicht länger danach, aus sich selbst gerecht zu sein, sondern hält Christus für ihre Gerechtigkeit und sucht folglich nur das Heil der anderen."[32] Deshalb ist es mit der Nächstenliebe folgendermaßen: „die nicht das Ihre sucht, sondern was des Nächsten ist"[33]. Das treibt dann Martin Luther bis zu einer ganz selbstlosen Einstellung: „Und so ziehen sie [nämlich die Menschen, die im Kraftstrom „zur Rechten" leben und handeln: die Christen] die Gestalten ihrer Gerechtigkeit aus und die Gestalten jener Menschen an, bitten für ihre Verfolger, segnen jene, von denen sie verflucht werden, tun Gutes denen, die ihnen schaden, und sind bereit, für ihre eigenen Feinde Strafen zu leiden und genugzutun, auf dass sie selig würden. Das ist das Evangelium und das Beispiel und Vorbild Christi."[34]

3.3 Diese Wahrheit sei noch einmal in moderner Form zur Sprache gebracht: „Wenn der Mensch einer selbstverfehlenden Verstellung seiner selbst und seiner Welt unterliegt, dann unterliegt er einer Sperre, und diese Sperre bedeutet, der Mensch kann nicht handeln. Er hat seine Handlungsvollmacht verloren. Was die Rechtfertigung nach Luther bewirkt, ist, dass diese Schranke, diese Fessel gesprengt wird und dem Menschen seine Handlungsvollmacht zurückgegeben wird und er in der Einheit mit sich die Verantwortung übernehmen kann für die Ganzheit seiner Welt als Schöpfung."[35]

---

32 A. a. O., 75.
33 A. a. O., 81.
34 A. a. O., 83.
35 Günter Rohrmoser, a. a. O. (wie Anm. 24), 62 f.

4. Vor diesem Hintergrund können wir uns nun der „Regierweise Gottes zur Linken“, dem Funktionszusammenhang „zur Linken“, dem Wirkungshandeln Gottes in unseren nicht geistlichen Lebensdimensionen zuwenden. Dies soll in der Weise geschehen, dass wir drei Werke Martin Luthers in den Blick nehmen.[36]

4.1 Ein erster Hinweis wird im schon beigezogenen „Sermon über die zweifache Gerechtigkeit“ gegeben:

> „Aber du wendest ein: Darf man denn die Bösen nicht bessern? Ist es nicht in Ordnung, die Sünden zu strafen? […] Darauf antworte ich:
>
> Eine einfache Lösung kann man hier nicht geben; deshalb muss zwischen den Menschen unterschieden werden. Denn entweder stehen sie in öffentlicher Verantwortung, oder sie sind Privatleute. Für die Menschen in öffentlicher Verantwortung, also für diejenigen, die in die Pflicht Gottes genommen sind und in ein Vorsteheramt, trifft das Gesagte nicht zu. An ihnen ist es nämlich, vom Amts wegen und der Not gehorchend die Bösen zu strafen und zu verurteilen, die Unterdrückten zu rächen und zu schützen. Denn nicht sie handeln, sondern Gott, dessen Sklaven sie in diesem Amt sind“[37].

4.2 Auf Grund von Predigten, die Martin Luther im Oktober 1522 in Weimar gehalten hatte, hat er auf Bitten der Weimarer zum Jahreswechsel 1522/1523 die Schrift „Die weltliche Obrigkeit und die Grenzen des Gehorsams“ vorgelegt.[38] In ihr wendet sich Luther ausdrücklich der irdischen Dimension zu, bedenkt also die „Regierweise Gottes zur Linken“ von den menschlichen

---

36 An dieser Stelle sei der Gang durch die Quellen vermerkt, den Notger Slenczka geht (wie Anm. 9): Er erhebt zuerst die Erkenntnisse in der Schrift Luthers „An den christlichen Adel“ (1520) (a. a. O., 77 f), sodann diejenigen der Schriften zum Bauernkrieg (a. a. O., 78–81), schließlich diejenigen der „Unterrichtung, wie sich die Christen zu Mose sollen schicken“ (1525) (a. a. O., 81–83) und letztlich diejenigen aus der Obrigkeitsschrift (1523) und aus der Kriegsleuteschrift (1526) (a. a. O., 83–91). Diese breitere Basis bestätigt die auch von mir vorgetragenen Einsichten noch differenzierter. – Als wichtige neue Literatur sei hier erneut auf die „Theologie Martin Luthers“ von Hans-Martin Barth verwiesen (wie Anm. 22). Dort vor allem 422–460 („*Arbeitsteilung* – Gottes linke und Gottes rechte Hand“) und 461–489 („*Christliche Existenz* – säkular und spirituell“).

37 A. a. O. (wie Anm. 25), 81.

38 Ich zitiere aus der Edition in „Martin Luther Taschenausgabe“, hg. v. Horst Beintker, Helmar Junghans und Hubert Kirchner, Bd. 5: Christ und Gesellschaft, hg. v. Hubert Kirchner, Berlin 1982, 108–149.

und gesellschaftlichen Bedingungen und Mitwirkungsmöglichkeiten her. Er reflektiert die möglichen menschlichen Aktivitäten, die den Kraftstrom der „Regierweise Gottes zur Linken" aufnehmen.

4.2.1 Deshalb begründet er auch am Anfang, dass das Ordnungs-, Disziplinar- und Strafhandeln gesellschaftlicher Institutionen und der in ihnen beauftragten Menschen tatsächlich Funktion göttlichen Aktionswillens ist.[39] „Zum Reiche der Welt oder unter das Gesetz gehören alle, die keine Christen sind. Denn da nur wenige glauben und nur der geringere Teil christlich lebt, also dem Bösen keinen Widerstand leistet, ja, nicht selber Böses tut, hat Gott für sie – ausgenommen den Christenstand und das Reich Gottes – eine andere Herrschaft geschaffen und sie dem Schwert unterworfen."[40]

Indem Martin Luther die Christen aus dieser Dimension herausnimmt, klingt hier eine besondere Fragestellung an, die kurz aufgenommen werden soll: Welche Chancen hat das Christliche in der Welt? „Aber siehe zu, erfülle zuerst die Welt mit richtigen Christen, bevor du sie christlich und evangelisch regierst. Das aber wirst du niemals können. Denn die Welt und die große Masse sind und bleiben Unchristen, ob sie schon alle getauft sind und Christen heißen. Aber die Christen wohnen (wie man sagt) fern voneinander."[41] „Ein ganzes Land oder die Welt mit dem Evangelium regieren wollen, ist dasselbe, als wenn ein Hirte Wölfe, Adler und Schafe zusammen in einen Stall sperrte"[42]. „Deshalb muß man die beiden Reiche sorgfältig unterscheiden und jedes von ihnen bleibenlassen [was es ist]: eins, das gerecht macht, das andere, das äußerlich Frieden schafft und bösen Taten wehrt."[43] Diese Grundentscheidungen seien jetzt nicht diskutiert. Natürlich ist mir klar, dass aus manchen Ecken damals und heute Kritik laut werden wird. Es wäre jetzt spannend zu sehen, wie im eingangs aufgenommenen Dialogdokument die Einreden der „Lehre von der Königsherrschaft Christi" zur Sprache gebracht werden.[44] Das sei aber jetzt aus Zeitgründen unberücksichtigt gelas-

39 A. a. O., 111 ff.
40 A. a. O., 115.
41 A. a. O., 116.
42 Ebd.
43 A. a. O., 117.
44 So betont die „Lehre von der Königsherrschaft Jesu Christi" die „Gültigkeit der Herrschaft Christi für alle Bereiche des menschlichen Lebens" (a. a. O., [wie Anm. 4], 15, Ziff. 18), benennt als „alleiniges Kriterium christlicher Sozialethik [...] Gottes gnädige[n] Willen[n], wie er in Jesus Christus deutlich geworden ist" (17, Ziff. 21). Die Dialogteilnehmer halten z. B. fest, dass „die Lehre von der Königsherrschaft Christi betont, daß jeder Christ mit seinem gesamten Leben unter der Herrschaft

sen. Einen Hinweis aber möchte ich doch noch geben, der dann auch in der Diskussion aufgenommen werden könnte: Ich bin der Überzeugung, dass die realistische Sicht Luthers von den Christen – dass sie „fern voneinander wohnen", dass sie „Unchristen [bleiben], ob sie schon alle getauft sind und Christen heißen" – Konsequenzen für unser Kirchenverständnis hat: Die Kirche als Gemeinschaft der getauften Glaubenden gehört nicht einfach zur „Regierweise Gottes zur Rechten" – wenn auch in ihr diese „Regierweise" verwirklicht wird. Sondern Dimensionen der Wirklichkeit der Kirche gehören auch zur „Regierweise Gottes zur Linken". Also: Auch in der Kirche werden Prozesse und Entscheidungen nötig sein, die dieser „Regierweise Gottes zur Linken" zugehören. Ein wichtiger Vorteil der lutherischen Gedanken ist es, dass dieser Realismus mit Blick auf die Kirche bewusst wird. Dem werde ich abschließend noch nachgehen.

Wir wollen jetzt vielmehr auf den Denkwegen Luthers danach fragen, wie nun die Mitwirkung der Menschen – allgemein! – an den Funktionszusammenhängen der „Regierweise Gottes zur Linken" aussieht:

> „Du fragst: Kann denn auch ein Christ das weltliche Schwert führen und die Bösen bestrafen? [...] Die Antwort: Du hast jetzt zwei Dinge gehört: Das eine: Unter den Christen kann es kein Schwert geben. Deshalb kannst [auch] du es nicht über die Christen und unter den Christen führen. [...] Deshalb mußt du die Frage auf die andere Menge beziehen, die keine Christen sind, ob du es dort christlich gebrauchen kannst. Und das ist der andere Punkt, daß du dem Schwert zu dienen schuldig bist, es fördern sollst, womit du kannst, es sei mit Leib, Gut, Ehre und Seele. Denn es ist ein Werk, das du nicht brauchst, das aber für die Welt und deinen Nächsten von höchstem Nutzen und größter Notwendigkeit ist. Deshalb sollst du, wenn du siehst, daß es an Henkern, Bütteln, Richtern, Herren oder Fürsten fehlt und du geeignet dafür bist, dich dazu anbieten und darum bewerben, damit die nötige Gewalt nicht verachtet und geschwächt wird oder [vielleicht sogar] untergeht. Denn die Welt kann und darf nicht auf sie verzichten."[45]

Christi steht". Deshalb kann diese Lehre „davor bewahren, Anordnungen, Gesetze, Denkgewohnheiten und Verhaltensmuster aus der politischen, gesellschaftlichen und kirchlichen Umwelt oder auch aus der persönlichen Vergangenheit und Erfahrung ungeprüft zu übernehmen und zu befolgen. Sie weiß den Christen vielmehr an den gebunden, der durch den Tod am Kreuz allen gedient und allen seine Liebe erwiesen hat" (26, Ziff. 59). Das sind solche Dimensionen, die hier diskutiert werden könnten.

45 A. a. O. (wie Anm. 38), 120.

Gerade in der DDR-Zeit habe ich immer gedacht, dass es die besten Christen sein müssten, die Polizisten werden, um in guter Weise, in echter Achtung vor den betroffenen Menschen für die Gemeinschaft zu sorgen. Das war nur leider kaum möglich – vielleicht lohnte es sich zu erforschen, ob es Christen in der Volkspolizei gegeben hat und welche Biographien sie hatten! –, es zeigt aber die Zielrichtung dieses Gedankens Luthers überdeutlich!

Martin Luther fasst zusammen: „In diesem Falle stündest du ganz in einem fremden Dienst und Werk, das nicht dir noch deinem Wohlstand oder deiner Ehre nützt, sondern nur dem Nächsten und anderen.“[46] „Weil [...] der heilige Paulus sagt, die *Gewalt* sei *Gottes Dienerin* [Röm 13,4], darf man sie nicht allein den Heiden überlassen, sondern sie muß für alle Menschen brauchbar sein.“[47] „So wie ein Mann im Ehestand, bei der Feldbestellung oder mit seinem Handwerk Gott dienen kann zum Nutzen des anderen und dienen muß, wenn sein Nächster es braucht, so kann er auch in Ausübung der Gewalt Gott dienen; und er muß ihr dienen, wenn es die Bedürftigkeit des Nächsten erfordert.“[48]

Noch einmal fasst Martin Luther seine Gedanken mit Blick auf die Situation der Christen zusammen: „Ein Christ muß in der Lage sein, alles Böse und Unrecht zu leiden, sich nicht selbst zu rächen, auch vor Gericht sich nicht zu schützen. Für sich selber soll er von der weltlichen Gewalt und dem weltlichen Recht nichts nötig haben. Aber für andere kann und soll er Strafe, Recht, Schutz und Hilfe suchen und [selber] das Seine dazu tun, womit er es vermag.“[49]

4.2.2 In einem zweiten Teil beschreibt Martin Luther die Grenzen politischen, polizeilichen und militärischen Handelns. D. h., auch wenn solches Handeln Verwirklichung göttlichen Willens ist, so ist es doch nicht kriterienlos. Im Gegenteil: Deshalb gerade ist es an Regeln gebunden! Es ist also wichtig festzuhalten, dass Luther schon in dieser grundlegenden Schrift allen fälschlichen Gedanken von einer Eigengesetzlichkeit des Bereichs der „Regierweise Gottes zur Linken“, die im 20. Jahrhundert vorgetragen worden sind, eigentlich den Boden entzogen hat. Zwei Problembereiche greife ich auf:

46 Ebd.
47 A. a. O., 123 f.
48 A. a. O., 124.
49 A. a. O., 125.

4.2.2.1 Die weltliche Autorität darf nicht über die Gewissen, die geistlichen Entscheidungen der Menschen bestimmen. Luther begründet hier eine grundlegende Ideologiekritik und stellt alle ideologisch geprägten Gesellschaftsentwürfe nach ihm unter Verdikt – Nationalsozialisten, Kommunisten, auch die ideologischen Tendenzen und Aspekte in unserer heutigen Gesellschaft, die ich mit Sorge sehe.

„Deshalb greift die weltliche Gewalt, wo sie sich vermißt, der Seele Gesetze zu geben, Gott in seine Herrschaft und verführt nur und verdirbt die Seelen.“[50] „Über die Seele kann und darf niemand gebieten, es sei denn, er weiß ihr den Weg zum Himmel zu zeigen. Das aber vermag kein Mensch, sondern allein Gott. Und deshalb soll in den Dingen, die der Seelen Seligkeit betreffen, nichts als Gottes Wort gelehrt und angenommen werden.“[51]

Martin Luther greift in diesem Zusammenhang ein interessantes Beispiel aus der Kampfsituation der Reformation seiner Zeit auf: „In Meißen, Bayern, in der Mark und an anderen Orten haben die Tyrannen ein Gebot ausgehen lassen, man solle die Neuen Testamente überall auf den Ämtern abliefern. Hier sollten sich die Untertanen folgendermaßen verhalten: Sie sollten nicht ein Blatt, nicht einen Buchstaben abliefern, bei Verlust ihrer Seligkeit! Denn wer das tut, gibt Christus in die Hand des Herodes, handeln jene doch wie Herodes als Christusmörder. Sondern: Wenn man auch befiehlt, die Häuser zu durchsuchen und die Bücher oder [anderen] Besitz mit Gewalt zu nehmen, sollen sie es leiden. Dem Frevel soll man nicht widerstehen, sondern ihn erdulden […] Man darf ihn aber nicht billigen oder gar unterstützen oder ihm Folge leisten oder gehorchen, nicht mit einem Schritt noch mit einem Finger.“[52] Waren für Luther damals die Landesfürsten der vorreformatorischen Seite – wie eben der Bischof von Meißen! – ideologische Kämpfer gegen die Wahrheit der Reformation und des Glaubens, so lässt sich dies für uns auf alle ideologisch bedingte Beugung von Freiheit beziehen – schlage ich jedenfalls vor.

50 A. a. O., 129.

51 A. a. O., 130. Sicher wäre es anregend, hier über die modernen Entwicklungen (zum Beispiel die Tatsache nicht nur verschieden konfessionellem, sondern auch verschieden religiösem Religionsunterricht) zu diskutieren. Das kann aber jetzt nur angezeigt werden.

52 A. a. O., 135.

4.2.2.2 Sodann vermittelt Martin Luther ein ausgesprochen kritisches Bild über die weltlichen Verantwortungsträger seiner Zeit: „Und ihr müßt wissen, daß von Anfang der Welt an ein kluger Fürst ein seltener Vogel war und ein gerechter noch ein viel seltenerer. Gemeinhin sind es die größten Narren oder die schlimmsten Spitzbuben. Deshalb muß man allezeit von ihnen des Schlimmsten gewärtig sein und wenig Gutes von ihnen erhoffen, besonders in göttlichen Dingen, die das Heil der Seele betreffen.“[53]

In Zeiten, in denen Verantwortungsträger durch Wahlen in ihre Aufgaben hineinkommen, sollte ein viel höheres Maß an Kompetenz vorliegen. Luthers Realismus hilft aber doch und befreit vor zu großer Aufregung bei Enttäuschungen. Völlig neu ist natürlich die Möglichkeit heute, Verantwortungsträger gerichtlich zu verfolgen, wenn ihnen Missbrauch und Fehler nachgewiesen werden können. Diese Möglichkeiten sind zu nutzen, denn sie sind Ausdruck der Wirklichkeit der „Regierweise Gottes zur Linken“, die sich in unserer Zeit ergeben hat als Bestandteil demokratischer Gesellschafts- und Politiksysteme.

4.2.3 Im dritten Teil seiner Abhandlung fragt Luther danach, wie sich ein Verantwortungsträger als Christ bewähren kann, und gibt hier allgemeine Ratschläge:

> „Er muß mit Furcht handeln. Er darf sich weder auf tote Bücher noch auf lebendige Köpfe verlassen, sondern muß sich ganz an Gott halten, ihm in den Ohren liegen und um den richtigen Verstand bitten über alle Bücher und Meister hinaus, um seine Untertanen mit Weisheit regieren zu können.“[54]

Hier spricht Martin Luther also eine Entscheidungsfähigkeit jenseits und über die Regelwerke hinaus an. In diesem Sinne gibt er auch am Ende seiner Schrift das klassische Beispiel der Gerechtigkeit von Herzog Karl von Burgund.[55] Das eröffnet natürlich schwierige Dimensionen in einer durchge-

---

53 Ebd.

54 A. a. O., 141.

55 A. a. O., 149: „Ein Edelmann setzte einen Feind gefangen. Da kam die Frau des Gefangenen, um ihren Mann auszulösen. Der Edelmann versprach ihr, den Mann freizugeben, wenn sie mit ihm schlafen würde. Die Frau war rechtschaffen, hätte aber gern ihren Mann ausgelöst. Sie ging hin und fragte ihren Mann, ob sie es tun solle, um ihn zu befreien. Der Mann wäre auch gern frei gewesen und wollte sein Leben behalten. So erlaubte er es der Frau. Als nun der Edelmann mit der Frau geschlafen hatte, ließ er am anderen Tag ihrem Manne den Kopf abschlagen und gab ihn seiner Frau – tot. Das klagte sie dem Herzog Karl. Dieser forderte den Edelmann [vor sich] und gebot ihm, die Frau zu heiraten. Als der Hochzeitstag vorüber war, ließ er dem Edelmann

regelten Welt wie der unseren. Wie ich schon angedeutet hatte, kann ja immer zusätzlich alles noch vor Gericht in Frage gestellt werden.

Martin Luther kannte die Verwaltungsgerichtsbarkeit unserer Zeit nicht – die die Menschen im früheren Beitrittsgebiet Deutschlands, in den so genannten „neuen Bundesländern", ja auch erst nach der DDR kennen gelernt haben und für die sie hoffentlich noch sehr dankbar sind! Für Fälle, die wir über diese Verwaltungsgerichtsbarkeit zu regeln versuchen, empfiehlt Luther dagegen:

„Denn der Obrigkeit darf man keinen Widerstand leisten mit Gewalt, sondern lediglich mit der Kundgabe der Wahrheit. Richtet sie sich danach, so ist es gut. Tut sie es nicht, so bist du entschuldigt und erleidest Unrecht um Gottes willen."[56] „Wie aber, wenn ein Fürst unrecht hätte? Ist ihm sein Volk auch dann zu folgen schuldig? Antwort: Nein! Denn gegen das Recht darf niemand handeln, sondern man muß Gott (der das Recht will) mehr gehorchen als den Menschen [Apg 5,29]."[57]

4.3 Vor wenigen Jahren hat Peter N. Prove, damaliger Assistierender Generalsekretär des Lutherischen Weltbundes für den Bereich Internationale Angelegenheiten und Menschenrechte, in den „Lutherischen Welt-Informationen" einen Bericht über ein Referat von Timothy J. Wengert zu „Martin Luther und die Allgemeine Erklärung der Menschenrechte" veröffentlicht.[58] Timothy Wengert vom Lutheran Theological Seminary in Philadelphia (USA) hat auf Positionen Luthers hingewiesen, die zeigen, dass es wesentliche Zusammenhänge zwischen evangelisch-lutherischen Überzeugungen und den Menschenrechten gibt. Vor allem aber hat er – und darin bekommen seine Ausführungen Bedeutung für unsere Thematik – die Aufmerksamkeit auf eine wichtige Quelle bei Martin Luther gelenkt – nämlich auf die Erläuterungen Luthers zur Vierten Bitte des Vaterunsers, der Bitte um das tägliche Brot, im Großen Katechismus, den Luther im April 1529 vorgelegt hatte. Diesem Hinweis möchte ich nachgehen:

---

den Kopf abschlagen und setzte die Frau in seine Güter ein, brachte sie so wieder zu Ehren und bestrafte das Unrecht fürstlich.
Siehe, ein solches Urteil hätte ihm kein Papst, kein Jurist und kein Buch eingeben können. Es ist aus freier Vernunft geflossen, unabhängig von allen Büchern und so gut, daß es ein jeder billigen muß".

56 A. a. O., 145.

57 A. a. O., 146.

58 lwi 10/2008, 6 f.

4.3.1 Martin Luther zeigt uns, dass die Bitte um das tägliche Brot im Grunde die Bitte um das Funktionieren der Strukturen der „Regierweise Gottes zur Linken“ ist!

„So bittest du um alles, was dazu gehört, um das tägliche Brot zu bekommen und zu genießen; und andrerseits bittest du auch um Abwendung von allem, was das hindert.“[59] „So will diese Bitte alles das miteingeschlossen haben [...] auch, daß wir in Ruhe und Frieden mit den Leuten auskommen, mit welchen wir leben und umgehen beim täglichen Handel und Wandel und in allerlei Beziehung; kurz, es gehört alles dazu, sowohl was das häusliche und nachbarliche oder bürgerliche Wesen und Regiment belangt.“[60]

Das bedeutet, „für die weltliche Obrigkeit und [ihr] Regiment zu bitten“ und „sowohl [die Fürsten] wie die Untertanen daran zu erinnern, daß wir durch ihr Amt Schutz und Friede haben und ohne sie das liebe Brot nicht essen noch behalten können.“[61]

„Vor allem aber ist dieses Gebet auch gegen unseren höchsten Feind, den Teufel, gerichtet. [...] Und zwar läßt er sich nicht daran genügen, daß er das geistliche Regiment [...] hindere und zerstöre [...], sondern er verwehrt und hindert auch, daß ein [staatliches] Regiment und ehrbare und friedliche Verhältnisse auf Erden bestehen.“[62]

Dabei hebt Martin Luther eine Problemlage besonders hervor: „Was ist’s zurzeit für eine Plage in der Welt allein mit der bösen (falschen) Münze, ja mit täglicher Beschwerung und Preisaufschlägen beim gewöhnlichen Handel, beim Kauf und bei der Arbeit von seiten derer, die nach ihrem Mutwillen die liebe Armut drücken und ihr das tägliche Brot entziehen! Wir müssen das zwar leiden; sie aber mögen sich vorsehen, daß sie nicht die Fürbitte der Gemeinde verlieren, und sich hüten, daß dies Stücklein im Vaterunser nicht gegen sie gehe.“[63]

---

59 Zitiert nach: Unser Glaube. Die Bekenntnisschriften der evangelisch-lutherischen Kirche. Ausgabe für die Gemeinde, hg. v. Lutherischen Kirchenamt, bearb. v. Horst Georg Pöhlmann, Gütersloh 1986, 713, Ziff. 783 (vgl.: Die Bekenntnisschriften der evangelisch-lutherischen Kirche, hg. im Gedenkjahr der Augsburgischen Konfession 1930, Göttingen ^{2}1955, 679 – auch weiterhin jeweils in Klammern angegeben).

60 A. a. O., 713 f, Ziff. 784 (ebd.).

61 A. a. O., 714, Ziff. 784 und 785 (a. a. O., 680).

62 A. a. O., 715 f, Ziff. 787 (a. a. O., 681).

63 A. a. O., 716, Ziff. 788 (a. a. O., 682). Zum Thema des Verhältnisses Luthers zum Geld vgl. jetzt Beatrice Frank, Luther und Geld. Luthers Wirtschaftsethik in Theorie und Praxis, in: Luther, Zeitschrift der Luther-Gesellschaft 80, 2009, 12–35. Vgl. auch Hans-Martin Barth, a. a. O. (wie Anm. 22), 438–441.

Mit diesem Abschluss der Erläuterung der Vierten Bitte des Vaterunsers lenkt Luther zugleich zurück zur Erklärung des Dekalogs in seinem Großen Katechismus:

4.3.2 Die Erklärung zum Siebenten Gebot des Dekalogs im Großen Katechismus, dem Gebot, das das Stehlen verbietet, führt in ganz aktuelle Zusammenhänge hinein. Hier interpretiert Luther nämlich „Stehlen" weit über den tatsächlichen Diebstahl hinaus:

> „Denn es soll, wie soeben gesagt, nicht bloß das gestohlen heißen, wenn man Kasten und Taschen ausräumt, sondern es soll sich erweitern auf den Markt, auf alle Kramläden, Fleischerbuden, Wein- und Bierkeller, Werkstätten, kurz [auf alle Orte], wo man Geschäfte macht und Geld für Ware oder Arbeit nimmt und gibt."[64]

Dieses Problemfeld nehme ich auf. Dazu äußert sich Luther sehr herausgehoben: „So ist es ferner auch auf dem Markt und bei den gewöhnlichen Handelsgeschäften mit aller Macht und Gewalt in Übung: Da betrügt einer den andern öffentlich mit falscher Ware, falschem Maß, falschem Gewicht, falscher Münze, und übervorteilt ihn mit List und seltsamen Finanztricks oder mit tückischen Geschäftskniffen"[65]. Gegen solche Missbräuche hofft Luther zuerst auf Gott: Er will denen zusehen, die so unrecht handeln, „aber Gott vertrauen, der doch ohnehin das Seine dazu tun wird. Wenn du [nämlich] lange genug [Geld] geschunden und zusammengescharrt hast, wird er einen Segen darüber sprechen, daß dir dein Korn auf dem Boden, dein Bier im Keller, dein Vieh im Stalle verderbe. Ja, wenn du jemand um einen Gulden täuschst und übervorteilst, soll dir's den ganzen Haufen wegrosten und wegfressen, daß du seiner nimmer froh werdest."[66]

Sodann ist Luther der Überzeugung, dass Gott selbst schon in diesem Leben, schon in unserer Zeit ein gerechtes Gericht durchsetzen wird: „Aber weil sich niemand dran kehrt [...], muß Gott uns anders heimsuchen und Mores lehren, indem er eine Heimsuchung nach der andern über uns schickt oder einen Haufen Landsknechte bei uns zu Gaste lädt. Die räumen uns dann in einer Stunde Kasten und Beutel aus"[67].

---

64 A. a. O., 649, Ziff. 676 (a. a. O., 616).

65 A. a. O., 650 f, Ziff. 679 (a. a. O., 617).

66 A. a. O., 654, Ziff. 684 (a. a. O., 621). Es sei beachtet, wie interessant er den Begriff „Segen" verwenden kann: Denn, was sich für den Betrüger als Fluch erweisen wird, wird ja für die Betrogenen ein Segen sein!

67 Ebd., Ziff. 685 (ebd.).

Letztlich ruft hier Luther zu diakonischer Hilfe auf: „Wenn die liebe Armut kommt, und solche gibt es jetzt viel, die von ihrem täglichen Pfennig einkaufen und leben müssen, und du fährst zu, als müßte jedermann von deiner Gnade leben [...], weisest dazu mit Stolz und Übermut den ab, dem du geben und schenken solltest“[68].

Mit diesem Hinweis auf die persönliche Hilfsbereitschaft derer, die Eigentum und Besitz haben, die zum Mittelstand und zum Wohlstand gehören, gegenüber den Bedürftigen und Armen, gegenüber denen am Rand der Gesellschaft, gegenüber den Verlierern der gesellschaftlichen, wirtschaftlichen und finanziellen Entwicklungen sei der Darstellungsversuch zu Martin Luther abgeschlossen. Mitwirkung an der „Regierweise Gottes zur Linken“ ist also zuerst diakonischer und sozialer Einsatz für die Schwachen.

5. Zum Abschluss möchte ich zwei Anwendungsbereiche für die verschiedenen Dimensionen der „Regierweise Gottes zur Linken“, für die menschliche Aufnahme der Kraftströme „zur Linken Gottes“, herausgreifen und mit Blick auf die heutige Situation einige skizzenhafte Striche versuchen.

5.1 Aus aktuellem Anlass und wegen der Dringlichkeit in der Zeit Martin Luthers selbst greife ich die Herausforderung der Finanzsysteme auf. Lassen sich dafür Regeln oder Kennzeichen für Christen benennen?

5.1.1 Durch die Schulung in der DDR bedingt, habe ich in mir eine Sensibilität dafür, dass Geld nicht unrechtmäßig vermehrt werden darf. Ich bin also eher mit geringen Zinserträgnissen zufrieden, hoffe aber, dass mein Geld bei Dritten zu fairen Bedingungen eingesetzt wird. Den phantastischen Versprechungen und Hedge-Fonds, denen viele nachgelaufen sind – übrigens offensichtlich auch der Christ Adolf Merckle![69] –, bringe ich schon lange Misstrauen entgegen. Eine Vermehrung des Geldes muss erarbeitet werden! Und solche Vermehrungen, wie sie da versprochen werden, können doch gar nicht erarbeitet werden!

---

68 A. a. O., 655, Ziff. 686 (a. a. O., 622).

69 Vgl.: „Lichtgestalt mit Schatten. Aus dem Nichts schuf Adolf Merckle ein Milliarden-Imperium. Am Ende verlor er alles: Firmen, Geld, Freunde – und sein Leben“, in: FOCUS 3/2009, 108–110.

5.1.2 Ansatzpunkt für die Reflexion muss die klare biblische Bestimmung in Ex 22,24; Lev 25,35ff und Dtn 23,20 sein. Einen Text dieser drei zitiere ich:

„Und wenn herabsinkt dein Bruder
und wankt seine Hand neben dir,
dann mache ihn stark – [wie] einen Fremdling und [wie] einen Pächter –,
dass er neben dir lebe.
Nicht sollst du von ihm nehmen Zins und Aufschlag.
Fürchte dich vielmehr vor deinem Gott,
so dass dein Bruder neben dir lebt.
Dein Geld leihe ihm nicht gegen Zins
und für Aufschlag gib nicht deine Nahrungsmittel“ (Lev 25,35–37).

Erhard Gerstenberger betont die Spannung, in der diese Bedingung steht. Indem sie im Rahmen von Regeln des Schuldenerlasses auftaucht, wird deutlich, dass sie eigentlich nicht befolgt worden war: „Das totale Zinsverbot würde ja Verschuldung und Bankrotterklärungen gar nicht aufkommen lassen. Im Kontext dieser Jobeljahrtexte, die sich um die Verarmten kümmern, klingt das grundsätzliche Wucherverbot so weltfremd wie eine Predigt über die Nächstenliebe in einem Handelsblatt.“[70] Trotzdem ist mit dieser Bestimmung ein Ideal in die sakrale Literatur aufgenommen worden, das immer wieder neu erinnert werden kann und soll. „Es geht um Integration des Heruntergekommenen und seiner Angehörigen in die Gemeinschaft. Sein Absinken in eine Unterschicht soll verhindert werden.“ „Der sozial Schwache soll als Bruder ‚neben‘ den angeredeten Gemeindegliedern existieren können (V. 35b.36b). Er soll wirtschaftlich und sozial stabilisiert werden (V. 35b) und ‚wie ein Ausländer und Pächter‘ gehalten werden, nicht wie ein Sklave (V. 35b: […]).“[71]

Auch wenn es unmöglich scheint, diesen hohen Maßstab tatsächlich zu leben, so ist hier für die jüdische und die christliche Existenz[72] eine

70 Erhard Gerstenberger, Das dritte Buch Mose. Leviticus, ATD 6, Göttingen 1993, 354.

71 A. a. O., 355.

72 Es sei erinnert, dass im Mittelalter dieses Gebot innerhalb der Christenheit für die Mitchristen eingehalten wurde und innerhalb der Judenheit für die anderen Mitglieder der Synagoge ebenfalls. Juden wurden von den Christen selbst als zinserhebende Geldverleiher gegenüber anderen Christen benutzt, um das Wirtschaftsleben anzukurbeln und Gewinne zu machen.

Herausforderung zur Annäherung an diesen Maßstab gegeben. Das finanzielle Gebaren von Christen und von Kirchengemeinden und kirchlichen Institutionen sollte sich immer an diesem Maßstab ausrichten. Nicht Profit und Gewinn – gar um jeden Preis![73] – können für Christen und kirchliche Verantwortungsträger Kriterium und Ziel sein, sondern die Verantwortung gegenüber dem eigenen Besitz und Eigentum und gegenüber denjenigen, die durch ihre Arbeit diesen Besitz und dieses Eigentum in Gestalt des zur Verfügung gestellten Geldes mehren sollen, ist Maßstab. Wie eine solche Verantwortung konkret wahrgenommen werden kann, müssen wir sicher diskutieren. Grundsätzlich aber denke ich, dass dieser Maßstab richtig und notwendig, ja: zu fordern ist.[74]

5.1.3 Als Generalsekretär des Martin-Luther-Bundes habe ich mit Sorge dafür zu tragen, dass die dem Martin-Luther-Bund anvertrauten Gelder verantwortungsvoll und verlustlos verwaltet werden. Bisher ist dies gelungen. Wir alle können nur hoffen, dass die Rahmenbedingungen so bleiben, dass dies weiterhin gelingen kann. Hier zeigt sich, dass unser Martin-Luther-Bund, genauso wie unsere Gemeinden und Kirchen mit ihren Institutionen, diese aktuellen Entwicklungen genau im Auge behalten und auf sie sehr sorgsam eingehen muss.[75]

---

73 Vgl. Peter Zimmermann, Die hemmungslose Vergötzung des Marktes, in: „Glaube und Heimat“ 4, 2009, 3.

74 Vgl. dazu auch: Leitlinien kirchlichen Lebens der Vereinigten Evangelisch-Lutherischen Kirche Deutschlands. Handreichung für eine kirchliche Lebensordnung, Gütersloh 2003, C. 3. „Geld, Vermögen und wirtschaftliches Handeln der Kirche“, 111–118, mit vier grundlegenden Regelungen, 117f. – Ich verweise auch auf einen kurzen Artikel im „Evangelischen Sonntagsblatt aus Bayern“, 3 vom 17. 1. 2010, 10–11: „Einmal Ethik, bitte aber mit guter Rendite. Kirchliche Geldanlagen bewegen sich auf einem schmalen Grat: Claus Meier, Finanzexperte der bayerischen Landeskirche erläutert Entscheidungsgrundlagen.“

75 Die aktuellen Entwicklungen auf dem Finanzmarkt sind m. E. alles andere als beruhigend. Ob es verantwortlichen Wirtschaftern in der Kirche überhaupt gelingen wird, sich dem Strudel der Ereignisse zu entziehen, muss vielleicht ernsthaft gefragt werden. Vgl.: „Die Geldwelle rollt. Der Staat will Banken und Konjunktur retten. Langfristig aber bergen die Milliarden massive Risiken für uns alle“, in: FOCUS 4/2009, 102–105. Als ein Risiko wird dort die Gefahr der Schwächung des Euro genannt, als ein weiteres, dass die nächste Krise als Folge der immensen Summen, die ausgeschüttet werden, kommen wird. In ähnlicher Weise äußert sich diese Wochenzeitung mit ihrem Artikel „Mister Inflation“, in: FOCUS 4/2010, 96–105, denn die Vermehrung von Geld ist vielleicht die falsche Antwort auf die gegenwärtige Problemlage des Weltfinanzsystems.

5.2 Als zweites Beispiel wähle ich bewusst – auch wenn es Sie vielleicht verwundert – die Frage von Recht und Ordnung, Disziplinarrecht und Verhaltensregeln, wie die „Lebensordnungen“, innerhalb unserer Kirche – kurz gesagt: das Thema „Kirchenrecht“. Die evangelische Theologie hat eine Reihe von Problemen mit der positiven Begründung von Kirchenrecht.[76] Natürlich kann ich hier nicht in die Einzelheiten gehen.[77] Ich möchte aber versuchen, zwei mögliche Gegenpole anzudeuten:

5.2.1 Als Verneiner der Möglichkeit von Kirchenrecht wird Rudolph Sohm verstanden.[78] Sein Satz – „Das Kirchenrecht steht mit dem Wesen der Kirche in Widerspruch“ – scheint alles zu sagen. Allerdings ist diese Position abhängig von seinem rein geistlichen Verständnis der Kirche, die er als ausschließlich unsichtbar angesehen hat. Trotzdem aber hat auch Rudolph Sohm die Möglichkeit von „geistgewirkten Ordnungen (welche die ev. Kirchen gern ‚Lebensordnung‘ nennen)“ innerhalb der Kirche anerkannt.[79]

5.2.2 Als Versuch einer positiven Bestimmung von kirchlichen Rechtssystemen möchte ich die Barmer Theologische Erklärung zitieren. In ihrer These 3 formuliert sie: „Sie [die Kirche] hat mit ihrem Glauben wie mit ihrem Gehorsam, mit ihrer Botschaft wie mit ihrer Ordnung mitten in der Welt der Sünde als die Kirche der begnadigten Sünder zu bezeugen, daß sie allein sein Eigentum ist“[80]. Nun habe ich an anderer Stelle hervorgehoben, dass die Barmer Theologische Erklärung eine Konsequenz des Gedankenbildes von den „zwei Regierweisen Gottes“ in guter Weise zur Geltung gebracht hat – nämlich die Absage daran, dass der Staat über den Sinn des menschlichen Lebens und sein Heil entscheiden könne und dürfe, und die Absage daran, dass die Kirche in staatliche Aufgaben hineinwirken könne und dürfe: so die

---

76 Vgl. R. Smend, Art. Kirchenrecht II. B.: „Ev. Kirchenrechtswissenschaft“, RGG^3, 1959, Bd. III, 1515–1519; Dietrich Pirson, Art. Kirchenrecht II. 2.: „Evangelische Kirche“, RGG^4, 2001, Bd. 4, 1276–1279.

77 Peter Landau, Art. Kirchenrecht IV, b): „Evangelisch“, RGG^4, 2001, Bd. 4, 1287–1289, gibt einen knappen Überblick über vorliegende große Entwürfe.

78 S. Grundmann, Art. „Sohm, Rudolph“, RGG^3, Bd. VI, 1962, 116f.

79 Hans-Martin Pawlowski, Art. „Sohm, Rudolph“, RGG^4, Bd. 7, 2004, 1414–1415, Zit.: 1415, allerdings in Abgrenzung von rechtlichen Regelungen parallel zu staatlichen rechtlichen Regelungen.

80 Zitiert nach: EG, S. 1579.

These 5 dieser Erklärung.[81] Diese Feststellung gilt. Trotzdem seien nun mit Blick auf die Behauptung in These 3 Differenzierungen vorgetragen.

5.2.3 Wie können wir uns einen Zugang zur Problematik erarbeiten? Dietrich Pirson schreibt: „Das eigentliche K. [Kirchenrecht] ist nicht an Zwecken orientiert, die für das staatliche Recht maßgeblich sind, wie Friedenssicherung, Konfliktlösung oder gerechter Ausgleich von Interessen. Der primäre Zweck des K. [Kirchenrechts] ist der Auftrag der Kirche in der Welt, dessen Wahrnehmung ohne die Begründung entsprechender Verbindlichkeiten in Form von Amtspflichten, Institutionen und Verfahren nicht sichergestellt wäre."[82]

Diese Behauptung möchte ich nicht einfach in Frage stellen. Ich meine aber, dass sie dringend ergänzt werden muss: Ein Großteil der rechtlichen Regelungen innerhalb der Kirche, ihrer Ordnungen und Verfahrensregelungen sind genau das, was Dietrich Pirson ausschließt – nämlich Regelungen zur Friedenssicherung, zur Konfliktlösung, zur Herstellung eines gerechten Ausgleiches von Interessen. Wie jeder einzelne Christ besteht auch die Kirche in den Kraftströmen beider „Regierweisen Gottes" – derjenigen zum Heil und zur Rettung und derjenigen zur Ordnung und zum Ausgleich. Selbstverständlich ist die Kirche Medium der „Regierweise Gottes zur Rechten" und muss und will diesem Auftrag entsprechen. Sie ist aber auch Medium der „Regierweise Gottes zur Linken" und hat sich m. E. bewusst – viel bewusster als bisher! – dieser Aufgabe zu stellen.

Ich trete dafür ein, dass wir lernen, mindestens große Teile des Kirchenrechts und der kirchlichen Ordnungen als Ausfluss und Verwirklichung der Verantwortung der Kirche im Sinne der „Regierweise Gottes zur Linken" zu verstehen, zu gestalten und zu verwirklichen. Es wäre ganz wichtig, dass wir dabei begreifen, dass es „Gottesdienst" ist, sich den Aufgaben auf diesem Feld zu stellen![83] 2007 hatte der damalige Landesbischof der Evang.-

81 Rainer Stahl, Martin Luther für uns heute, Erlangen 2008, 52. Ich zitiere aus der Barmer Erklärung: „Wir verwerfen die falsche Lehre, als solle und könne der Staat über seinen besonderen Auftrag hinaus die einzige und totale Ordnung menschlichen Lebens werden und also auch die Bestimmung der Kirche erfüllen. Wir verwerfen die falsche Lehre, als solle und könne sich die Kirche über ihren besonderen Auftrag hinaus staatliche Art, staatliche Aufgaben und staatliche Würde aneignen und damit selbst zu einem Organ des Staates werden" (EG, S. 1580).

82 A. a. O. (wie Anm. 76), 1277.

83 Schon 1981 fragte Hans Philipp Meyer, damals geistlicher Vizepräsident der Evangelisch-Lutherischen Landeskirche Hannover, „ob es denn nicht auch ein ‚Regiment

Luth. Kirche in Thüringen, Prof. Dr. Christoph Kähler, vor der Herbstsynode der Kirche dazu klar festgehalten: „Selbstverständlich gibt es klare Grenzen zwischen staatlichem und kirchlichem Handeln. Nur die wichtigste soll hier genannt werden: Die Kirche kann und darf keine physische Gewalt anwenden, sondern muss das Gewaltmonopol des Staates als gnädige Ordnung Gottes anerkennen. Wohl aber übt jede Kirchenleitung bis hin zu jedem Gemeindekirchenrat durch die Vergabe und die Versagung von Geldern, durch die Wahl bzw. Ablehnung von Personen, durch die Zulassung zu Ämtern und ihre Begrenzung Gewalt aus."[84]

Indem wir diese Zusammenhänge wahrnehmen und uns ihnen entsprechend verhalten, machen wir Ernst mit der Erkenntnis, dass die Kirche immer auch in hohem Maße „eine Sozialgestalt von Religion" ist und für sie die „Bedingtheit sozialer Strukturen durch die Schöpfung" gilt: „Als soziale Wirklichkeit mit ihren Gliederungen, Ordnungen und Funktionen gehört sie somit zu dem Bereich, den Gott mit der ‚Linken' regiert und der vom Menschen mit Hilfe seiner Vernunft gestaltet werden soll."[85]

5.2.4 Im Abschnitt „C. 2. Dienst, Mitarbeit und Leitung in Kirche und Gemeinde" der Lebensordnung unserer Kirche[86] ist zum Beispiel folgender Satz zu finden: „Für den Dienst der Mitarbeiterinnen und Mitarbeiter sind die geltenden Regelungen (z. B. Kirchengemeindeordnungen, Mitarbeitergesetze und Dienstvertragsordnungen, Kirchengesetze oder Leitlinien für Ehrenamtliche) maßgeblich."[87] Dieser Satz benennt die Gegenstände und Zusammenhänge, die ich meine. Auf diesem Gebiet tätig sein, Regelungen selber einhalten oder die Einhaltung solcher Regelungen bei anderen einfordern, das ist aktives Mitwirken im Wirkbereich der „Regierweise Gottes zur Linken"!

---

zur Linken in der Kirche gebe'" (Christoph Kähler, Verantwortung und Verbindlichkeit. Evangelische Entscheidungsfindung, Bericht des Landesbischofs auf der 10. Tagung der X. Landessynode der Evang.-Luth. Kirche in Thüringen, 21. 11. 2007, 12).

84 Ebd.

85 Hans-Martin Barth, a. a. O. (wie Anm. 22), 441 f.

86 Vgl. oben Anm. 74, dort 102–110.

87 A. a. O., 108.

Walter
Sparn

Zwischen Reformstau und Desinteresse

Veränderungen im Theologiestudium und ihre Bedeutung für den kirchlichen Dienst in Deutschland[1]

1. Die Beobachtersituation

Im Folgenden versuche ich, die aktuelle Lage der evangelischen Theologie in Deutschland im Blick auf die Frage zu beschreiben und zu bewerten, ob und inwiefern das gegenwärtige akademische Studium dieses Faches (noch) im Interesse der evangelischen Kirchen und ihrer Leitungen ist oder nicht. Eine solche Beschreibung muss notgedrungen pauschalisieren, und sie ist in hohem Maße *subjektiv*, und zwar leider über das grundsätzlich unvermeidliche Maß hinaus. Denn es gibt m. W. keine kontinuierliche und für Deutschland repräsentative Wahrnehmung der neueren Entwicklung, weder im Blick auf ihre institutionellen noch auf ihre personellen Aspekte.

Es gibt immerhin in jeder deutschen Landeskirche regelmäßige Gesprächskontakte zwischen Kirchenleitungen und theologischen Fakultäten bzw. kirchlichen Hochschulen. Die Kirchenleitungen haben, in unterschiedlichem Umfang und in verschiedener Intensität, auch Kontakt mit den Theologiestudierenden, die ihrerseits locker in landeskirchlichen Konventen organisiert sind und in Kontakt mit dem jeweiligen Prüfungsamt oder auch mit der Synode stehen. Es existiert eine „Gemischte Kommission", die von allen

---

1 Dieser Vortrag wurde auf den Theologischen Tagen des Martin-Luther-Bundes in Seevetal am 25. 1. 2010 gehalten, die unter dem Thema „Studium der Theologie – im Interesse der Kirchen(leitungen)?" standen.

Fakultäten und den Kirchenämtern beschickt wird und gemeinsame Empfehlungen für die Organisation des Theologiestudiums und für die jeweils nötigen Verhandlungen mit den für Hochschulen zuständigen staatlichen Stellen erarbeitet. Diese Kommission hat z.B. festgestellt, dass ein reguläres Pfarramtsstudium die Kenntnis der drei alten Sprachen Hebräisch, Griechisch, Latein einschließt und daher mehr als die üblichen 8+1 Semester (vier Studienjahre) umfasst. Das ist ebenso wichtig wie vor einiger Zeit die Forderung dieser Kommission, dass die fünf so genannten „klassischen" Disziplinen der Theologie (Altes Testament, Neues Testament, Kirchengeschichte, Systematische Theologie, Praktische Theologie) in jeder Fakultät mit zwei voll ausgestatteten Lehrstühlen vertreten sein müssen. Diese Forderung ist in der Tat fast überall verwirklicht; die jüngste Novellierung des Staatskirchenvertrages in Bayern beispielsweise schreibt das ausdrücklich fest – allerdings um den Preis, dass theologische Lehrstühle außerhalb von Theologischen Fakultäten eingezogen wurden.

So kann ich auf juristische, konzeptionelle und natürlich auf *quantitative* Daten, z.B. auf die Studierendenstatistiken, zurückgreifen, nicht aber auf *qualitative Daten*. Es gibt m.W. keine empirischen Untersuchungen über die psychische, soziale und religiöse Befindlichkeit von Theologiestudierenden und ihr Verhältnis zu den Kirchen; das Sozialwissenschaftliche Institut der EKD, das ich um Auskunft gebeten habe, hat solche Untersuchungen auch nicht durchgeführt. So bin ich auf eher zufällige, mit mehr oder weniger Kolleginnen und Kollegen geteilte Informationen, Gespräche und Eindrücke angewiesen. Immerhin erstrecken sich meine eigenen Erfahrungen über fast fünfzig Jahre, meine Studienzeit seit WS 1961/1962 einbezogen, und sie wurden an vielen Orten gemacht: Tübinger Stift, Bonn, Göttingen, Bayreuth, Erlangen, Großbritannien, Tschechien, Skandinavien, Südafrika, Tansania und USA.

2. Die Theologiestudierenden

Vor dem Hintergrund einer hohen institutionellen Stabilität sowohl auf Seiten des Staates als auch der Kirchen haben sich in den letzten Jahrzehnten, im Kontext der Bildungsreformen seit den sechziger Jahren, große Veränderungen vollzogen. Die *Zahl* der Theologiestudierenden erhöhte sich bis in die Mitte der achtziger Jahre im nationalen Durchschnitt – im damaligen Westdeutschland – mindestens auf das Fünffache (viele Theologen wechselten allerdings in andere Fächer, v.a. in die Soziologie, Politologie,

Psychologie). Nicht anders als die Universitäten im Ganzen wurden auch die (westdeutschen) theologischen Fakultäten seit den sechziger Jahren erweitert, durchschnittlich wohl auf das Doppelte an Personal und Sachmitteln; die „klassischen" Fächer wurden durch Lehrstühle (C 4) und Dozenturen (C 3) verstärkt (in Erlangen auf insgesamt fünf Professuren für Systematische Theologie, d. h. für Dogmatik, Ethik und Reformierte Theologie); auch neue Fächer wurden ausdifferenziert (in Erlangen waren das Religions- und Missionswissenschaft, Ostkirchenkunde, Christliche Archäologie, Christliche Publizistik). An den Universitäten und Fachhochschulen ohne Theologische Fakultät wurden ebenfalls zusätzlich oder ganz neu Professuren für die Ausbildung von Schullehrern und Sozialarbeitern eingerichtet (z. B. drei theologische, dazu zwei religionswissenschaftliche Lehrstühle in Bayreuth).

Seit Mitte der achtziger Jahre fiel die Zahl der Theologiestudierenden dann sehr stark ab und erreichte um 2003 einen Tiefpunkt, der die Fakultäten weit unter die „Auslastungsquote" (ein neues Maß der hochschulpolitischen Bewertungskategorien) drückte. Aufgrund dessen, aber auch aufgrund der politisch gewollten Sparmaßnahmen nach der Wiedervereinigung, wurde seit den neunziger Jahren die Zahl der fakultären Lehrstühle reduziert, die der außerfakultären erst recht, die C 3-Dozenturen wurden abgeschafft; die Kirchlichen Hochschulen in der früheren DDR wurden geschlossen (im Westen blieben Bethel/Wuppertal und Neuendettelsau). Doch ist die so genannte „Betreuungsrelation" in der Theologie immer noch deutlich besser als in anderen Fächern, vor allem in den Fächern der „Philosophischen" oder „Kulturwissenschaftlichen" Fakultäten: In der Theologie kommen auf einen Dozenten zwischen 12 und 20 Studierende. Seit etwa sieben Jahren nimmt die Zahl der Theologiestudierenden wieder leicht zu und pendelt sich wohl auf den Personalbedarf der Landeskirchen und der Bundesländer ein, die ja Monopolarbeitgeber sind. Die Frequenz der Fakultäten ist sehr unterschiedlich, die Zahl der Studierenden kann 150, aber auch 1000 betragen, ohne dass man alle Ursachen dafür benennen oder die wahrscheinlichen Ursachen verlässlich gewichten könnte. Dabei spielen, anders als früher, „Schulhäupter" keine Rolle mehr.

Eine der klar benennbaren Veränderungen bei den Theologiestudierenden stellt die Steigerung des Anteils der *Frauen* dar; aus maximal 10 % um 1960 sind jetzt über 50 % geworden. Ebenfalls benennbar ist die Steigerung des Anteils derer, die auf ein Lehramt hin studieren, gegenüber den Studierenden fürs Pfarramt, die jetzt weniger als 50 % betragen. Eine wichtige, erst anlaufende Veränderung ist die Entstehung einer dritten Säule (neben dem Pfarramts- und dem Lehramtsstudium): die mit der Theologie oder Teilen davon zusammenhängenden, aber nicht auf das kirchliche oder staatliche

Examen führenden Studien z. B. der Religionswissenschaft, der Publizistik, der Archäologie oder anderer *religious* oder *cultural studies*. Die Studierenden anderer Berufspläne leben und denken oft in nur lockerem Zusammenhang mit der (für kirchliche und staatliche Berufe ausbildenden) Theologie; sie nehmen nicht an den (sonst verpflichtenden) Einführungsveranstaltungen teil, und nur selten tauchen sie in der allgemeinen Studienberatung auf.

Ob die anderen beiden Gruppen homogener sind, lässt sich nur schwer sagen, ebenso, wie sich die seit einer Generation in unserer Gesellschaft laufenden religiösen, sozialen und intellektuellen Veränderungen bei den Theologiestudierenden niederschlagen. Auch über die *finanziellen* Umstände (zumal jetzt, nachdem in den meisten Bundesländern Studiengebühren eingeführt worden sind, meist 500 Euro pro Semester) weiß man nichts Präzises; es scheint, dass weniger bezahlte Nebenarbeit nötig ist als in anderen Disziplinen (aber für etwa ein Drittel ist sie nötig oder doch nützlich). Das hängt wohl auch mit der sozialen Herkunft der allermeisten aus der Region (Familienanschluss) bzw. aus der ökonomischen Mittelschicht und dem sozial sensiblen bürgerlichen Milieu zusammen. Die starke regionale Bindung der meisten Pfarramts- und Lehramtsstudierenden trägt ebenfalls zur Stabilität bei; die Mobilität hat vermutlich abgenommen. Immerhin setzt sich eine gewisse Zahl auch internationalen und interkulturellen Erfahrungen durch Erasmus-Programme, universitäre Partnerschaften oder kirchliche Partnerschaften mit Kirchen in der Dritten Welt aus.

Im Blick auf das *intellektuelle Profil* lässt sich durchweg eine Verschiebung erkennen, die teils mit der Reform der gymnasialen Oberstufe seit den siebziger Jahren, teils mit den medialen Veränderungen seit den neunziger Jahren zu tun hat. Zum einen ist ganz klar, dass das Theologiestudium nicht mehr für die intellektuell und sprachlich Brillantesten interessant ist (mit Ausnahmen natürlich). Die Abiturnote der Theologiestudierenden hat sich in meiner Generation um mindestens (in meinem Erfahrungsbereich mehr als) einen Punkt abgesenkt; bei den (noch von der Schule initiierten) Bewerbungen um Stipendien sind so gut wie nie künftige Theologen dabei. Natürlich können auch junge Leute mit der Abiturnote „3" gute Pfarrer werden, aber ihr intellektueller und wissenschaftlicher Anspruch tritt hinter anderen Ambitionen zurück. Das geht so weit, dass auch Theologen ernstliche Probleme mit dem Deutschen und mit korrekter Orthografie haben – und das nicht für besonders problematisch halten. Apropos Theologen: Es wird ein *geschlechtsspezifisches* Leistungsgefälle erkennbar. Die weiblichen Lehramtsstudierenden sind längst nicht mehr „Schmalspurtheologen", wie man dummerweise früher sagte, sondern sind oft leistungsbereiter und leistungsstärker als die männlichen Pfarramtsstudierenden.

Das *religiöse Profil* der Theologiestudierenden der letzten Zeit kann ich mangels seriöser Untersuchungen nur sehr vage und subjektiv beschreiben. Zwei Aspekte scheinen mir deutlich: einmal die fast erstaunlich fraglose landeskirchliche Loyalität, zum anderen das relativ unangefochtene Verhältnis zur kulturellen Umwelt. Die existenzielle Arbeit hat sich von dogmatischen Orientierungsaufgaben (Entmythologisierungsdebatten etwa sind längst Vergangenheit!) zu ethischen Problemen, hier wiederum weniger die klassisch politischen als die sozialen und vor allem ökologischen verlagert. Wichtiger als früher ist die erkennbare Pflege der individuellen und frei sich vergemeinschaftenden Frömmigkeit geworden. Der Träger der religiösen Sozialisation, die zum Theologiestudium führt, scheint vor allem die singende und betende Jugendgruppe zu sein, weniger der Pfarrer und selten der Religionslehrer. Die Theologiestudierenden leiten sehr häufig eine solche Jugendgruppe in ihrem Heimatort, in dessen Dunstkreis sie also meist bleiben.

Auch kraft landeskirchlicher Zugehörigkeit, „lutherische" Studierende definieren sich nur ganz selten über konfessionelle Parameter wie die Bekenntnisse, sie tun das vielmehr über ihre narrativ-erbauliche Bibel- und Jesusfrömmigkeit und über ihre (weniger traditionelle als reformerische) gottesdienstliche Aktivität. Das bedeutet in aller Regel große ökumenische Offenheit und religiöse Toleranz auch gegenüber nichtchristlichen Religionen, sofern sie überhaupt „Spiritualität" verkörpern und affektiv überzeugend ausstrahlen. Auf der anderen Seite geraten Identitätsmarker wie der gemeinchristliche trinitarische Gottesglaube oder die reformatorische Verbindung von Frömmigkeit und verstehender Bildung in den Geruch, etwas Übertriebenes, Verkopftes oder Ausdruck von rechthaberischem Überlegenheitsdünkel zu sein; die normative Orientierung tendiert dagegen aber doch nicht selten biblizistisch.

3. Die Theologie

Es ist selbstredend völlig ausgeschlossen, dass ich Ihnen ein Gesamtbild auch nur der deutschsprachigen Theologie vor Augen führe, auch wenn die seit etwa zweihundert Jahren vergleichsweise stabile Organisation der Forschung und Lehre in sich selbst verwaltenden Fakultäten den Anschein eines wohlbestimmten und übersichtlichen Rahmens theologischer Arbeit erweckt.

Die *disziplinäre* Struktur der Theologie ist insofern nach wie vor wesentlich, als sich die davon abgeleiteten Prüfungs-, Promotions- und Habilitationsordnungen, aber auch die Praxis der Berufungen von Dozenten daran orientieren. Das wird für den wissenschaftlichen Nachwuchs dann ein Problem, wenn sich die Forschung von solchen „Schubladen“ weg entwickelt hat – dies ist der Fall und ist eigentlich auch gewollt, denn ein wichtiges und erwiesenermaßen sinnvolles Ziel der neueren Wissenschaftsförderung ist das methodisch und thematisch *interdisziplinäre* Arbeiten. Auch in der Theologie ist die wissenschaftliche Entwicklung einerseits geprägt durch Differenzierung der traditionellen Perspektiven (z. B. Judentum und Hellenismus im Neuen Testament, Dogmatik und Ethik in der Systematischen Theologie, Gemeindepädagogik in der Praktischen Theologie). Andererseits organisiert sich die theologische Forschung jetzt fast durchweg in kooperativen und interdisziplinären (auch nichttheologische Fächer wie z. B. die Germanistik, Musik- oder Kunstgeschichte einbeziehenden) Projektgruppen. Auch werden solche Gruppen nicht nur von etablierten Professoren getragen, sondern zugleich auch von Nachwuchswissenschaftlern und fortgeschrittenen Studierenden, z. B. in (leider modisch so genannten) „Elite-Studiengängen“, in Graduiertenschulen (seit kurzem auch in Deutschland verpflichtend) oder den aus Drittmitteln finanzierten, äußerst effektiven Graduiertenkollegs. Die wirklich produktive theologische Forschung findet nur zum kleinen Teil am einzelnen Schreibtisch statt, sondern in Gestalt von Kooperation und Diskussion – und sie muss eigens, durch jeweils bei den forschungsfördernden Institutionen einzuwerbende „Drittmittel“ finanziert werden, was freilich sehr viel Energie erfordert.

Die traditionelle disziplinäre Struktur der evangelischen Theologie ist auch für diese selbst defizitär geworden. Denn die *Enzyklopädie*, wie sie sich seit der altprotestantischen Orthodoxie und dann im Neuprotestantismus herausgebildet hat, beansprucht kategoriale Voraussetzungen, die problematisch geworden sind. Das gilt vor allem für die Begriffe des theologischen „Systems“, des „Wesens“ von Theologie und des „organischen“ oder „funktionalen“ Zusammenhangs ihrer Elemente z. B. für den Zweck der „Kirchenleitung“, wie das D. E. F. Schleiermacher formuliert hat. Dies zu begründen war eine wichtige Aufgabe der Systematischen Theologie, die sich dabei philosophischer Kategorien bediente. Seit einiger Zeit ordnet sich aber keine theologische Disziplin dem theologischen „System“ oder, wie es heute heißt, der „*Fundamentaltheologie*“ der Systematischen Theologie ein und unter. Die wenigen aktuellen Versuche einer theologischen Enzyklopädie (auch im englischsprachigen und im römisch-katholischen Bereich sind es sehr wenige) sind theoretisch respektable Konstrukte mit vielen Postulaten und doch wenig Pragmatik und können die Einheit der real betriebenen Theologie nicht zureichend begründen. Das ist ungewohnt und verunsichert, ist aber kein ganz großes Unglück – christliche Theologie wurde viele

Jahrhunderte lang und wird auch heute in nichtwestlichen Kirchen in anderen Horizonten als einem wissenschaftstheoretischen getrieben. Wichtig ist es aber, unsere westliche Situation wahrzunehmen, um nicht weiter an religiöser und kultureller Nutzbarkeit zu verlieren.

Ein wesentlicher Aspekt des beschriebenen Defizits ist der Verlust eines in der Neuzeit überaus starken theoretischen Paradigmas, der *Hermeneutik*. Natürlich gibt es nach wie vor keine christliche Theologie ohne irgendeine Form der Hermeneutik im Sinne des methodisch ausgewiesenen Verstehens überlieferter, sprachlich und kulturell fremder Texte; dies so gut ausgebildet zu haben, ist ein Ruhmesblatt evangelischer Theologie und gehört weiterhin zu ihren spezifischen Existenzbedingungen. Für ihre Zukunft sehr wichtig ist es aber, produktiv damit umzugehen, dass sich in den letzten Jahrzehnten die Hauptrichtung der schulischen und geisteswissenschaftlichen Bildung vom *historisch-hermeneutischen* Typus, mit dem die evangelische Theologie besonders eng liiert war und ist, wegbewegt hat hin zum *analytisch-kombinatorischen* Typ des Erwerbs von Wissen und Können. Neugiermotiviertes Lesen und verstehende Aneignung treten deutlich zurück hinter schlagwortgeleitetem Finden und verwertbarem Kompilieren. Das Internet, das alles überhaupt Wissbare zum Herunterladen bereitzuhalten scheint, hat diese Verschiebung massiv verstärkt. Nicht zufällig sind die Präsenzbibliotheken, auch wenn sie (wie meist) sehr gut sind, überaus schwach besetzt.

Das in allen Geisteswissenschaften lange Zeit leitende hermeneutische Paradigma im Sinne eines Grundmusters nicht nur des Verstehens von Texten, sondern von ganzen Kulturen und zwischen Kulturen ist wegen seiner „essentialistischen" (theoretisch idealistischen, praktisch imperialen) Voraussetzungen seit einer Generation in Misskredit gekommen; dafür ist „Postmoderne" übrigens ein viel zu allgemeiner und auch irreführender Begriff. Die evangelische Theologie täte sich einen ganz schlechten Dienst, wenn sie versuchen würde, ihrerseits wieder eine metaphysische Basis ihrer Wissenschaftlichkeit bereitzustellen (das römische Lehramt allerdings versucht genau dies, doch mit fatalen theologischen Folgen). Trotzdem ist es problematisch, dass die Philosophie, früher wesentlich für die Artikulation des theologischen Selbstverständnisses, für die meisten Theologen kein Gesprächspartner mehr ist; das *„Philosophicum"* ist zwar noch eine Prüfung, die Theologiestudierende vor dem Examen ablegen müssen, aber es wird auch von den Fakultäten ziemlich desinteressiert behandelt. An die Stelle der klassisch-modernen, idealistischen Hermeneutik sind andere Muster und Zugänge zu den Themen der Theologie und überhaupt zur *Kulturhermeneutik* getreten: sozialwissenschaftliche, psychologische, semiotische, phänomenologische, auch diskursanalytische. Ihren Wert für die Theologie kann ich hier nicht diskutieren; wichtig ist aber die Einsicht, dass ein Theologe, wenn er sich nicht wieder in bloß postulatorischer Theorie verschanzen will, nicht nur mit einem einzigen, alles einheitlich erfassenden Paradigma arbeiten kann, sondern mit mehreren Modellen und Mustern theologischen Wissenserwerbs arbeiten muss – alles andere wäre schlechte Simplifizierung zum Schaden der Theologie. Diese *Pluralität* der Perspektiven ist für eine lutherische Theologie auch theologisch zu bevorzugen – gegenüber systematischem Monismus, in dem jede mögliche religiöse Erfahrung und Frage immer schon beantwortet ist (das genau zu begründen, wäre ein eigenes Thema).

Dies schließt nicht aus, sondern umso mehr ein, dass sich die Theologinnen und Theologen neu darüber verständigen müssen, auf welcher Ebene ihres Denkens und Kommunizierens sie in allen ihren spannungsvollen Verschiedenheiten doch *eine* „Theologie" betreiben. Tun sie das nicht (oder beruhigen sie sich bei der viel zu vagen Behauptung, sie betrieben „kirchliche" Theologie), dann wird der aktuelle Missstand nicht behoben, dass die Disziplinen sich nur sehr schlecht gegenseitig zur Kenntnis nehmen und sich nicht gegenseitig ernstgenommen fühlen. Die aktuelle Folge davon scheint mir, dass *drei* Theologien nebeneinanderher leben: die Exegetische und Historische Theologie, die in sich eine Systematische und eine Praktische Theologie entwickelt; die Systematische Theologie, die eine eigene Geschichtsschreibung pflegt und einen eigenen Praxisbezug behauptet; die Praktische Theologie, die davon gar nichts hält und ihrerseits eine eigene Sicht der Geschichte und insbesondere eine eigene Dogmatik und Ethik entwickelt. Diese defizitäre Lage wird dadurch noch verschärft, dass es außerhalb der Fakultäten Theologien durchaus anderen methodischen und dogmatischen Zuschnitts gibt, so zum Beispiel in den sozialethisch fokussierten evangelischen Fachhochschulen, aber auch in so genannten „Freien theologischen Hochschulen" (Basel, Friedenau, Krelingen).

4. Theologischer Unterricht

Die traditionelle disziplinäre Struktur der Theologie wird in allerjüngster Zeit freilich erneut beansprucht, nämlich durch massive Veränderungen in der akademischen *Didaktik*. Massiv sage ich, weil ich selbst das Theologiestudium völlig unreguliert absolviert habe, auch ohne Studienberatung – man musste nur das Abschlussexamen bestehen … In den achtziger Jahren wurde die Studienberatung und ein Einführungsseminar zu Beginn des Studiums, dann ein Studiengespräch in der Mitte des Studiums verpflichtend gemacht;

letzteres wurde bald eine reguläre Zwischenprüfung. Das enzyklopädisch angelegte Einführungsseminar sollte die Verbindung des Studiums mit der persönlichen Motivation und mit der Praxis in Kirche und Schule knüpfen. Das gelang nur sehr begrenzt, weil der angestrebte Überblick über die theologische Arbeit unter den eben beschriebenen Bedingungen gar nicht möglich war, vielmehr die vielen und disparaten Themen bloß addiert und die Studierenden auf diese Weise überfordert wurden.

Die aktuelle Situation ist das Ergebnis des so genannten Bologna-Prozesses, in dem eine politische top-down-Strategie das deutsche, wenigstens in den Geisteswissenschaften im Sinne Humboldts nur an den Rändern regulierte Studiensystem auf *Bachelor- und Master-Studiengänge* umstellte und das Abschlussexamen durch durchgehend studienbegleitende Prüfungen ersetzt hat. Sinn und Unsinn dieses Unternehmens kann ich hier nicht diskutieren, brauche es auch nicht, insofern sich alle drei früher so genannten „Oberen Fakultäten" (Theologie, Jurisprudenz, Medizin) geweigert haben, ihr bisheriges Studium auf einen angeblich berufsqualifizierenden Bachelor-Studiengang zu reduzieren. Auch die Kirchen widerstanden der Versuchung, einen Bachelor für eine Art *clerus minor* einzurichten (ich sage Versuchung, weil die Zahl der akademisch voll ausgebildeten Pfarrerinnen und Pfarrer in Zukunft kleiner werden muss, weil diese nicht bezahlt werden können).

Dennoch hat „Bologna" auch für die Theologen zwei weitreichende Folgen. Die eine ist die durchgehende *Modularisierung* mit studienbegleitenden Prüfungen (es gibt aber noch eine Abschlussprüfung), die eine bloß *kombinatorische* Anhäufung von Wissen begünstigt und zugleich einen viel höheren Grad an *Kanonisierung* des theologischen Wissens etabliert. Das hat auch Vorzüge: Man kann die Studierenden auf diese Weise zwingen, z.B. auch einmal einen Augustin-Text zu lesen (was sie sonst möglichst vermeiden). Dem stehen aber viele Nachteile gegenüber. Man bekommt beispielsweise eine Übung über die lutherischen Bekenntnisschriften nur schwer in ein Modul hinein – und ohne dieses besucht sie niemand, weil den Gesetzen „Bolognas" entsprechend alle Studierenden fast nur das tun, was optimale Prüfungen verspricht. Für durchschnittliche Studierende verschiebt sich das Ziel der breiten theologischen Bildung und eines (fast) zweckfreien religionskulturellen Gedächtnisses auf die Ausbildung von bestimmten, von späteren Arbeitgebern gewünschten Kompetenzen. Die neue Didaktik und ihre Medien, die auch große Vorzüge haben können, sind auf diesbezügliche Effizienz eingestellt (z.B. wenn eine Powerpoint-Präsentation das Mit- und Nachdenken fast ausschließt).

Die andere Folge „Bolognas" geht jedoch in die entgegengesetzte Richtung: Für die sehr interessierten und sehr gescheiten Studierenden sind jetzt

Master-Studiengänge oder, schon erwähnt, „Elite-Studiengänge“ eingerichtet, in denen komplexe Probleme auf sehr hohem wissenschaftlichen Niveau und unter Beteiligung der beteiligten Disziplinen und unter äußerst aktiver Mitarbeit der Studierenden bearbeitet werden. Bis hin zur optimalen Betreuungsrelation von z. B. 1 : 7 und zur tatsächlich intensiven Betreuung ist dieser Aufbau von Orientierungs- und Urteilsfähigkeit genau das, was Humboldt vorschwebte. Themen solcher echten „Seminare“, in denen Lösungen nicht schon vorgegeben, sondern aufgrund präzisierter Fragestellungen erarbeitet werden, sind z. B. „Schuld und Sühne“ oder „Ethik der Textkulturen“; leider kann ich das jetzt nicht näher beschreiben.

Nicht vergessen darf ich jedoch, dass die evangelischen Kirchen der Bundesrepublik ein Begabtenförderungswerk finanzieren (stark unterstützt vom Staat), das evangelische Studierende in ihrem wissenschaftlichen und sozialen Vermögen fördert, nicht nur finanziell, sondern auch durch interdisziplinäre Fortbildung: das Evangelische Studienwerk Villigst. Dieses Werk unterstützt natürlich nicht nur Theologen, sondern Studierende aller Disziplinen, Studierende, die für Bildung im evangelischen Sinne stehen, einschließlich politischer und sozialer Verantwortlichkeit. Als einziges der deutschen Förderungswerke hat es überdies ein Programm für osteuropäische Studierende aufgelegt und trägt besonders zur interkulturellen und interreligiösen Kenntnis und Verständigung bei.

5. Kirchenleitungen und akademische Theologie

Man kann wohl sagen, dass die deutschen Landeskirchen auf alle diese Entwicklungen auf der Ebene der theologiepolitischen Grundsätze sehr verlässlich reagieren. Der reformatorischen Verknüpfung von Bildung und Frömmigkeit (*eruditio et pietas*) entsprechend, haben sie viele Versuche verhindert, die akademische Theologie, statt sie als die Reflexionsform des christlichen Glaubens zu pflegen, zur unkritischen Glaubens- oder Kirchenlehre zu depotenzieren und aus der Universität auszugliedern; auch von den Kirchlichen Hochschulen wird nicht erwartet, eine „kirchennähere“ Theologie zu verkörpern, sondern auf der Höhe der Zeit und auf Augenhöhe mit den Gebildeten kritisch und selbstkritisch wissenschaftliche Theologie zu treiben. So haben in Ländern, in denen Staat und Kirche wohlwollend kooperieren, die Einspar-Diktate und die Mahnungen der Rechnungshöfe (wegen „mangelnder Auslastung“) die theologischen Fakultäten verhältnismäßig milde getroffen. Aus meinem Erfahrungsbereich kann ich das auch im Blick auf die Zustimmung der Kirchenleitung zur administrativen Eingliederung der Theologischen Fakultät in eine (alle Kulturwissenschaften umfassende) „Philosophische Fakultät“ bestätigen: Der *theologische* Charakter des Departments Theologie in Erlangen ist staatskirchenvertraglich bekräftigt und in seinem personellen Bestand sogar besser gesichert worden, als das bisher der Fall war. Zugleich legt diese Kirchenleitung – auch unabhängig von diesem Vorgang – die *Bekenntnisbindung* der Professoren weniger eng aus; zwar sind die meisten unter ihnen ordinierte evangelisch-lutherische Pfarrer, aber es gibt auch Armenier und Baptisten.

Die Probleme liegen woanders, nämlich darin, dass die Kirchenleitung die Fakultäten zwar als Ausbildungsinstitutionen beansprucht und pflegt, weniger oder gar nicht jedoch als Institutionen *theologischer Orientierung* für die Kirche und für die *Kirchenleitung*. Das tritt etwa darin zutage, dass die Fakultäten mancherorts nicht um Gutachten zu theologischen Entscheidungen gefragt werden, mit der Begründung, dass sie unterschiedlich votieren oder die kirchenpolitischen Ziele der Kirchenleitung möglicherweise gerade nicht unterstützen könnten. Ziemlich krass wurde die Diskrepanz zwischen den (in diesem Fall ökumenischen) Zielsetzungen von Bischöfen und den Begründungsansprüchen der akademischen Theologie bei der „Gemeinsamen Erklärung zur Rechtfertigungslehre“ von 1999. Aber auch abgesehen davon haben sich in den Landeskirchenämtern seit einiger Zeit quasi theologische Agenturen gebildet, die man, etwas unfreundlich, als *„Stabstheologie“* der Kirchenleitungen und der von ihnen besetzten Gremien bezeichnen kann, die jedenfalls kaum mit theologischen Fakultäten rückgekoppelt sind. Manche kirchenleitenden Gremien scheinen die theologischen Fakultäten als praxisferne, rechthaberische Störenfriede auf Distanz halten zu wollen. Und es gibt ja auch Professoren, die nur ein sehr kühles Verhältnis zur Landeskirche ihrer Fakultät haben …

Etwas anders liegen die Dinge im Verhältnis zwischen den Kirchenleitungen und den Theologiestudierenden. Seitdem eine kirchliche Karriere bzw. die Vorbereitung darauf in der Regel nicht mehr als intellektuell attraktiv gilt und nachdem die Gewissheit einer Aufnahme in den Kirchendienst durch die (aktuellen, aber auch langfristig demographisch bedingten) finanziellen Entwicklungen großen Zweifeln ausgesetzt wird, sehen sich die Kirchenleitungen sogar auf EKD-Ebene genötigt, aktiv für den Pfarrberuf zu *werben*; dabei wird der kulturwissenschaftliche Charakter des dazu befähigenden Theologiestudiums eher abgeblendet. Es gibt dann eine Tendenz der engeren Bindung der Pfarramtsstudierenden an die jeweilige Landeskirche. Während diese Beziehung früher eher formal war und sich auf die Pflicht zu Gemeinde- und Industriepraktika beschränkte, greift jetzt die *Per-*

sonalführung schon ins Studium ein. Außer der Beratungstätigkeit der Fakultäten, die ja auch existenzielle Probleme ernst nimmt, und der Teilnahme an den Hochschulgemeinden bietet etwa die ELKB (Evang.-Luth. Kirche in Bayern) eine gut ausgestattete spirituelle „Begleitung Theologiestudierender" an. Besonders heikel ist der Vorbehalt der Kirchenleitungen, die Kandidatinnen und Kandidaten trotz Bestehens des Theologischen Examens (das rechtlich ja von ihnen, nicht etwa von den Fakultäten verantwortet wird!) noch einem zusätzlichen Assessment zu unterwerfen (dessen Parameter nicht theologisch evaluiert werden). Man darf gespannt sein, welche Relativierung des Studiums, nach derjenigen durch manche Predigerseminare, der Ausbau dieses kirchenleitenden Instrumentes mit sich bringen wird.

Es wäre nun unfair, wenn ich mich gegenüber den Theologischen Fakultäten weniger kritisch äußerte als gegenüber Kirchenleitungen, denn auch im Blick auf die Studierenden sind erhebliche Defizite auch der akademischen Theologie zu konstatieren. Ich möchte drei hier gestellte Aufgaben abschließend benennen. Sie laufen alle auch darauf hinaus, dass sich die Theologischen Fakultäten aktiv in die Debatten um die anstehenden, vielleicht sehr tief gehenden Kirchenreformen und die diffusen Diskussionen über das zukünftige Pfarrerbild einbringen sollten.

Eine erste Aufgabe betrifft die Veränderungen der *persönlichen Frömmigkeit*: Nach meiner Beobachtung ist die Spiritualität der Theologiestudierenden meist kaum weniger subjektivistisch und synkretistisch als die ihrer Altersgenossen – das relative Recht dieser Individualisierung nicht theologisch zu artikulieren und zur Geltung zu bringen, führt zu einer bloß äußerlichen Akzeptanz der institutionellen Objektivität (z.B. des trinitarischen Dogmas, der Confessio Augustana, der Liturgie usw.) und kann in Konfrontation mit der realen Spiritualität in der Gemeinde (und erst recht in der Gesellschaft) umkippen in neuerlichen *Modernismus*, der dann die „toten" oder „destruktiven" Dogmen abschaffen will oder außer Gebrauch setzt.

Eine zweite Aufgabe betrifft die religiösen Veränderungen in den Gemeinden der künftigen Pfarrer und Pfarrerinnen: Die *religiöse Pluralisierung* in liberalen und säkularen Gesellschaften wirkt sich auch innerhalb der Kirchen aus, von der akzeptierten Vielfalt der Frömmigkeitsstile über die faktische Ökumene-Praxis an der Basis bis hin zur Akzeptanz esoterischer und fremdreligiöser Elemente auch in der stark kirchenverbundenen Frömmigkeit – wenn die theologische Ausbildung nicht dazu instandsetzt, religiöse Innovationen und traditionale Normativität produktiv in Beziehung zu setzen, wird die *Leitungsfähigkeit* des ordinierten Amtes sehr schnell absinken.

Eine dritte Aufgabe betrifft die religionskulturelle Situation der künftigen Pfarrer und Pfarrerinnen: Weil die Symmetrie von Religion und Gesellschaft in Europa wohl endgültig Vergangenheit ist (sofern wir nicht muslimisch werden), kommt viel darauf an, den christlichen Glauben als ein spezifisches *kulturelles* Phänomen, vergleichbar anderen Religionen (und daher friedlich mit ihnen koexistierend), sowohl verständlich zu machen als auch in seiner *autonomen* Logik zu unterscheiden. Dafür genügt es nicht (mehr), in der einen Hand die Bibel und in der anderen die Zeitung zu halten – diese vielsprachige Zeitung muss man auch lesen können. Die seit einiger Zeit eingeführte Verpflichtung auf religionswissenschaftliche Wahrnehmungsfähigkeit hin muss daher ergänzt werden um die breite *kulturhermeneutische* Orientierungsfähigkeit.

Arne
Manzeschke

Theologie lehren im theologiefreien Kontext[1]

1. Vorbemerkung

Ursprünglich lautete der Titel „Theologie an den Fachhochschulen". Dieser Titel hätte auch einiges an Stoff abgegeben und hatte seine Berechtigung in der Tatsache, dass ich vier Jahre an einer evangelischen Fachhochschule Ethik und Anthropologie im Fachbereich Pflegemanagement als Lehrbeauftragter gelehrt habe. Ich habe um Änderung des Themas gebeten, weil ich 1) schon länger nicht mehr dort lehre und 2) Friedrich Heckmann zu dem Thema einen sehr instruktiven Aufsatz geschrieben hat[2] – zumindest, was die Theologische Ethik angeht. Ich kann mich vielem, was er dort schreibt, anschließen. 3) aber – das ist mein stärkster Grund – erschien es mir für diesen Kontext hier in Seevetal sinnvoll, den Fokus auf ein anderes Handlungsfeld zu richten, das vielleicht etwas außerhalb einer allgemeinen Aufmerksamkeit und möglicherweise auch außerhalb des Interesses der Kirchen*leitungen* liegt, gleichwohl aber für die Theologie und für die Kirchen*leitung* im Sinne Schleiermachers sehr wohl interessant sein kann.

---

1 Vortrag auf der Theologischen Tagung des Martin-Luther-Bundes „Studium der Theologie – im Interesse der Kirchen(leitungen)?" vom 25.–27. 1. 2010 in Seevetal.

2 Friedrich Heckmann, Über die Möglichkeit und Unmöglichkeit, christliche Ethik zu lehren, in: Michael Krug/Ruth Lödel/Johannes Rehm (Hg.), Beim Wort nehmen. Die Schrift als Zentrum für kirchliches Reden und Gestalten. Friedrich Mildenberger zum 75. Geburtstag, Stuttgart 2004, 156–175.

2. Beispiele aus der Lehre

Erstes Beispiel

In Bayreuth haben die Studierenden der Religionswissenschaft die Möglichkeit, die christliche Theologie aus der Binnenperspektive kennen zu lernen; hierzu gibt es ein eigenes Wahlmodul „Christentum in Theologischer Perspektive". Im Seminar „Sünde als Thema christlicher Dogmatik" sitzen 18 Studierende aus dem Studiengang „Kulturwissenschaften mit Schwerpunkt Religion". Thema ist diesmal die Hauptsünde der Trägheit (*accidia*). Im Verlauf der Einheit erarbeiten die Studierenden, dass der Trägheit die Aktivität als Remedium entgegensteht, diese aber auch die gegenläufige Gefahr mit sich bringt, sich und sein Leben in Geschäftigkeit zu verlieren. Im nächsten Schritt betrachten sie die Ruhe (*otium*) als ein Mittleres und Anderes zwischen Trägheit und Geschäftigkeit. Einige erinnern daran, dass sich diese Ruhe von der Ruhe Gottes am Sabbat nach getanem Werk herleiten könnte (Gen 2,2).

Am Ende der Seminarstunde spricht mich eine Seminaristin beim Hinausgehen an: „Also, auf was für Dinge Sie einen bringen. Dass wir Menschen Ruhe brauchen. Das war mir wirklich völlig neu." Sie meinte das weder naiv noch ironisch.

Zur Erläuterung sei noch gesagt, dass diese Studentin, wie etwa ein Drittel aller Studierenden, aus den so genannten neuen Bundesländern stammt, sich selbst als „atheistisch" bezeichnet und über keinerlei kirchliche Sozialisation verfügt. Ihr Interesse an der Veranstaltung mit dem Thema Sünde hat sie eingangs so beschrieben: „Keine Ahnung, was mich hier erwartet, aber ich finde es spannend zu wissen, wie Christen darüber denken und was die anders machen."

Zweites Beispiel

Abschlussfeedback nach einem Semester Wirtschaftsethik im Gesundheitswesen. Die Vorlesung ist primär für Studierende der Gesundheitsökonomie konzipiert, die insgesamt zwei ethische Veranstaltungen im Rahmen einer Wahlpflichtveranstaltung belegen können. In der Vorlesung geht es zuerst um eine kurze Einführung in die Grundlagen ethischen Denkens; hier haben die Ökonomiestudierenden in der Regel keine Kenntnisse – aber des Öfteren eine Ahnung, dass eine ökonomische Betrachtung der Phänomene vielleicht nicht ausreichend sein könnte. Ziemlich genau die Hälfte der 20 Studierenden, die die Vorlesung durchgehend besuchen, sind Studierende der Religionswissenschaft, die Interesse am Thema haben und die Veranstaltung dank etwas Augenzwinkerns der Studiengangsleitung im Modul „Gegenwartsfragen im Christentum“ verbuchen können. Sie verfügen über wenig mehr ethische Kenntnisse als die Ökonomen. Die Vorlesung liefert also zunächst eine Einführung in die ethische Terminologie, ihre Theorieformen und in das Anwendungsgebiet der Wirtschaftsethik. Es folgen Anwendungsfälle wie Korruption, Kommerzialisierung des menschlichen Körpers und Korrumpierung des Ethos helfender und heilender Berufe durch ökonomische Anreizsysteme.

Im besagten Abschlussfeedback kommt es zu einer Diskussion, in der sich Studierende der Ökonomie und der Religionswissenschaft unversehens frontal gegenüberstehen. Die Ökonomen argumentieren, dass meine Darstellung der ethischen Probleme wohl aus didaktischen Gründen eine überspitzte Form angenommen habe, welche sie mit ihrem gesundheitsökonomischen Wissen immerhin richtig einzuordnen, d. h. zu relativieren wüssten. Sie hielten es aber für problematisch, eine solche Darstellung auch gegenüber Studierenden zu bieten, die qua Studium nicht so in der Materie bewandert wären und deshalb durch meine Darstellung zu einem völlig verzerrten Bild von Gesundheitswesen und -ökonomie kommen müssten.

Die Studierenden der Religionswissenschaft halten dagegen, dass sie sich ihr eigenes Urteil bilden könnten, und fordern ihrerseits die Studierenden der Gesundheitsökonomie auf, ihr möglicherweise einseitiges Bild zu korrigieren. Im Verlauf der rund einstündigen Diskussion geben die Ökonomen zu bedenken, dass sie in ihrem Studium auf eine sehr bestimmte Weltsicht und ganz bestimmte Methoden eingeschworen worden seien, weshalb es ihnen jetzt in einer einzigen ethischen Veranstaltung am Ende ihres Studiums auch sehr schwerfalle, denkerisch noch einmal ganz anders anzusetzen. Die Religionswissenschaftler verbuchen als größten Lerneffekt, die Härte der „ökonomischen Realität“ im Gesundheitswesen besser verstanden zu haben.

3. Analyse der Beispiele und der Lehrsituation

Mit diesen beiden Beispielen aus meiner Lehre möchte ich Sie auf einen wenig verbreiteten Kontext einstimmen, in dem auch Theologie gelehrt wird – das aber in einem ansonsten theologiefreien Kontext. In Bayreuth ist die Arbeitsstelle für Theologische Ethik und Anthropologie mit der Maßgabe geschaffen worden, ethisch und anthropologische Themen im Schnittfeld zwischen Ökonomie, Religion und Ethik mit einer theologischen Stimme zu artikulieren und dies gleichermaßen in Forschung und Lehre zu tun. Die Mittelbaustelle soll in eine Professur umgewandelt werden – und diese wäre dann eine jenseits des Staatskirchenvertrags von der Universität Bayreuth eingerichtete Professur. Diese Konstruktion ist aus der Not geboren, dass im Rahmen der Strukturreform an bayerischen Universitäten die Lehramtsausbildung für Religion in Bayreuth aufgelöst wurde. Zugleich sollte aber ein Charakteristikum der Bayreuther Religionswissenschaft erhalten bleiben, denn man kann hier mit dem Studium der Religionswissenschaft auch Einblick in die Binnenlogik der christlichen Religion studieren, vertreten durch christliche Theologen. Das sollte nicht aufgegeben werden. Dazu wurde aber nicht einer der vorhandenen Lehrstühle (z. B. der für Dogmatik) beibehalten, sondern eine neue Stelle geschaffen, die über dieses Modul hinaus die christlichen und ethischen Implikationen in Gesundheit und Ökonomie zur Darstellung bringen sollte.

In der Lehrpraxis führt das dazu, dass ich selbst vor allem ethische und anthropologische Themen anbiete, um Studierende über Disziplingrenzen hinaus zu erreichen. Zum anderen biete ich klassisch dogmatische Themen an, die einerseits stark an religionswissenschaftliche Fragestellungen anschließen (z. B. Sünde, freier Wille, Spiritualität, Theologie als Wissenschaft), andererseits aber auch aus religionswissenschaftlicher Perspektive den Tatbestand echter christlicher Themen erfüllen – so musste ich lernen, dass die Rede vom Bösen nicht als ein genuin christlich-theologisches Thema gilt, während Sünde klar mit dem Christentum identifiziert wird.

Ungefähr die Hälfte meines Lehrdeputats von acht Stunden fließt in die Kooperation mit den Ökonomen (Gesundheitsökonomie, Volkswirtschaftslehre), wo ich mehr als Ethiker denn als Theologe gefragt bin. Mit einem philosophisch-ökonomischen Kollegen, der die Professur für Unternehmensethik innehat, biete ich seit fünf Semestern Lehrveranstaltungen im Themenfeld der Wirtschaftsethik an. Hierbei ergänzen wir uns beide hervorragend, weil er den ökonomisch-ethischen Part übernimmt und ich den ethisch-ökonomischen Part. Meine spezifische Aufgabe sehe ich auch darin, die religiösen, insbesondere christlichen Hintergründe wirtschaftlichen Handelns explizit zu machen und einer theologischen und philosophischen Reflexion zuzuführen. So spielt bei der Behandlung von kirchlichen Einrichtungen (z. B. Diakonie und Caritas), die als „Unternehmen“ im „Sozialmarkt“ agieren, das christliche Ethos eine wesentliche Rolle, das erst aus der Binnenperspektive gelebten Glaubens verständlich und für die Reflexion unternehmerischer Praxis zugänglich wird. Um noch ein Beispiel zu nennen: In diesem Semester haben wir ein Blockseminar zu „Theorien der Sozialen Marktwirtschaft“ angeboten. Für die Studierenden war es völlig unbekannt, dass und in welchem Ausmaß christliche Motive bei den Gründervätern der Sozialen Marktwirtschaft eine Rolle gespielt haben. Mein Kollege, der weniger historisch arbeitet, war selbst überrascht über diesen starken Impuls, der von Christen für die Gesellschaftsordnung nach 1945 ausging. Dass diese Ordnung immer eine Gesellschaftsordnung und nie nur eine Wirtschaftsordnung sein wollte, gründet auf der christlichen Einsicht, dass Wirtschaften im Dienst eines höheren gesellschaftlichen Gesamten stehen muss. Theologie ist nicht zuletzt Bearbeitung eines kulturellen Gedächtnisses, und in diesem Sinne fungierte sie auch in diesem Seminar. Diese Aufgabe könnte umso dringlicher werden, als die neuen Leitwissenschaften (Technik und Ökonomie) in dieser Aufgabe weitgehend ungeübt sind bzw. ihre bisherigen Kompetenzen auf diesen Gebieten mit der Umwidmung von Lehrstühlen etwa für Wirtschaftsgeschichte und -dogmatik einbüßen.

4. Theologische Reflexion der Situation

Explizite Theologie

Die Beispiele aus meiner theologischen Lehre will ich in zwei Richtungen interpretieren. Das erste Beispiel – das Seminar zu Sünde und das Votum: Sie bringen uns aber auf Dinge: Ruhe – ist für mich ein Beispiel für eine *explizite Theologie*. Es geht hier darum, Inhalte, Fragestellungen und Verfahrensweisen der theologischen Arbeit an Studierende weiterzugeben, die explizit ein solches „Angebot" nachfragen, die das wissen wollen und gemäß der Prüfungsordnung auch wissen sollen. Hier wird in einem im Vergleich zum klassischen Theologiestudium eingeschränkten, aber hinsichtlich der Inhalte und Methoden noch klassischen Sinne Theologie getrieben.

So besehen könnte die Arbeitsstelle eine Art Laboratorium für eine Situation darstellen, die in Zukunft wohl häufiger anzutreffen ist. Es wird in den Lehrveranstaltungen immer weniger auf eine christliche Sozialisation gesetzt werden können. Die Geschichten der Bibel sind vielleicht bei einem Drittel der Studierenden präsent. Aber auch unter diesen sind schon auffällig viele, die die großen Linien der jüdisch-christlichen Tradition nicht mehr kennen. Zweitens fehlt einem Großteil der Studierenden ein Verständnis für hermeneutische Fragestellungen und Arbeitsweisen. Dass Texte uns etwas bedeuten und wir uns reflexiv zu ihnen als kulturellem Phänomen verhalten müssen, ist für sie zunächst einmal unverständlich. Dieser hermeneutische

Zugang wird in anderen Wissenschaften, die sie schwerpunktmäßig studieren, nicht in einem gleichen Maße trainiert (empirische Sozialwissenschaften, Ökonomik, vergleichende Religionswissenschaft). Die kurze Studiendauer und die Beschränkung auf ein theologisches Modul reduzieren überdies die Möglichkeiten, hermeneutisches Arbeiten ausführlicher einzuüben. Gleichwohl wird hier eine bedeutsame kulturwissenschaftliche Technik im Rahmen theologischer Reflexion eingeübt und auch für andere Felder fruchtbar gemacht.

Drittens orientiere ich mich derzeit an einem *exemplarischen Lernen*. Ich habe die Alternative zwischen Veranstaltungen, die den Studierenden ein Überblickswissen vermitteln über die biblischen, die dogmatischen Loci, die Kirchengeschichte, aktuelle Fragestellungen in der Ökumene oder im interreligiösen Diskurs. Zwar lässt sich manches davon über Lehraufträge bewerkstelligen, aber diese sind nicht immer sicher zu kalkulieren und bieten in der Regel auch keine intensive Betreuung der Studierenden. Die Alternative, für die ich mich entschieden habe, ist die, Veranstaltungen anzubieten, mit denen diese Wissensgebiete *exemplarisch* erschlossen werden. Das hat aus meiner Sicht den unbestreitbaren Vorteil, dass intensiver nachgedacht wird und die Inhalte stärker von den Studierenden erarbeitet werden können. Ausgehend von den Hauptsünden kommen wir in diesem Seminar zum Beispiel unweigerlich auf die Geschöpflichkeit des Menschen zu sprechen, seine Freiheit, seine Verführbarkeit und die Frage, wie und ob Gott der Sünde Einhalt gebietet. Damit sind gleich mehrere dogmatische Topoi berührt, ohne dass die Studierenden die Problemstellung einzelnen Loci zuordnen könnten – und auch gar nicht müssen. Die Zusammenhänge entwickeln sich eher diskursiv. Es kommt mir weniger darauf an, dass die Studierenden den kompletten dogmatischen Topos erfasst haben, als dass sie vielmehr ein Verständnis gewinnen, besser noch eine Erfahrung damit machen, sich anhand christlich-theologischer Kategorien denkerisch ein Feld erschlossen zu haben, das sie unmittelbar mit ihrer eigenen Lebenserfahrung in Verbindung bringen können. Es ist für mich ein schönes Lob und markiert für mich das Ziel meiner didaktischen Bemühungen, wenn die Studierenden im Feedback angeben, dass sie (besonders) in den theologischen Seminaren das selbständige Denken gelernt haben.

Ich sehe hier die Theologie in einer dienenden Rolle, die Ernst Lange ihr einmal in seinen Überlegungen zur Theorie kirchlichen Handelns zugewiesen hat: Es geht um Ermächtigung der Christinnen und Christen im Alltagsleben – ich komme darauf in meinen theologischen Reflexionen am Schluss zurück.

Implizite Theologie

In einer anderen Weise spiele ich die Theologie dort ein, wo sie zunächst gar nicht erwartet oder gefordert wird; dort, wo es um „allgemeine" ethische oder anthropologische Veranstaltungen geht. Eine Wirtschaftsethik im Gesundheitswesen erfordert eher einen „allgemeinen", eher philosophischen bzw. ökonomischen Zugang zu den Phänomenen als einen ausgewiesenen theologischen Standpunkt. Diesen zu bieten, ohne mich selbst dabei als Theologe zu verleugnen, mag in meiner eigenen Biographie und meinem Theologieverständnis begründet sein. Es hat jedenfalls zur Folge, dass ich so leichter auch auf theologische bzw. kirchliche Aspekte angesprochen werde: „Sagen Sie mal, was sagt denn die Kirche dazu?", wird dann schon mal gefragt, wenn es z. B. um die Kommerzialisierung des Körpers als medizinische Ware im Gesundheitsmarkt geht. Ich versuche dann, mit den Studierenden den Unterschied zwischen Kirche und Theologie, zwischen konfessorischer und reflexiver Sprache, zwischen öffentlichem Diskurs und Ethik durchzuspielen. Dass die Universität primär der Ort der Reflexion und der Ethik ist, versteht sich nicht immer von selbst und muss immer wieder eingeübt werden.

Insgesamt nötigen die ethischen und anthropologischen Themen dazu, genauer zu bedenken, welche Menschenbilder, welche Lebensziele in politischen, unternehmerischen oder auch individuellen Entscheidungen transportiert werden. Die Explikation solcher Menschenbilder und Lebensziele gehört zu einer meiner wichtigsten Aufgaben einer „Impliziten Theologie", wie ich sie einmal nennen möchte. Ihre kritische Funktion ist es, die Freiheit des Menschen offen zu halten, damit er nicht in den Sachzwängen steckenbleibt, die von technischen, ökonomischen oder auch sozialtechnokratischen Argumentationen bemüht werden. Kritisch und implizit ist diese Theologie, weil sie den Handlungshorizont offenhalten will, weil sie von Gott her zu denken wagt, dass alles auch ganz anders sein könnte und weil sie angesichts der Diskurse fragt, welche Wertsetzungen von wem mit welchem Interesse vorgenommen werden. Im weitesten Sinne geht es mir darum, die Aufrichtung des von Krankheit, Schuld, Herrschaft oder Mächten gebeugten Menschen durch den gekreuzigten und erniedrigten Herrn, der sich zu ihrem Diener macht, als Paradigma einer theologischen Ethik und Anthropologie für die jeweils zu verhandelnden Probleme fruchtbar zu machen.

Ich habe von einem „allgemeinen" Zugang zur Ethik und Anthropologie in Anführungszeichen gesprochen. Dem liegt die verbreitete Annahme zugrunde, dass der philosophische Zugang zu ethischen oder anthropologischen Themen allgemeiner, weil nicht weltanschaulich bestimmt sei und damit einen größeren Grad an Verbindlichkeit und Gültigkeit beanspruchen darf. Zwar kann ich das Thema weder in den universitären Veranstaltungen noch hier in diesem Vortrag befriedigend ausführen, aber so viel sollte im einen wie im anderen Fall deutlich werden, dass auch die philosophischen Zugänge (Plural!) nicht ohne eine weltanschauliche Verortung zu haben sind. Es ist also beileibe nicht ausgemacht, dass eine philosophisch-analytische, spieltheoretische Perspektive auf Rationierungsentscheidungen per se allgemeiner in ihrer wissenschaftstheoretischen Verankerung ist. Solche wissenschaftstheoretischen Fragen spielen zumeist nur am Rande eine Rolle, aber eine Generation, die praktisch alle Entscheidungen oder Einstellungen als eine je individuelle Angelegenheit betrachtet, wird an dieser Stelle durchaus aufmerksam, wenn das weite Feld „Postmoderne, Wahrheit und weltanschauliche Neutralität" ein wenig ausgeschritten und deutlich wird, dass ein spezifischer Ausgangspunkt, wie ihn der theologische darstellt, deshalb noch nicht als partikularistisch oder gar subjektivistisch aus der öffentlichen Debatte gedrängt werden darf, sondern wie andere Positionen seine Plausibilität und Tragweite über eine konfessorische Gemeinschaft hinaus zu entfalten vermag.

Sprachkritik

Einen letzten Aspekt möchte ich hier noch erwähnen: die theologisch eingeübte Sprachkritik. Die Theologie lehrt, aufs Wort zu merken, hat Martin Luther eingeschärft. Ich merke es an mir selbst, dass ich diese kritische Aufmerksamkeit für Sprache schon sehr weit habitualisiert habe – mindestens, was die mir eher fremden Sprachfelder angeht. Im Feld der Ökonomie übe ich mit den Studierenden sprachliche Präzisierung ein, frage kritisch nach der konkreten Herkunft und Bedeutung von Wörtern, die heute wie Spielgeld in Umlauf gegeben werden, so dass sie von beinahe jedem akzeptiert werden, ohne dass noch näher erklärt werden müsste, was denn nun genau gemeint ist. Uwe Pörksen hat in diesem Zusammenhang von „Plastikwörtern" gesprochen.[3] Gemeint sind damit Wörter wie „Erfolg", „Qualität", „Transparenz" oder „Effizienz", gegen deren impliziten Anspruch niemand etwas sagen könnte, die aber in der Regel so unscharf gebraucht werden, dass in den Diskursen mehr verschleiert als geklärt wird. Hier liefert das theologische Handwerkszeug ein sehr brauchbares Mittel, um Diskurse über sich selbst aufzuklären.

3 Uwe Pörksen, Plastikwörter. Die Sprache einer internationalen Diktatur, Stuttgart 1988.

Ernst Lange, der Berliner Theologe, hat vom Evangelium einmal als der „Sprachschule für die Freiheit“ gesprochen.[4] Ich finde das einen sehr treffenden Ausdruck. Lange hatte ihn noch kritisch gegen die eigene Kirche und ihre Verkündigung gewandt und ihr vorgeworfen, dass die vorhandene kirchliche Sprache kaum in der Lage sei, die Wirklichkeit angemessen zur Sprache zu bringen. Ich verstehe diese Sprachschule heute in meiner Situation vor allem als Ansatz, um in innerweltlichen Sachzwängen festgefahrene Debatten – denken Sie an die sog. „Alternativlosigkeit“ bestimmter ökonomischer oder politischer Entscheidungen – aufzubrechen auf ein mögliches Anderes, das nicht in menschlicher Verfügungsgewalt steht oder von Menschen artikuliert wird, die nicht zu den herrschenden gehören und deshalb ebenfalls keine Verfügungsgewalt haben.

5. Schlussfolgerungen für die Theologie und die Kirchenleitungen

Ist solches Studium der Theologie im Interesse der Kirchen und der Kirchenleitungen? Erlauben Sie mir eine Bemerkung zu Ihrer Frage, ob es nicht besser wäre, wenn die Theologiestudierenden an kirchlichen Hochschulen studieren würden. Ich habe drei Jahre als Studienleiter an einem bayerischen Predigerseminar gearbeitet und damit die zweite Ausbildungsphase intensiv begleitet. Was ich dort erlebt habe, und auch jetzt in Bayreuth erlebe, bestätigt mich in der Auffassung, dass es gut für die Theologie und für die Theologiestudierenden ist, wenn sie sich der Auseinandersetzung mit anderen Wissenschaften, anderen Denkstilen und anderen Glaubensweisen stellen. Das schließt ihre intensive Begleitung durch die Landeskirche nicht aus, aber das Theologiestudium als akademische Disziplin, die nicht nur pastorale Fähigkeiten vermittelt, sondern den christlichen Glauben in und gegenüber dieser Welt angemessen vertreten kann, wird am besten eingeübt in einer breiten *universitas* und im fruchtbaren Streit ihrer Fakultäten. Das ist ein eher funktionales und schwaches Argument. Das starke Argument lautet, dass Glaube und Theologie aus sich heraus zum Wissen und zur nachvollziehbaren Auslegung drängen. Noch mal Ernst Lange: Es geht um eine sprachfähige Theologie, die nicht nur die eigene Sprachgruppe bedient, sondern auch für die Anderssprachigen und Sprachlosen da ist.

4 Ernst Lange, Kirche für die Welt. Aufsätze zur Theorie kirchlichen Handelns, München/Gelnhausen 1981, 299–307; 302f.

Mindaugas
Sabutis

Evangelische Ausbildung in Litauen[1]

Im Jahr 1990, in dem der Staat Litauen seine Unabhängigkeit wiedergewonnen hatte, erlangte auch die Evangelisch-Lutherische Kirche (ELKL) die Möglichkeit zurück, die theologische Ausbildung selbst zu organisieren. Damals stieg die Zahl der Gemeinden sehr schnell von 20 auf 54 – die sechs ordinierten Pfarrer konnten nicht mehr alle bedienen. Und auch die Aktivitäten der Gemeinden verlangten größere Aufmerksamkeit, weil für die meisten das Abhalten der Gottesdienste allein nicht mehr ausreichte. Jugendarbeit und soziale Aktivitäten mussten organisiert, das Eigentum zurückgefordert, die Kirchen, von denen die meisten schwer beschädigt und teilweise zerstört waren, wieder aufgebaut werden. So wuchs der Bedarf an theologischer Ausbildung rasant.

1992 wurde von der evangelisch-lutherischen und der evangelisch-reformierten Kirche in Litauen gemeinsam der Plan gefasst, ein Zentrum für Evangelische Theologie an der Universität in Klaipėda einzurichten. Man schloss Vereinbarungen mit der Universität, und bereits im Jahr 1993 entstand die „Abteilung für Theologie". Mit Hilfe vieler Partnerkirchen und Organisationen sowie ausländischer Geistlicher und Theologen wurde die Abteilung schnell ein fester Bestandteil der universitären Gemeinschaft und die einzige Institution in Litauen, die eine höhere theologische Ausbildung anbieten konnte. Heute sind zwölf der 23 Pfarrer, die in unserer Kirche dienen, Absolventen der Theologischen Fakultät in Klaipėda. Einige setzten ihr Studium im Ausland oder an anderen litauischen Universitäten fort und schlossen ihre Ausbildung als Magister der Theologie, der Sozialwissenschaften oder anderer Fächer ab. Auch viele aktive kirchliche Angestellte und Gemeindemitglieder sind Absolventen dieser Abteilung.

---

1 Vortrag, gehalten am 26. 1. 2010 auf der Theologischen Tagung des Martin-Luther-Bundes „Studium der Theologie – im Interesse der Kirchen(leitungen)?"

Zusätzlich zu dem direkten Beitrag, die Diensttuenden in der ELKL auszubilden, hat die Theologische Abteilung protestantisches Gedankengut und das Wissen um seine Geschichte in unserem Land verbreitet, in dem seit jeher das Erbe des Protestantismus höchstens am Rand der Forschung vorkam. Dazu kommt, dass die Mehrzahl der Studenten in der Theologischen Abteilung katholisch ist oder anderen Glaubensgemeinschaften angehört und hier nicht studiert, um in unserer Kirche zu arbeiten, sondern um ihr Wissen über Religion, Geschichte und Theologie zu erweitern und zu vertiefen. Viele von ihnen lernen so die evangelischen Kirchen kennen, arbeiten später in den verschiedensten Berufen, dienen der Gesellschaft und beeinflussen ihre Werte.

Ein weiterer wichtiger Beitrag der Abteilung für Theologie ist die Präsentation evangelischer Theologie in litauischer Sprache. Dies ist keine einfache Sache. An einem traditionell evangelischen oder lutherischen Ort ist die Sprache direkt mit dem Leben der Kirche verbunden. Bei uns ist das nicht so. In Litauen war es nötig, die evangelische theologische Sprache zu standardisieren, so dass sie von allen verstanden werden kann, ohne ihren Sinn zu verlieren. Bis zum Jahr 1990 stammte unsere kirchliche Schriftsprache und ein Großteil der theologischen Terminologie aus der Zeit vor dem Zweiten Weltkrieg – wenn nicht sogar aus dem 19. Jahrhundert. Das entsprach längst nicht mehr den Bedürfnissen der Kirche und ihrer Gläubigen. Die Tatsache, dass die Liturgiereform sowie die Veröffentlichung des neuen Gesangbuches erfolgreich waren, ist auch der neu gebildeten theologischen und kirchlichen Sprache gedankt.

Heutige Herausforderungen

Jede Zeit erfordert besondere Lösungen für besondere Aufgaben, und so überprüfen die litauischen Lutheraner heute die theologischen Ausbildungsmöglichkeiten und denken nach über die Perspektiven.

Es gibt einige Gründe, sich darüber Gedanken zu machen.

Die Vorbereitung der Pfarrer ist nicht mehr die Priorität der theologischen Ausbildung. Zur Zeit fehlen in Litauen nur zwei oder drei Pfarrer. Folglich zielt die Ausbildung nicht mehr vorrangig auf die Kirche. In den letzten Jahren haben nur einige wenige lutherische junge Menschen das Studium an der Theologischen Abteilung gewählt. Das hatte zur Folge, dass sich nur wenige Absolventen entschieden haben, in der Kirche zu dienen. Und man muss daran erinnern, dass die Arbeit in der ELKL weitgehend freiwillig ist und die

Pfarrer überhaupt keine oder sehr niedrige Löhne erhalten – die Kirche ist ein schlechter Arbeitgeber.

Die Finanzierung der theologischen Ausbildung ist ein aktuelles Problem. Nach der Bildungsreform gibt es Vorgaben, wie viele Studierende einen Studiengang wählen müssen, damit er vom Staat unterstützt wird. Von den Zahlen her kann die evangelische Theologie überhaupt nicht mit anderen Ausbildungszweigen wie etwa Jura, Informatik oder Medizin konkurrieren. Die Studierendenzahl ist sehr klein, und so wird in naher Zukunft dieser Studiengang geschlossen werden müssen: Die Kirche ist nicht in der Lage, eine solche Einrichtung alleine zu finanzieren.

Das größte Bildungsdefizit in unserer Kirche liegt heute nicht im akademischen Bereich, sondern in der theologischen Bildung der Laien, der aktiven Gemeindemitglieder. Dieses Defizit zu beheben, hat Priorität. Die ELKL bemüht sich sehr, eine solche Bildung zu organisieren, z. B. durch die Einrichtung von Seminaren oder Fernstudiengängen. Später könnte all das noch mehr institutionalisiert werden.

Aber auch die Ausbildung der Pfarrer kann nicht allein von der Universität geleistet werden. Ein Teil des akademisch vermittelten theologischen Wissens bleibt ungenutzt oder ist für die Gemeindearbeit unnötig, während einige der Kenntnisse und Erfahrungen, die für die pastorale Tätigkeit erforderlich sind, nicht im Rahmen des universitären Studiengangs vermittelt werden können. Deshalb versuchen wir in der ELKL, regelmäßig Seminare zu verschiedenen Themen der Praktischen Theologie, der Seelsorge oder anderer Gebiete zu organisieren.

Schlussfolgerungen

Die gegenwärtige Situation macht bestimmte Reformen im Bereich der theologischen Ausbildung nötig.

Zum einen wird sich die Abteilung für Theologie wahrscheinlich von einer reinen Ausbildungseinrichtung zu einem Zentrum für interdisziplinäre akademische Forschung wandeln, etwa in Zusammenarbeit mit den Historikern oder den Sozialwissenschaftlern.

Für die Aus- und Fortbildung der Pfarrer wird die Kirche Stipendien und akademische Institutionen im Ausland suchen müssen.

Sie muss Wege finden, die Bildung aller ihrer Gemeindeglieder zu verbreitern. Das kann mit der Bereitstellung und der Verteilung von Materialien sowie der Organisation von Seminaren für Laien gelingen.

Sowohl die Abteilung für Theologie an der Universität als auch die ELKL selbst müssen sich auf die Vertiefung der Kenntnisse der bereits Dienst tuenden Pfarrer und die Verbesserung der pastoralen Praxis konzentrieren.

Hans-Martin
Weiss

Salz in der Suppe

Evangelische Diaspora als gesellschaftliches Ferment[1]

Sehr geehrte Damen und Herren,

die Diaspora-Existenz von Christen – auch die von evangelisch-lutherischen Christen! – ist immer wieder eine mühsame. Beispielsweise notierte Robert Dollinger vor einem halben Jahrhundert in seiner Regensburger Kirchengeschichte: „Die Anfänge der Gemeindebildung in der Diaspora waren nicht leicht; Treue und Standhaftigkeit waren nötig, das Glaubenserbe der Väter zu wahren." Diaspora-Christen bedurften seit jeher der Hilfe und Unterstützung.

Und doch verhält es sich mit ihnen keineswegs so wie mit jemandem, der ohne fremde Hilfe nicht zurechtkommt. Das Gegenteil ist der Fall! Wahr ist, dass Diaspora – was ja wörtlich „Zerstreuung" heißt – durchaus eine recht kräftige und wirkungsvolle Existenzweise bedeuten kann – so wie Salz in der Suppe eine spürbare Wirkung hinterlässt. Und Salz sollen wir Christen sein. Dabei versteht es sich von selbst, dass es sich um „zerstreutes" Salz handelt. Von Anfang an war ja christliche Existenz, war christliche Kirche wesenmäßig Diaspora-Existenz. Und so ist es auch heute nichts Ungewöhnliches, wenn lutherische Christen ihren Glauben an das befreiende Wort Gottes in Gestalt von Diaspora-Gemeinden leben und dabei ihr Licht unter den Menschen leuchten lassen. Dieses Licht-Sein und Leuchten, dieses Salz-Sein gerade des Diaspora-Christseins, möchte ich im Folgenden zunächst biblisch, sodann mit kurzen Beispielen aus der neueren Kirchengeschichte und zuletzt mit solchen aus der Gegenwart illustrieren.

---

1 Vortrag zur Eröffnung des Symposiums anlässlich des 150. Jubiläums des MLV Bayern am 30. Oktober 2010 in Neuendettelsau.

1. Biblische Belege für eine effektive Diaspora-Existenz

Norm ist für lutherische Theologie und Kirche rund um den Erdball das in der Bibel bezeugte Wort Gottes. Das ist das Wort der Offenbarung des Evangeliums vom gekommenen, für uns gestorbenen und auferstandenen Gottessohn Jesus Christus, der selber das lebendige Wort ist, durch das Gott alle Dinge erhält und trägt – also auch die Diaspora-Gemeinden.

Aber was heißt Diaspora genauer? Es gibt verschiedene Redeweisen von der religiös-konfessionellen, von der ethnischen, von der sprachlichen Diaspora, von der Auswanderungs-, der Migrations- oder der Auslandsdiaspora. Auch andere Religionen kennen Diaspora-Situationen. Das Wort „Diaspora" ist längst zu einem beliebten, mitunter metaphorisch gebrauchten Begriff geworden, dessen Bedeutung zwischen nüchterner Situationsbeschreibung, Rückzugspessimismus und hoffnungsfroher Prognose oszilliert. Evangelische Theologie zieht gegenüber eher gesellschaftspolitischen Deutungskategorien eine biblisch-theologische Bestimmung vor.

Das aus dem Verb *diaspeirein* abgeleitete griechische Wort *Diaspora* stammt aus der Septuaginta, der altgriechischen Übersetzung des Alten Testaments. In allen dort zu findenden zwölf Stellen wird Diaspora als Terminus für die Zerstreuung der Juden unter die Heidenvölker, aber auch für die „Verstreuten" selber gebraucht. Einmal bekennt sich sogar Gott selbst als der Zerstreuende: „Ich worfelte sie mit der Worfschaufel" (Jer 15,7). In anderen alttestamentlichen Versen (Dtn 30,3 ff; Neh 1,9; Ps 147,2) wird der Zerstreuung der Juden im Sinne einer Strafe die spätere, barmherzige Rückführung in das Land der Väter verheißungsvoll gegenübergestellt.

Wie Jörn Kiefer in seiner 2005 veröffentlichten Dissertation „Exil und Diaspora"[2] darlegt, geht es bei beidem – bei „Exil" wie bei „Diaspora" – um die Erfahrung einer überall in der Welt präsenten und unvermeidbaren Realität, nämlich um das „beklagenswerte Schicksal der Schwächeren". Dieses Schicksal wird als „Gottesgericht" gedeutet – und auf solche Weise akzeptiert! Zum Teil kam es sogar zu einer positiven Deutung von Exil und Diaspora: Gottes Gegenwart und Zuwendung gehen in Exil und Diaspora keineswegs verloren; vielmehr werden sie aufs Neue erfahren, um sich mit der innerweltlichen oder endzeitlichen Hoffnung auf Rückkehr und Sammlung der Zerstreuten zu verbinden. In solch spiritueller Verarbeitung der

2 Jörn Kiefer, Exil und Diaspora. Begrifflichkeit und Deutungen im antiken Judentum und in der hebräischen Bibel, Arbeiten zur Bibel und ihrer Geschichte 19, Leipzig 2005.

Diaspora-Existenz zeigt sich eine beachtliche theologische Produktivität. Ihr verdanken sich beispielsweise der Zweite Jesaja oder die so genannte Priesterschrift mit ihrer Kritik des babylonischen Polytheismus.

Wie Kiefer betont, kennen sowohl das Alte Testament wie das antike Judentum den „Zusammenhang von Universalismus und Diaspora“, nämlich den Effekt der Diaspora-Existenz nicht nur für das Volk Israel, sondern auch für die mögliche Augenöffnung aller Völker, die durch das wahrzunehmende Gesamtgeschehen den einen Gott Israels in seinem Wirken erkennen können. Die exilischen Lebensbedingungen haben der Diaspora-Existenz die bemerkenswerte Frucht einer Reflexion auf den Glauben an den einen Gott abgerungen, also einen integrativen Monotheismus gefördert. So hat die Diaspora-Erfahrung Israels eine theologisch hochwichtige Wirkung für die damalige Gesellschaft und für die globale Völkergemeinschaft unseres Planeten gezeitigt. Sie ist alles andere als sinnlos gewesen.

Im Neuen Testament kommt das Substantiv *Diaspora* dreimal vor: in Joh 7,35, 1 Petr 1,1 und Jak 1,1. Das Verb *diaspeirein* gebraucht Lukas dreimal, und zwar im Zusammenhang der Vertreibung der hellenistischen Judenchristen aus Jerusalem (Apg 8,1.4; 11,19). Dabei fällt der Zusammenhang von Zerstreuung im Sinne von gottgewollter Aussaat und Mission auf. Diaspora bedeutet also eine „Ausstreuung“ von Samenkörnern – ein höchst produktiver Prozess! Im 1. Petrusbrief ist die Anrede an die, „die verstreut wohnen in Pontus, Galatien, Kappadozien, der Provinz Asien und Bithynien“, eingebunden in den Zusammenhang der Fremdheits-, Leidens- und Gerichtsmotive des Briefes. Bezeichnend ist dabei die Hoffnung, dass Fremdheit und Leiden, dass also auch Zerstreuung und Vereinzelung bald ein Ende haben und in die selige Erfahrung des Gottesreiches münden werden. Im Jakobusbrief bedeutet Diaspora-Existenz für die Christen, ständig Verlockungen und Anfechtungen ausgesetzt zu sein und in der Gefahr zu stehen, dass aus den Gläubigen, die in der Welt, aber nicht von der Welt sind, doch Weltfreunde werden (1,27; 2,1–5; 4,4). In dieser Situation ergeht ein autoritatives Schreiben des Jakobus aus Jerusalem an die Glaubensgeschwister außerhalb Palästinas, das zu Geduld im Leiden und zum Widerstand gegen die Versuchungen in der Diaspora mahnt.

Im Alten wie im Neuen Testament steht die Diaspora-Existenz also unter dem doppelten Aspekt von Zuspruch und Anspruch. Gott ermutigt die Verstreuten, auf sein Wirken als ein am Ende sich als heilvoll erweisendes, zusammenführendes zu vertrauen. Und er beauftragt sie zugleich, als Verstreute in die Gesellschaft, in der sie stehen, kraft seines Geistes hineinzuwirken. Die Zerstreuten sind die Gesegneten im Zeichen der Ansage des kommenden Gottes, und im selben Zeichen sind sie auch Gesendete.

Diaspora – das bedeutet in der Regel nicht Fluch und Verzweiflung, sondern Verheißung und Auftrag.

2. „Salzige Diaspora" in der Vereinsgeschichte

Während die Diaspora als Wirklichkeit auf deutschem Boden längst bekannt war, etwa durch das Schicksal der österreichischen Exulanten, kam das Wort *Diaspora* im Deutschen erstmals bei Nikolaus Ludwig von Zinzendorf vor: Er gebrauchte es im Sinne der zerstreuten Existenz seiner Brüdergemeine innerhalb der Landeskirche. Hier haben wir die kirchengeschichtlich durchaus bezeichnende Begriffsbedeutung des Diaspora-Daseins von *Christen unter Christen*. Ein durchaus schwieriger, aber realistischer Gedanke: Getaufte können unter Getauften einsam, isoliert, zerstreut dastehen, leidvoll, verlassen, missverstanden, womöglich hilflos, ja verleumdet und verfolgt. Diaspora kann sich insofern geradezu darstellen als Gegenbild zur Ökumene, zu gelingendem Miteinander in versöhnter Verschiedenheit. Nichtsdestoweniger ist solche Diaspora-Existenz in sich Verheißung und Auftrag: Verheißung der künftigen Gemeinschaft des Gottesreiches und Auftrag zu ihrer partiellen Existenz. Darauf wird zurückzukommen sein.

Zunächst sei hier wenigstens kurz der historischen Zusammenhänge gedacht, die vor 150 Jahren zur Gründung des „Lutherischen Gotteskastens" führten. Schon über ein Vierteljahrhundert gab es das ältere protestantische Diasporawerk namens *Gustav-Adolf-Werk*; es wirkte seit 1832 von Leipzig aus für die Diaspora in Deutschland und im Ausland, und zwar eher in einem kulturprotestantischen Sinn. Demgegenüber ging es den Initiatoren des „Lutherischen Gotteskastens" ganz im Sinne Wilhelm Löhes um eine bewusst am kirchlichen Bekenntnis orientierte Diaspora-Arbeit. Es war dies eine Zeit der allgemeinen Neubesinnung auf die Bedeutung des lutherischen Bekenntnisses. Christen aus Bayern erkannten damals eine besondere Verantwortung für Glaubensgeschwister evangelisch-lutherischen Bekenntnisses in der Diaspora des eigenen Landes und weltweit. Den Ursprungsnamen „Gotteskasten" entnahmen die Gründungsväter 1 Chr 29,8, wo vom Opferstock zum Bau des Tempels bzw. zur Korrektur seiner Baufälligkeit die Rede ist. Am 29. August 1860 gründeten sie im fränkischen Hersbruck den Verein „Lutherischer Gotteskasten in Bayern". Zweck des Vereins war laut Satzung, „die in der Zerstreuung, d. h. unter fremden Confessionsangehörigen, lebenden lutherischen Glaubensgenossen inner- und außerhalb Bayerns in ihrer kirchlichen Not zu unterstützen." Diese Zweckbestimmung gilt nach 150 Jahren noch genauso.

Kurz vor dem Anbruch des „Dritten Reiches“ änderten die verbündeten lutherischen Gotteskastenvereine ihren Namen, um werbewirksamer zur Sprache kommen zu können. Von da an nannten sie sich „Martin-Luther-Bund“. Im selben Jahr 1932 erfolgte auch in Bayern die neue Namensgebung: Seither ist der „Martin-Luther-Verein in Bayern e.V.“ im Verbund mit dem „Martin-Luther-Bund“ zum fortgesetzten Dienst für die lutherische Diaspora am Werk.

Über die Geschichte des bayerischen Martin-Luther-Vereins informieren im Einzelnen die beiden schönen, in der Geschäftsstelle abrufbaren Bände von Hans Roser: „Von Bayern bis Brasilien“ (1985) und „Von Brasilien bis Russland“ (2001). Wenigstens ein zentrales, wirklich denkwürdiges Geschehen genau zur Halbzeit der 150-jährigen Gesamtphase möchte ich hier als Beispiel dafür anführen, wie der Martin-Luther-Verein zum Salz in der Suppe wurde, als er im Hitler-Deutschland gewissermaßen selber zu einem Diaspora-Phänomen geworden war. Ich blicke auf das 75-jährige Jubiläum des Martin-Luther-Vereins zurück. Das fand 1935 in Hersbruck statt. Dort bewährte sich zu Zeiten des Kirchenkampfes eindrucksvoll die Vereinigung bekenntnisbewusster Lutheraner. Riefen doch just zum selben Datum, ja zur selben Uhrzeit in Hersbruck die Parteiführung, der Kreisleiter und der Bürgermeister zu einer Gegenkundgebung der Deutschen Christen in der Spitalkirche auf! Es wurde sogar ein „großer Kreisthing“ für die Kreise Hersbruck und Lauf angesetzt, zu dem ausdrücklich die Beamtenschaft einschließlich der Lehrerschaft und die Hitler-Jugend erwartet wurden. Der stellvertretende Gauleiter, der Gebietsführer der Jugend und der Kreisleiter waren als Hauptredner angekündigt – just um dieselbe Uhrzeit wie die Nachmittags-Festveranstaltung des Martin-Luther-Vereins mit Landesbischof Dr. Hans Meiser! Angekündigt war außerdem drohend von NS-Seite, dass Anwesenheitsmeldung erstattet werden würde. Tatsächlich kam die größte je in Hersbruck gesehene NS-Veranstaltung zustande. Und doch war sie deutlich kleiner als die Jubiläumsveranstaltung mit Meiser, hinter der ja keinerlei Zwang gestanden hatte.

Die Menschen beflaggten den Ort mutig für Landesbischof Meiser. Schon der Frühgottesdienst um sieben Uhr, in dem der Landesbischof ein Grußwort sprach, war überfüllt. Um neun Uhr konnte dann die Stadtkirche die riesige Festgemeinde nicht fassen, und der ganze Kirchplatz war voller Menschen. Auf der großen Nachmittagsveranstaltung in der Stadtkirche erklärte der Landesbischof, dass sich die Kirchenleitung freudig zur Arbeit des Martin-Luther-Vereins bekenne und sie um ihrer Wichtigkeit willen weitgehend fördern wolle.

3. Diaspora als Salz in Osteuropa

Die Wende von 1989 bedeutete für viele Länder des ehemaligen Ostblocks den Anbruch von Freiheit und Demokratie, aber auch von rohem Kapitalismus. Es begann eine Zeit unerwarteter Möglichkeiten – und großer Enttäuschungen. Wo brachte die politische Veränderung auch eine kirchliche Erneuerung mit sich? Bei realistischem Hinsehen zeigt sich, dass Theologie und Kirche in der Diaspora in der Gefahr standen und stehen, sich den herrschenden gesellschaftlichen Moderichtungen anzupassen. Es kann aber auch umgekehrt so sein, dass Diaspora-Arbeit anregend und befruchtend in die gesellschaftliche Wirklichkeit hineinwirkt.

Zweifellos wird in etlichen Ländern Osteuropas das Diaspora-Bewusstsein, eine lutherische Kirche zu sein, eben durch die Diaspora-Situation gestärkt. Für manche kirchlich Engagierte oder in Ausbildung Befindliche erscheint die Theologie aber auch zu „gefährlich“ für den Glauben. Zudem gibt es Tendenzen, sich von den Problemen dieser Welt abzukapseln. Aber alles in allem hat die Wende von 1989 den lutherischen Kirchen eine deutliche Öffnung beschert, und es gibt seither vielerorts unübersehbare Anstrengungen, um die neuen Möglichkeiten wahrzunehmen. Es bleibt aber die Gefahr bestehen, dass ohne fundierte lutherische Theologie die Kirche wieder und wieder in die Versuchung kommt, von modischen Strömungen und politischen Ideologien mitgerissen und missbraucht zu werden.

Der frühere Ministerpräsident von Polen und jetzige Präsident des Europäischen Parlaments Jerzy Buzek berichtet im Jahrbuch des Martin-Luther-Bundes 2008 als evangelischer Christ von der Diaspora-Situation in seinem Land.[3] Im Gefolge des Umbruchs 1989 war es zu einem veränderten Stellenwert der Menschenrechte gekommen, insbesondere auch der Minderheitenrechte: Nunmehr garantiert die Charta der EU Gleichbehandlung, Meinungs- und Glaubensfreiheit. Buzek unterstreicht daher: „Minderheiten provozieren durch ihr Anderssein, das sie aber wiederum dazu verleitet, sich auszuzeichnen und positiv aufzufallen. Im Rahmen von Minderheiten kommt es leichter zur Entstehung von Netzwerken, von informellen Gruppen, die sich nach außen hin als äußerst wettbewerbsfähig zeigen.“ Jede Minderheit bringt demnach einen Mehrwert mit ins gesellschaftliche Leben – allerdings auch Gefährdungen: Es können Spannungen und Trennlinien in der Gesellschaft entstehen; eine Minderheit mag womöglich von den Regierenden als „Sün-

3 Jerzy Buzek, Die gesellschaftliche Wirksamkeit von Minderheiten, in: Lutherische Kirche in der Welt, Folge 55, Erlangen 2008, 95–104, 101.

denbock" missbraucht werden. Doch das Positive überwiegt, wie Buzek resümiert: Minderheiten sind ein Indikator für die Demokratisierung und Offenheit einer Gesellschaft – und für den kulturellen Reichtum eines Landes. Insofern birgt die Diaspora-Existenz lutherischer Christen große Chancen, gesellschaftliches Leben positiv zu beeinflussen.

Solche Wirkung lässt sich beispielsweise in Odessa feststellen. In der 1794 gegründeten Hafenstadt in der Ukraine lebten zu Beginn des 20. Jahrhunderts noch über 10000 Deutsche. Lange Zeit galt später die Turm-Ruine der lutherischen Kirche als eine Art Schandfleck der Stadt. Diese Kirche hatte einst zu den drei großen lutherischen Kirchen im alten Russland gezählt, war jedoch im Laufe der Roten Revolution, des Zweiten Weltkriegs und einer immer noch nicht aufgeklärten Brandlegung im Jahr 1976 teils umfunktioniert und schließlich zerstört worden. 1990 war in Odessa endlich wieder eine kleine lutherische Gemeinde entstanden, und 1992 wurde die Deutsche Evangelisch-Lutherische Kirche in der Ukraine (DELKU) gegründet. Als von politischer Seite der Abriss der Kirche beschlossen wurde, geschah etwas Merkwürdiges: Es kam zu gegenläufigen Bekundungen und Petitionen von Seiten der Bevölkerung! Die Diaspora-Christen hatten so gelebt und gewirkt, dass sie in dieser schwierigen, zugespitzten Situation Solidarität, ja Sympathie erfahren konnten. Der Staat hat dann die Kirchen-Ruine von Odessa der Gemeinde zur Nutzung übergeben und sie zum Wiederaufbau auf eigene Kosten verpflichtet. Dank der Partnerschaft mit der Evangelisch-Lutherischen Kirche in Bayern und u. a. auch der Städtepartnerschaft zwischen Odessa und Regensburg konnte der Wiederaufbau angegangen werden. Zunächst wurde das einstige kirchliche Altersheim neben der Kirche ausgebaut, dann das Gotteshaus selbst. Die architektonische Planung setzte eine Zweiteilung in seinem Inneren durch – und so entstand ein kombiniertes deutsches Zentrum für Odessa auf dem traditionellen deutschen Hügel. Dieses Modell einer Kooperation von Kirche, Kultur, Bildung und Wirtschaft war der russischen Orthodoxie fremd und in der Ukraine etwas Neues: Es verdankte sich evangelischer Diaspora-Existenz! In solcher Verknüpfung von Altem und Modernem steht es für ein Miteinander von Staat, Bürgergesellschaft und Kirche. In diesem Jahr wurde dieses geistliche Diasporazentrum eingeweiht. Hier vollzog und vollzieht sich vorbildlich das Hineinwirken einer bekannten Diaspora-Gemeinde in die Gesellschaft.

4. Probleme und notwendige Korrekturen

Die gegenwärtige Diaspora-Debatte ist durch drei Problemfelder charakterisiert. Zum Ersten stand und steht konfessionelle Diaspora oft in einem schwierigen Zusammenhang mit nationalen Perspektiven. Zum Zweiten hat sie sich zunehmend den Aufgabenstellungen der kirchlichen Ökumene zu öffnen. Und zum Dritten bleibt ihr Verhältnis zur Mission im Sinn lutherischer Theologie zu klären.

Was den ersten Punkt betrifft, so hat die neuere Diasporawissenschaft die Spannung oder auch Verschlungenheit von *völkischer* und konfessioneller Diaspora, also einer im Grunde „doppelten Diaspora", als deren besondere Gefährdung aufgezeigt. In den von Wilhelm Koller formulierten „Grundsätzen lutherischer Diasporaarbeit" des bayerischen Martin-Luther-Vereins hieß es 1932: „Unter ‚Diasporaarbeit' versteht die lutherische Kirche solche Verkündigung des Evangeliums an Volks- und Glaubensgenossen, die sich in völkischer oder kirchlicher Entfernung, Trennung und Vereinzelung befinden." Und: „Die Kirche dient also [...] auch der Erhaltung, Stärkung und Vertiefung des Volkstums." Ein solches Hineinwirken von Volkstumstheologie ins konfessionelle deutsche Luthertum hat deutliche Spuren hinterlassen. So konnte einem Getauften in Novosibirsk von der Uroma 1989 schon einmal gesagt werden: „Jetzt bist a Deitscher!" So manche deutsche Auslands- und Diasporagemeinden werden das Problem und die Versuchung einer national-völkischen Identifikation nicht gänzlich los. Es bedarf hier nach wie vor kritischer geistlicher Selbstbesinnung. Bedenklich kann hier vor allem die Betonung und Überhöhung von Werten des Ursprungslandes sein. In dieser Hinsicht braucht die evangelische Diaspora nach meiner Überzeugung nicht nur Kritik, sondern durchaus auch ein Stück weit Unterstützung, soweit es nämlich um die Bewahrung und Ausgestaltung konfessioneller Identität inmitten von Kontextualisierungsprozessen geht. Wie Wilhelm Hüffmeier, der Präsident des Gustav-Adolf-Werkes bemerkt, wird man heute wie früher an vielen Stellen auch die *Chancen* der so genannten „doppelten Diaspora" nicht übersehen dürfen: „Das beginnt mit dem Vorteil der Beherrschung zweier Sprachen und geht (jedenfalls etwa in Südamerika) über die Verbesserung beruflicher Chancen in der globalisierten Welt bis hin zur Profilierung des eigenen Glaubens. In der Fremde und als Minderheit wird einem das Eigene nicht nur lieber, sondern auch bewusster und klarer."

Gebraucht wird gerade in diesem Zusammenhang aber auch die Ermutigung dazu, sich in angemessener, jeweils vor Ort zu prüfender Weise in das christliche und kulturelle Miteinander zu integrieren und so *Ökumene* zu leben. Dazu können unter Umständen echte Kompromisse gehören. Vor allem aber gehört Geduld zum ökumenischen Miteinander. Und doch: Jede Konfession, auch die kleinere, will im Mit- und Nebeneinander ihre Identität wahren. Darum stellt sich im jeweiligen Kontext die Frage immer wieder neu, wie man am besten als Salz in der Suppe wirken kann: als reines Salz oder vielleicht in eine Gewürzmischung integriert? Christen können und müssen in der Diaspora stets auch aktuell aus dem zu lernen versuchen, was sich in anderen Teilen der Ökumene bereits vollzieht. Sie können eventuell aber auch kritisch wahrnehmen, was sie vor Ort an laufenden Entwicklungen nicht übernehmen möchten.

Der Gedanke ans Hinüberblicken zu den Glaubensgeschwistern nicht nur in anderen Ländern oder Erdteilen, sondern in anderen Konfessionen führt mich schließlich drittens zum Motiv des Überschreitens der eigenen Grenzen im Geschehen der *Mission*. Auch das missionarische Element gehört ja zum Kirche-Sein schlechthin und steht darum nicht an letzter Stelle einer Diaspora-Existenz. Wilfried Härle hat in seinen Ausführungen über das „Wachsen gegen den Trend“[4] 2008 unterstrichen: „Evangelisation und Mission dürfen nichts anderes sein als die der Kirche aufgetragene Bezeugung von Jesus Christus. Diese Bezeugung schließt den Dialog mit anderen religiösen Überzeugungen und das sorgfältige Hören auf sie notwendigerweise ein.“ Für Diaspora-Christen heißt das: Gegenüber den Gefahren des Interesses an bloßer Selbsterhaltung der Gemeinden, ja womöglich ihrer Selbstabschließung nach außen ist die Vorstellung von einer offensiven Diaspora theologisch angemessen. Die biblische Orientierung hat deutlich gemacht: Auch und gerade die Zerstreuten sind Gesendete. Sie können und sollen Keimzellen des wachsenden Gottesreiches sein. Ganz richtig formuliert Michael Sievernich im letzten Jahrbuch des Martin-Luther-Bundes: „Diaspora und Mission sind weder Konkurrenten noch Alternativen, sondern gehören zusammen wie die beiden Seiten einer Münze.“[5] Um im Bild zu bleiben: Salz zu sein heißt selbstverständlich: missionarisch aktiv zu sein – mit allen Folgen für die Gesellschaft, in die hinein solche Mission erfolgt. Dabei sollte man allerdings darauf achten, dass man sich beim Missionieren und Evangelisieren nicht konfessionell gegenseitig auf die Füße tritt und damit der Ökumene schadet.

---

4 Wilfried Härle/Jörg Augenschein/Sibylle Rolf/Anja Siebert (Hg.), Wachsen gegen den Trend. Analysen von Gemeinden, mit denen es aufwärts geht, Leipzig 2008.

5 Michael Sievernich SJ, Diaspora und Mission in der religiösen Landschaft der Gegenwart, in: Lutherische Kirche in der Welt, Folge 57, Erlangen 2010, 80–96, 80.

5. Zusammenfassung und Ausblick

Evangelische Existenz in der Diaspora bedeutet nicht nur Leid, Darben und Hilfsbedürftigkeit, sondern immer auch einen Kompetenzgewinn für das Leben und das Zeugnis der Kirche insgesamt. Hier werden Erfahrungen gesammelt, von denen gerade auch Christen in der Nicht- oder Noch-nicht-Diaspora profitieren können. Hier werden Beiträge zum Aufblühen des gesellschaftlichen Kontextes geleistet, die im Einzelnen wertvoller sein können als das Wirken der Kirchen in einer noch volkskirchlich geprägten Kultur. Dieses Positive gilt überall, wo evangelische Christen in der Minderheit leben – besonders im katholisch geprägten Lateinamerika, Süd- und Westeuropa, in islamisch geprägten Ländern des vorderen Orients und Zentralasiens, verstärkt auch in säkularisierten Gebieten wie in Ostdeutschland, aber ebenso im orthodox geprägten Ost- und Südosteuropa. Der Martin-Luther-Verein engagiert sich seit nunmehr 150 Jahren für Diaspora-Christen im Sinne geschwisterlicher Verbundenheit. Wenn einst alle Zerstreuung ein Ende haben und der Herr die Seinen in sein Reich alle eingesammelt haben wird, werden gerade die, die gelitten haben, freudig erkennen, dass ihnen der Vater des Gekreuzigten am allernächsten gewesen ist. Wenn wir um diese Perspektive wissen, haben wir allen Anlass, die ausharrenden Diaspora-Christen nicht nur zu unterstützen, sondern sie in Ehren zu halten.

Zum Schluss frage ich noch einmal: Welches Diaspora-Salz können eigentlich wir in unserer bayerischen Suppe gebrauchen? Wir benötigen vor allem spirituellen Rückfluss: Berichte vom geistlichen Leben, eben von der nicht nur materiellen, sondern auch geistlichen Lebensbewältigung unter den besonderen Bedingungen in der Diaspora. Dort sind mancherlei Modelle entwickelt worden oder emporgewachsen, die uns lehren können, wie man bei uns in der Diaspora der gesellschaftlichen Säkularität überleben kann. Und es liegen Glaubenserfahrungen bei Diaspora-Christen vor, die für uns in Bayern zur befruchtenden Herausforderung werden können. So lässt sich im Rückblick auf 150 Jahre Martin-Luther-Verein konstatieren: Wir sind allemal keineswegs nur Gebende, sondern immer wieder auch Empfangende.

Wolfgang H.
Rehner

Die Lage der Evangelischen Kirche A. B. in Rumänien zwanzig Jahre nach dem Umbruch[1]

Vor drei Wochen erschien im Teutsch-Haus in Sibiu-Hermannstadt ein Professoren-Ehepaar aus Japan, das über Fragen der Minderheiten in Rumänien erstaunlich gut informiert war, und stellte mir die Frage, was man in der Evangelischen Kirche A. B. in Rumänien unter „Diaspora" verstehe. Die allgemein gültige Antwort als Gemeinde in der Zerstreuung reichte ihnen nicht aus. Sie wollten wissen, was bei uns ein „Diaspora-Pfarramt" ist, was das „Diaspora-Heim" war und wieso man die Bezeichnung „Diaspora-Kirche" in Siebenbürgen beinahe als eine Art Herabsetzung empfinde. Vor allem die letzte Frage überraschte mich. Zuerst mußte ich darüber nachdenken, ob das überhaupt so ist, und dann sah ich mich genötigt, auszuholen und über die Lage der Evangelischen Kirche in Rumänien zu reden, was ihrer Erwartung offenbar entsprach.

1. Unsere bodenständige Kirche in zunehmender Diaspora-Situation

„Die evangelische Diaspora" heißt die Zeitschrift des Gustav-Adolf-Werkes, das 1832 als Gustav-Adolf-Verein (GAV) gegründet wurde und neben kirchlichen und kulturellen Kontakten vorrangig die Förderung des Kirchenbaues

1 Vortrag, gehalten am 25. Oktober 2009 in Bad Kissingen am Heiligenhof auf der Tagung „Wandel und Zukunftsperspektiven. Kirche und Gesellschaft in Rumänien", zuerst veröffentlicht in den „Landeskirchlichen Informationen" (LKI 20, 24/31. 12. 2009, 3–8). Wir danken für die freundlich erteilte Abdruckgenehmigung, damit dieser interessante Text über die siebenbürgisch-sächsische Kirche und ihre direkten Freundeskreise hinaus bekannt wird.

in evangelischen Gemeinden der Diaspora zum Ziel hatte und dieser Zielsetzung bis zum heutigen Tag mit einigen Abwandlungen treu geblieben ist. 1861 wurde der GAV der evangelischen Kirche A. B. in Siebenbürgen gegründet, und zwar nicht bloß als Nutznießer, sondern als Vollmitglied. In diesem Zusammenhang ist es nicht unwesentlich, daß der siebenbürgische Verein schon im ersten Jahr nach seiner Gründung unter den Spendern für den Bau der evangelischen Kirche in Salzburg/Österreich erscheint. Österreich war für die evangelische Kirche in höherem Maße Diaspora als Siebenbürgen, wo die evangelische Kirche A. B. zwar in einem ethnisch und konfessionell gemischten Umfeld lebte, jedoch auf eine kontinuierliche Überlieferung zurücksehen konnte, nicht nur seit der Reformation, sondern auch in der vorausgegangenen katholischen Zeit seit der Ansiedlung im 12. Jahrhundert. In Österreich war die Tradition der evangelischen Kirche durch die Gegenreformation unterbrochen worden. Wenn somit im ausgehenden 19. und beginnenden 20. Jahrhundert in Siebenbürgen sogenannte Gustav-Adolf-Kirchen gebaut wurden, so heißt das, daß das Geld zum Teil aus Deutschland und anderen Ländern, zum anderen Teil jedoch aus Mitteln des siebenbürgischen GAV floß. Man genoß wohl die Unterstützung brüderlicher Solidarität, stand aber dennoch auf eigenen Beinen und konnte sich somit als ein im Lande historisch gewachsenes Ganzes verstehen, nicht als Diaspora. Gegen Ende des 19. Jahrhunderts wurden Glaubensgenossen, die vereinzelt oder in kleinen Gruppen in konfessionell und ethnisch fremden Ortschaften wohnten, einer in erreichbarer Nähe liegenden evangelischen Gemeinde zugeordnet. Man sprach dabei nicht ausdrücklich von Diaspora.

Vor dem Ersten Weltkrieg gab es vereinzelt siebenbürgische Pfarrer, die in Altrumänien, das heißt jenseits der Karpaten, in der Diaspora dienten. Nach 1919 wurde dann aus der Evangelischen Kirche A. B. in den siebenbürgischen Landesteilen Ungarns die Evangelische Kirche A. B. in Großrumänien, das heißt, es kamen weite Gebiete mit teilweise volkreichen Gemeinden hinzu, die in die Kirche eingegliedert wurden. Diese betrachtete man nicht als Diaspora, sondern setzte sie den bodenständigen, historisch gewachsenen Gemeinden in Siebenbürgen gleich. Zur Sammlung und Betreuung stark verstreut lebender Glaubensgenossen war schon früher ein Diaspora-Pfarramt eingerichtet worden, die damit betrauten Pfarrer nannte man Reiseprediger. Das Diaspora-Heim war ein Internat, in dem Gymnasialschüler vom Land untergebracht wurden.

1990, zur Zeit des großen Exodus, hieß es dann in der 56. Landeskirchenversammlung angesichts der spektakulär geschrumpften Gemeinden: „Wir leben jetzt alle in einer Diasporasituation." Das war in unseren Augen keine Herabsetzung, sondern eine Tatsache. Unklar blieb jedoch die Frage, inwieweit wir weitere Diaspora-Pfarrämter einzurichten haben und inwieweit wir uns generell als Diaspora-Kirche betrachten. In diesem Zusammenhang erhob sich die Frage: Läßt sich der Rest einer bodenständigen Kirche so ohne weiteres in eine Außenstelle der Evangelischen Kirche in Deutschland verwandeln? Damit verbunden war auch eine zunehmende finanzielle Abhängigkeit, die uns gar nicht behagte, weil sie uns ungesund erschien und unser Selbstbewußtsein trübte. Es ist ein Unterschied, ob man auf eigenen Beinen steht oder am Tropf hängt. Es ist ein Unterschied, ob man zu Hause ist oder in der Fremde. So gesehen gewann die Bezeichnung Diaspora-Kirche für unsere Evangelische Kirche A. B. in Rumänien allerdings auch einen erniedrigenden Beigeschmack, wenn wir dieses erst auch gar nicht so empfanden.

Nach dem Zweiten Weltkrieg galt die Südbukowina als das klassische Diaspora-Gebiet unserer Kirche, weil in den Wirrnissen der Nachkriegszeit ein Teil der 1940 umgesiedelten Buchenländer zurückgekehrt waren und dort in noch größerer Zerstreuung lebten als die heimgekehrten Nordsiebenbürger, die ebenfalls in untragbaren Verhältnissen leben mußten. Ab 1993 habe ich vier Jahre lang von Sächsisch-Regen (Reghin) aus die verstreuten Gemeinden jener Gegend betreut. Dabei habe ich wichtige Erfahrungen gemacht, die rückblickend betrachtet recht simpel klingen. In der extremen Diaspora gibt es keine tragenden Gemeindestrukturen, und für verschiedene Kreise und Sonderveranstaltungen hat man keine Zeit. Alle sechs Wochen hielt ich zwischen Freitag und Sonntag an allen sechs verbliebenen Predigtstellen Gottesdienste, zu denen die Leute aus der Umgebung mit Bahn, Bus oder PKW zusammenkamen. Vom Pfarrer erwarten sie vor allem Pünktlichkeit, Regelmäßigkeit und möglichst viele Hausbesuche. Kasualhandlungen sind wichtig. Bei den wenigen Konfirmationen ist regelmäßiger Einzelunterricht nötig. An allen Predigtstellen gibt es engagierte Vertrauenspersonen. Neben den Gottesdiensten halten die Leute eine verhältnismäßig rege Verbindung mit dem deutschen Forum. Jährlich gibt es ein evangelisches Bukowina- Treffen an einer der sechs Predigtstellen, zu dem auch Siebenbürger anreisen. Meine Erfahrung war überraschend: Ich habe mich als Pfarrer in meinem Leben kaum irgendwo so völlig angenommen und jederzeit erwartet gefühlt wie gerade dort. Ich spürte und lernte: Wo die tragende Gemeinde fehlt, ist der Pfarrer als Integrationsperson besonders wichtig. Im Pfarrer spricht man die Kirche an, das ist die Gemeinde, die man nicht mehr sehen kann, weil sie zu sehr verstreut ist.

Von dieser persönlichen Erfahrung komme ich zurück zur Diasporasituation unserer Kirche. Der spektakuläre Rückgang der Seelenzahl zur Zeit des großen Exodus zu Beginn der neunziger Jahre verwandelte die gewachsenen Dorfgemeinschaften in kleine Häuflein Zurückgebliebener, vorwiegend ältere Menschen, weil die Jüngeren mit den Kindern weggezogen waren. Diese Situation prägte das weitverbreitete Bild unserer Kirche als einem Häuflein verlassener alter Mütterlein. Dieses Bild des Niederganges verhalf den Daheimgebliebenen zu Hilfsgütern und Spenden, nicht aber zur Selbstfindung in der veränderten Lage. Vielfach herrschte und herrscht auch heute noch die Klage über das Verlorene vor. Daneben ist aber nicht zu übersehen, daß mancherorts durch mutiges Handeln von Pfarrern und Laien Gemeinden neu geordnet und diakonische Einrichtungen ins Leben gerufen wurden, die heute zuweilen sogar das Bild einer lebenden Kirche vermitteln. Dabei sind die materiellen Hilfen, aber auch Impulse und Ideen aus anderen deutschen Kirchen nicht zu übersehen und nicht zu unterschätzen. Wir können mit dem Apostel dankbar bekennen: „Und siehe, wir leben!“ Das Bild der verlassenen Alten trifft selbstverständlich weithin zu, aber daneben gibt es auch jüngere Menschen und Kinder. Wer an die Zukunft denkt, muß gerade diese im Auge behalten. Und wenn wir uns heute freuen, daß 20 Jahre nach dem Exodus kirchliches Leben wider Erwarten noch erhalten oder neu erwacht ist, so dürfen wir andererseits auch nicht verschweigen, daß manches versäumt wurde und daß uns heute ungelöste Fragen bedrücken.

Die Evangelische Kirche A. B. in Rumänien zählt nach der Statistik vom 30. Juni 2009 insgesamt 13 477 Seelen, das sind weniger, als die evangelische Kirchengemeinde Hermannstadt im Jahre 1976 zählte, als ich das Stadtpfarramt übernahm. In dieser Kirche sind heute 38 aktive Pfarrer und Pfarrerinnen tätig, das gibt einen Schnitt von 354 Seelen pro Pfarrer. Vor etwa 30 Jahren erfuhr ich in Gesprächen mit amerikanischen Pfarrern dortiger lutherischer Kirchen, daß 800 Seelen pro Pfarrer eine anzustrebende Zahl sei, weil der Pfarrer seine Gemeinde kennen und die Leute besuchen muß. (Es ging in jenen Gesprächen um die deutschen Kirchen, in denen mehrere tausend Seelen auf einen Pfarrer kommen.) Bei der kleinen Seelenzahl in unserer Kirche heute muß allerdings in Betracht gezogen werden, daß die Gemeindeglieder zum großen Teil in mehreren Ortschaften verstreut wohnen, was oft weite Wege mit sich bringt. Dennoch ist es unverständlich, wenn man zuweilen Klagen über Pfarrermangel hört und die geistliche Betreuung ganzer Gegenden seit längerer Zeit keine befriedigende Lösung findet – ich denke an die Gemeinden an der Kleinen Kakel einerseits und im unteren Harbachtal andererseits.

Zur Statistik noch folgendes: Zwei Gemeinden zählen über 1000 Seelen, nämlich Hermannstadt mit 1346 und Kronstadt (Brasov – Honterusgemeinde) mit 1083 getauften Gemeindegliedern. Weiterhin haben wir sechs Gemeinden mit unter 1000 bis 300 Seelen, diese sind: Bukarest (Bucureşti), Mediasch (Mediaş), Schäßburg (Sighişoara), Zeiden (Codlea), Heltau (Cisnădie) und Fogarasch (Făgăraş). Zwischen 300 und 150 Seelen liegen sieben

Gemeinden, nämlich Bistritz (Bistriţa), Sächsisch-Regen, Bartholomä (Bartolomeu), Petersdorf (Petreşti), Mühlbach (Sebeş), Rosenau (Râşnou) und Weilau (Uila). In diesen 15 Ortschaften wohnen mehr als die Hälfte der Glieder unserer Kirche. Die kleinere Hälfte ist in 232 kleinen Gemeinden und Betreuungspunkten erfaßt. Die Gesamtkirche ist noch immer wie zur Zeit der Wende in fünf Kirchenbezirke eingeteilt, was einen etwas schwerfälligen Verwaltungsapparat mit sich bringt. Ich habe noch in den neunziger Jahren einen Vorschlag vorgelegt, wie die Zahl der Bezirke bei Berücksichtigung der Seelenzahl und der geographischen Lage auf drei reduzierbar ist. Er lag in den Mappen aller Mitglieder der Landeskirchenversammlung, wurde aber nicht diskutiert. Etwa um dieselbe Zeit wurde von anderer Seite der Vorschlag gemacht, die mittlere Ebene der Kirchenbezirke überhaupt auszuschalten. Die Gemeinden könnten in Kreispfarreien organisiert und direkt dem Landeskonsistorium unterstellt werden. Auch dieser Vorschlag wurde nicht öffentlich diskutiert.

Fazit: Die Diasporasituation ist keine Herabsetzung, wohl aber eine besondere Herausforderung sowohl an die Pfarrer als auch an alle Laien, die fähig und willig sind, ihre Kirche mitzutragen und ihr zu dienen. Es gilt sowohl den Schatz der besonderen Überlieferung unserer Kirche zu erkennen und zu bewahren als auch neue Wege zu finden und mutig zu beschreiten. Der höchste Lohn solchen Dienstes ist, daß diese Kirche uns weiter Heimat bleibt.

2. Die Kirche im Wandel

In der Zeit nach dem Umbruch und auch in der bereits erwähnten 56. Landeskirchenversammlung war wiederholt von Öffnung und innerer Wandlung unserer Kirche die Rede, doch blieben diese Begriffe ohne Konturen und konnten in unterschiedlichster Weise ausgelegt werden. Einig war man sich lediglich darin, daß man mit der völlig veränderten Lage irgendwie fertig werden wollte. Eine Reihe diakonischer Projekte wurden gleichsam über Nacht aus der Erde gestampft. Viele davon gingen von Spenden aus, die mit Hilfsgütern ins Land gekommen waren, und wurden von Pfarrern, Kuratoren und anderen aktiven Gemeindegliedern aufgenommen und weitergeführt. An sich eine höchst erfreuliche und geradezu überraschende Entwicklung, doch fehlte es meist an Koordinierung und Vernetzung. Jeder war erfüllt von dem, was vor ihm lag, ging seinen Weg nach eigenem Gutdünken und beurteilte die Lage nach den Eindrücken aus seiner unmittelbaren Umgebung. Leute, die gestern noch entschlossen waren, in der Heimat zu bleiben, packten heute schon die Koffer. Wer mittelfristig oder gar langfristig plante, wurde mitleidig als Spinner belächelt. Selbst Pfarrer, die in neu entstandenen Projekten eingebunden waren, rechneten mit der Auflösung unserer Kirche in drei Jahren. Das Schlagwort vom geordneten Rückzug schwirrte durch die Dechantenkonferenz. In dieser Lage sprach der neu gewählte Bischof die nachdrückliche Bitte aus, die Pfarrer mögen in dieser bewegten Zeit die Gemeinden nicht verlassen, und versprach, dafür zu sorgen, daß sie bei einer eventuellen Auswanderung in drei Jahren gegenüber den jetzt auswandernden keine Nachteile haben werden. Einige Pfarrer folgten diesem Aufruf und schoben ihre Ausreise hinaus, um eine befristete Zeit noch engagierten Dienst zu leisten. Die Erwartung des nahen Endes unserer Kirche griff aber weiter um sich. Als ich in dieser Lage von der Zukunft einer evangelischen Kirche in Rumänien sprach, die nicht mehr rein deutsch sein wird, mahnten mich gut meinende Freunde, darüber zu schweigen, weil ich dadurch diejenigen, die bleiben wollen, nur verunsichere. Ich schwieg, ließ mich aber dadurch in die gleiche Isolation drängen, in der sich auch die anderen befanden. Wiederholte Versuche, geistliche Gemeinschaft aufzubauen, scheiterten daran, daß sich nach dem Umbruch allein Einzelinitiativen durchsetzten und die Pfarrer es verlernten, auf andere zu hören und zuzugehen. Pfarrer, die heute über Vereinsamung klagen, sind meist nicht fähig, sich in ein Ganzes einzuordnen. Daß es das Ganze einer solidarischen Pfarrerschaft deshalb gar nicht mehr gibt, schließt den Teufelskreis. „Wir gehen ein jeder seinen Weg und achten des andern nicht." Und keiner oder viel zu wenige beten ernstlich: „Erlöse uns aus dieser Fremde [...] befreie uns von der Sünde, die uns trennt, schließe uns zusammen in wahrhaftiger Liebe" (Stundengebet).

Trotz alledem wurde in den neunziger Jahren im Umfeld unserer Kirche der Grund zu einer ganzen Reihe diakonischer Einrichtungen gelegt, die bis heute segensreich wirken und in mancher Beziehung geradezu Vorbildcharakter tragen. Wenn ich hier die Diakonie Karlsburg (Alba Iulia) mit ihrem Einsatz für behinderte Kinder und die Diakonie im Bezirk Mediasch mit ihrer weit gefächerten Tätigkeit vom Altenheim Hetzeldorf (Aţel) über die Armenküche bis hin zur Jugendwerkstatt erwähne, so bin ich mir bewußt, daß es nur Beispiele einer breiten Entwicklung sind, die nahezu die ganze Kirche erfaßt. Als im Februar 2008 die „Stillen Tage" der evangelischen Theologiestudenten in Michelsberg (Cisnădioara) stattfanden, war auch die Diakoniebeauftragte der Kirchengemeinde Hermannstadt eingeladen und sagte: „Im Laufe der Jahre sind wir durch die geleisteten Hilfen und Projekte in der Stadt und außerhalb derselben sehr bekannt geworden. Auch Menschen, die nicht evangelisch sind, kommen auf uns zu und hoffen auf Hilfe". Auch dieses Urteil ist nur ein Beispiel und kann für viele Orte gelten.

Die erwähnten „Stillen Tage“ in Michelsberg standen unter dem Thema „Kirche im Wandel“. Dabei fehlte der Hinweis nicht, daß Tradition in der Kirche Weitergabe ererbter Werte bedeutet, auch war ein gesondertes Referat dem Gedanken gewidmet, daß die biblische Grundlage unaufgebbar bleibt. Es wurden aber auch kritische Gedanken laut, so etwa, daß es unserer Kirche an Profil mangele, daß sie ihre Strukturen neu überdenken und es – statt fortgesetzt von Subventionen zu leben – lernen müsse, ihre eigenen, durch die Rückgabe von Liegenschaften vermehrten Ressourcen zu nutzen.

3. Ethnische Öffnung

Ethnische Öffnung wurde in jener Zeit und blieb bis heute eine lebensbedingende Notwendigkeit. Leider konnte auch diese Frage in der entstandenen Lage nicht durchdiskutiert werden. Unter dem Einfluß wohlmeinender Freunde aus Deutschland, die sich in die multikulturelle, multiethnische und multikonfessionelle Gegebenheit unseres Landes nicht voll hineindenken konnten, klang ethnische Öffnung wie eine ideologische Forderung und konnte als Missionsauftrag der evangelischen Kirche in der Landessprache verstanden werden, der sich nicht an besondere Zielgruppen richtet, sondern grundsätzlich offen zu sein hat, um Menschen für das Wort Gottes oder die Kirche, in unserem Fall für die evangelische Kirche, zu gewinnen. An verschiedenen Orten des Landes wurden besondere Gottesdienste und Bibelstunden in rumänischer Sprache sowie Kinderarbeit in den Ferien eingerichtet. Kritische Stimmen, die sich mit nationalistischen Argumenten dagegen wehrten, konnten nicht überzeugen. Andere fühlten sich berufen, als Advokaten der orthodoxen Kirche aufzutreten und vor Proselytenmacherei zu warnen. Rückblickend läßt sich heute sagen, daß diese Bemühungen ethnischer Öffnung keinen spektakulären Erfolg zeitigten und nur in vereinzelten Ausnahmefällen zu Übertritten führten. Sie brachten weder eine Bedrohung der orthodoxen Kirche noch eine wesentliche Veränderung für die evangelische Kirche mit sich. Dennoch waren und sind diese Bemühungen nicht vergeblich, denn sie zeigen, daß sich die evangelische Kirche nicht abschotten und hinter einer sprachlichen Barriere verschanzen will. Verkündigung in rumänischer Sprache ist grundsätzlich in keiner Gemeinde mehr auszuschließen. Bei Kasualhandlungen, an denen in vielen Fällen zahlreiche Nachbarn, Verwandte und Freunde teilnehmen, die nicht zu unserer Kirche gehören, ist es weithin notwendig, die rumänische Sprache mit zu verwenden. In welchem Maß dieses geschieht, ist eine Frage, die von Fall zu Fall mit seelsorgerlicher Einfühlung zwischen dem Pfarrer und den betroffenen Gemeindegliedern geklärt werden muß. Dabei ist zu bedenken, daß die Verkündigung in erster Linie verstanden werden soll. Das spricht für die Verwendung der rumänischen Sprache. Gleichzeitig darf jedoch nicht vergessen werden, daß die deutsche Sprache für die meisten evangelischen Gemeindeglieder Identität und Heimat markiert. Die sich anbietende Lösung ist Zweisprachigkeit, wobei ich eine komplette Übersetzung sowohl der agendarischen Texte als auch der verkündigenden Ansprache als zu breit und schwerfällig empfinde. Es gibt auch die Möglichkeit, Stücke in deutscher, andere in rumänischer Sprache zu sagen und nur einiges wörtlich zu übersetzen. Die Erfahrung lehrt, daß bei einer ausgewogenen Verwendung beider Sprachen alle Teile zufrieden sind. Das gilt für die Kasualhandlungen. Anders ist es bei den Gottesdiensten, in denen sich die evangelischen, deutsch sprechenden Gläubigen versammeln. Hier ist Zweisprachigkeit meist nicht erwünscht, was mit dem Gefühl der Identität und Heimat zusammenhängt. Nun gibt es aber eine Frage, die in den meisten Gemeinden nicht gelöst ist. Vor allem in Landgemeinden, die keine deutsche Schule mehr haben, gibt es evangelisch getaufte Kinder aus Mischehen, die nicht deutsch sprechen und mit denen ihre Pfarrer vor der Konfirmation einen mehr oder minder gründlichen Unterricht in rumänischer Sprache gehalten haben. Wie werden sie weiter in die Gemeinde integriert? Oder sind sie dazu verdammt, Randsiedler der Kirche zu bleiben? Für diese Glieder der evangelischen Kirche, die der deutschen Sprache nicht mächtig sind, scheinen gesonderte Gottesdienste nicht die richtige Lösung zu sein, weil sie – sofern sie sich überhaupt zur Gemeinde halten – nicht ausgegrenzt, sondern in die Gemeinde hineingenommen sein wollen. Sie kommen zum deutschen Gottesdienst, den sie nicht verstehen. In solchen Fällen wird mancherorts eine Kompromißlösung praktiziert: Eine der beiden Schriftlesungen wird in rumänischer Sprache gehalten, der Predigttext wird in beiden Sprachen verlesen und die Predigt schließt mit einer Zusammenfassung des Hauptgedankens in rumänischer Sprache.

Zur Veranschaulichung möchte ich hier ein Beispiel aus meiner Gemeindepraxis heranziehen, das ich vor sechs Jahren aufschrieb und das ich nicht nur als extremen Einzelfall verstanden wissen möchte:

> „In Botsch [Batoş] waren am Sonntag Quasimodogeniti 15 Erwachsene und zehn Kinder im Gottesdienst. Seit drei Jahren hat Botsch wieder eine deutsche Abteilung in der Schule, betreut von einer Hilfslehrerin, die sich redlich bemüht, den Kindern die deutsche Sprache beizubringen. Tatsächlich gibt es ein Häuflein deutschstämmiger Kinder, die in der evangelischen Kirche getauft wurden, in der Familie aber rumänisch sprechen, und das kam so:

In der Großfamilie Bierfeld, aus der niemand ausgewandert ist, heirateten zwei Brüder Ungarinnen, ein dritter eine Rumänin und der vierte die Tochter eines Sachsen und einer Ungarin. Weil das Erlernen einer Sprache Schwierigkeiten bereitet, wird in allen vier Familien rumänisch gesprochen. Zugleich halten sie sich jedoch an unsere Kirche und haben den Wunsch, daß ihre Kinder Deutsch lernen. So ermutigen wir die Lehrerin und versuchen im Religionsunterricht, die Erziehung dieser Kinder zu unterstützen. Das ist eine mühevolle und zuweilen aussichtslose Arbeit. Wenn aber kleine Erfolge erzielt werden, freut man sich.

Ähnlich ist es in Botsch mit dem Kirchengesang, der beinahe verstummte, als 1995 die Großfamilie Schuster auswanderte. Es ist niemand mehr da, der singen kann – hieß es. In solchen Zeiten des Tiefstandes kann es sein, daß die Kontinuität des Gemeindelebens vorübergehend an einer einzigen Person hängt, nämlich am Pfarrer. Dieser darf sich freuen, wenn nach einiger Zeit bei Beerdigungen fünf bis sechs Frauen und ein Mann mit dem Gesangbuch erscheinen und sich neben den Pfarrer stellen, gemeinsam die Choräle deutsch singen, das Vaterunser und das Glaubensbekenntnis laut mitsprechen, während die mehrsprachige und multikonfessionelle Trauergemeinde andächtig zuhört. Da steht der Pfarrer dann inmitten seiner kleinen Diasporagemeinde, die von der Umwelt anerkannt wird, gerade weil sie ihre Identität bewahrt. Die Ansprache des Pfarrers wie die Lesung der biblischen Texte erfolgt unter diesen Umständen selbstverständlich in rumänischer Sprache.

Eine eigenartige Erfahrung habe ich mit der rumänischen Übersetzung unserer lutherischen Choräle gemacht. In Botsch wie auch in Weilau, wo die evangelische Gemeinde hauptsächlich aus Zigeunern/Roma besteht, wurden die ins Rumänische übersetzten Choräle freudig angenommen, solange wir mit den Kindern die Strophen wechselnd in beiden Sprachen sangen. Im Gottesdienst hingegen wollen sie die Choräle wie auch die feststehenden liturgischen Stücke in deutscher Sprache behalten. Sie bemühen sich ja, Deutsch zu lernen, das hat auch etwas mit ihrer Tradition und Identität zu tun. Als ich in Weilau in der Schule die Kinder Choräle in rumänischer Sprache lehrte, kamen zwei reife Frauen als Abordnung zu mir und baten: ‚Härr Fuerer, liren se de Känder de Lider af daitsch, se sai jo vill hescher!'"

Soweit meine Aufzeichnung vor sechs Jahren. Die dargestellte Lage trifft auch heute im wesentlichen zu. Die deutsche Schulklasse in Botsch besteht weiter. Die Gemeinde zählt heute 43 Seelen. Die Gemeinde in Weilau zählt 153 Seelen in Familien, die ihre Kirchenbeiträge regelmäßig leisten und am Gemeindeleben teilnehmen. Dazu kommen weitere über 50 Personen im Umfeld der evangelischen Kirche, deren Integration Schwierigkeiten bereitet.

Ein weiteres Problem der ethnischen Öffnung bringt der Religionsunterricht in den Schulen, der nach dem Gesetz optional ist. Das heißt praktisch, daß in den deutschsprachigen Schulklassen vielerorts die Mehrheit der Kinder den evangelischen Religionsunterricht besucht, auch wenn sie anderskonfessionell sind. Diese Frage habe ich zuerst in Hermannstadt und später auch in Sächsisch-Regen mit Lehrern und Eltern der Kinder diskutiert. Dabei habe ich konsequent betont,

a) daß wir diesen Unterricht auf den Wunsch der Eltern hin tun und dabei dem rumänischen Gesetz entsprechen und
b) daß die Kinder durch diesen Unterricht nicht evangelisch werden. Trotzdem meldete sich wiederholt ein Jahr vor der Konfirmation ein Teil von ihnen zusätzlich zum Konfirmandenunterricht an. Dieses ließ ich nur zu, wenn beide Elternteile es ausdrücklich wünschten und ihr Einverständnis zum Übertritt ihres noch nicht großjährigen Kindes schriftlich gaben. Dabei fragte ich regelmäßig nach der Herkunft der Eltern und stellte fest, daß die bei der Konfirmation übertretenden Jugendlichen in Sächsisch-Regen fast ausnahmslos aus konfessionell und ethnisch gemischten Ehen kamen. Ich habe niemals zum Übertritt geraten, geschweige denn dazu gedrängt. Es waren auch nicht sehr viele, aber immerhin ein gewisser Zuwachs der Gemeinde, und wir sahen uns verpflichtet, uns um ihre Integration zu kümmern. Das Problem ist hier nicht die Sprache, sondern die ethnische Herkunft, die auch kulturelle Implikationen hat, jedoch keine entscheidende Rolle spielen darf. Heute kann man rückblickend sagen: Einige von ihnen halten sich zur Gemeinde, andere verließen den Ort, und wir verloren ihre Spur.

Diese Situation in Sächsisch-Regen steht nicht vereinzelt da. In Hermannstadt lassen sich Parallelen dazu beobachten. Stefan Cosoroabă sagt ausdrücklich:

„In Petroschen [Petroşani] sind fast 3/4 keine Deutschen mehr, und in Heltau sind 1/3 der Gemeindeglieder Rumänen." 1996, als die Nachricht von der Überalterung unserer Gemeinde durch die Presse ging, rechnete ich nach und kam in meinen Gemeinden Sächsisch-Regen und Umgebung auf das Durchschnittsalter von 38 Jahren. Und heute sagt Cosoroabă: „Die Heltauer evangelische Kirchengemeinde A. B. zählt 360 Mitglieder, von denen die Hälfte jünger als 30 Jahre sind." Die Situation ist eindeutig: Wir haben eine verhältnismäßig starke Gruppe älterer Leute; daneben wächst aber eine junge Generation heran, die ethnisch gemischt und deutsch inkulturiert ist. Wo sie fehlt, stirbt die Gemeinde aus. Daneben sei noch darauf hingewiesen, daß die Zahl der „Sommersachsen" in den letzten Jahren besonders auf dem Land gewachsen ist. In den Städten gibt es zahlreiche Unternehmer oder Mitarbeiter von Unternehmen aus westlichen Ländern, die sich kurz- oder mittelfristig hier niedergelassen haben, daneben Studenten und Praktikanten. Der Gottesdienst ist der Ort, an dem sich alles trifft, das deutsch spricht. Diese Leute kommen zu den Einheimischen hinzu und beleben unsere Gottesdienste.

4. Der Weg unserer Kirche (10 Thesen)

Zwanzig Jahre nach dem Umbruch und dem Exodus dürfen wir Rückschau halten und auf dem Grund der gemachten Erfahrungen den Weg unserer Kirche beschreiben, dazu die Notwendigkeiten und Zielsetzungen aussprechen:

1. Gott hat uns bewahrt, als die Menschen um uns nur Untergang sahen. Er hat uns in den Dienst genommen, und das bedeutet in erster Linie, daß unserem Leben Sinn und Inhalt geschenkt wurde. Wir dürfen das dankbar annehmen.
2. Unsere Kirche ist nicht mehr so deutsch, wie sie war, aber sie gibt mit Gottes Wort deutsche Kultur und deutsche Sprache weiter und setzt somit die ältere Tradition in angepaßter Weise fort.
3. In wesentlich höherem Maße, als wir anfänglich zu planen und in Angriff zu nehmen wagten, gelang die Rettung von Kirchen, Orgeln und anderen Kulturgütern als Symbolen unserer kirchlichen und kulturellen Tradition. Lebendige Kirchenmusik wird gepflegt.
4. Der Schwerpunkt Diakonie, der unmittelbar nach dem Umsturz gesetzt wurde, ist zum festen Bestand unserer Kirche geworden, auch wenn es gegenwärtig finanzielle Engpässe gibt.
5. Grundlage unserer kirchlichen Verwaltung ist das Laienprinzip, dem zufolge der Pfarrer zwischen den Presbytern steht, nicht um sie als Helfer und gelegentlich als Aushängeschild zur Verfügung zu haben, sondern um sich mit ihnen zu beraten und mit ihnen gemeinsame Entscheidungen zu treffen. In den Wirrnissen der neunziger Jahre wurde kirchliche Demokratie vielfach verlernt.
6. In einer Zeit der akuten Krise der ökumenischen Bewegung kann die Evangelische Kirche A. B. in Rumänien dank ihres Rufes der ethnischen und konfessionellen Offenheit und des diakonischen Engagements auf lokaler Ebene Katalysator im Verkehr der historischen Kirchen unseres Landes sein. Die Evangelische Akademie Siebenbürgen bemüht sich in ihren Tagungen um eine Kultur des sozialen Dialogs. Das Institut für Ökumenische Forschung der Lucian-Blaga-Universität in Hermannstadt bemüht sich vorrangig um das Gespräch zwischen lutherischen und orthodoxen Theologen.
7. Die Rückgabe kirchlicher Liegenschaften, vor allem Wald und Gebäude, aber auch landwirtschaftliche Flächen, haben neue Aufgaben und Möglichkeiten eröffnet. Sie effizient und auch ökologisch verantwortlich zu nutzen ist eine neue Herausforderung der Kirche.

8. Wo Pfarrer gleichzeitig die Hauptverantwortung für Restaurierung von Gebäuden, Kulturarbeit und Wirtschaftsfragen wahrzunehmen haben, ist auch bei geringer Seelenzahl nicht nur die Gefahr der arbeitsmäßigen Überlastung gegeben, sondern vielmehr noch die Gefahr der fachlichen Überforderung. Die Kirche braucht darum Fachleute, die nicht Theologen sein müssen.
9. Die Mitte des kirchlichen Lebens ist und bleibt der Gottesdienst, die Seelsorge und die kirchliche Unterweisung. Seit wir Gemeindeglieder verloren und hernach Liegenschaften zurückgewannen, laufen wir Gefahr, dieses aus den Augen zu verlieren. Wo der Pfarrer in der Gemeindearbeit ernstlich engagiert ist, sehen es die verantwortlichen Mitarbeiter bald ein, daß für die anderen Bereiche Fachleute nötig sind. Der Pfarrer sollte sich vor keiner Arbeit drücken, er braucht sich aber auch nicht vorzudrängen, zumal wenn er dadurch die Mitte des kirchlichen Lebens vernachlässigt.
10. Übers Jahr kommt eine Bischofswahl auf uns zu. Das ist ein ernster Grund, uns Gedanken zu machen, zu suchen und zu beten, zumal die Pfarrerschaft unserer Kirche im Schnitt sehr jung ist und die Fünfzigjährigen, die das ideale Alter für solch ein Amt hätten, äußerst rar gesät sind. Wenngleich diese Frage von aktueller Bedeutung ist, sollte sie uns von der Vorrangigkeit der Frage nach einem richtig geführten geistlichen Amt nicht ablenken. Die Lebenskraft einer Kirche entscheidet sich an der Basis.

Norbert
Hintz

Das Kirchspiel Wilstedt mit seinem Einfluss auf die weite Welt und mit dem Beeinflusstwerden von der weiten Welt

Die folgenden Seiten nehmen einen Einzelaspekt in den Blick, der mir in meiner Zeit als Pastor von Wilstedt (1984 bis 2010) immer wieder und immer mehr wichtig wurde: Die relativ kleine und abgelegene Kirchengemeinde Wilstedt hat eine Außenwirkung in verschiedene Kontinente, Länder und Orte der Welt. Und diese Kontakte haben auch immer Rückwirkungen für das (kirchliche) Leben vor Ort gebracht.

Ich schreibe weniger als akribischer Historiker, der Personennamen, Jahreszahlen und Orten präzise nachgeht, sondern eher als jemand, der etwas spürt von diesen Beeinflussungen.

Kirche für andere – so sollte es eigentlich überall in den Kirchengemeinden sein

Eine Kirchengemeinde ist nie nur für sich selbst da oder für die Region, in der sie angesiedelt ist. Christsein, Kirchengemeindesein bedeutet nach dem Auftrag des Herrn der Kirche(n): Bewegung und Ausstrahlung nach außen in die weite Welt.

Der Urimpuls dafür stammt aus dem Mund des auferstandenen Jesus Christus:

„Jesus trat herzu und sprach zu den Jüngern: ‚Mir ist gegeben alle Gewalt im Himmel und auf Erden. Darum gehet hin und machet zu Jüngern alle Völker: Taufet sie auf den Namen des Vaters und des Sohnes und des heiligen Geistes und lehret sie halten alles, was ich euch befohlen habe. Und siehe, ich bin bei euch alle Tage bis an der Welt Ende“ (Mt 28,18–20).

Weil aber die ganze Christenheit in den Leib Christi eingebettet ist, geschieht nahezu automatisch vor Ort das Aufnehmen von Lebensmerkmalen des Christlichen auch aus anderen Ländern in das Innere der einzelnen Kirchengemeinde:

Der Apostel Paulus fasst dieses Phänomen in wenigen Worten zusammen: *„Denn wie der Leib einer ist und doch viele Glieder hat, alle Glieder des Leibes aber, obwohl sie viele sind, doch ein Leib sind: so auch Christus. Denn wir sind durch einen Geist alle zu einem Leib getauft, wir seien Juden oder Griechen, Sklaven oder Freie, und sind alle mit einem Geist getränkt. Denn auch der Leib ist nicht ein Glied, sondern viele"* (1 Kor 12,12–14).

Doch vorweg eine geschichtliche Frage: Wie mag diese doppelte Bewegung für die Kirchengemeinde Wilstedt begonnen haben?

Missionsfreunde in Tarmstedt hatten Kontakt zu Pastor Ludwig Harms in Hermannsburg und der dort von ihm im Jahr 1849 gegründeten Hermannsburger Missionsanstalt. Der damalige Wilstedter Pastor Stakemann (vor Ort wirksam in den Jahren 1874 bis 1909) war davon nicht begeistert. Seine Stärke lag eher bei dem gewiss auch nötigen Entwickeln des wirtschaftlichen Standortes Wilstedt. Er war z. B. im Jahr 1886 Mitbegründer der Sparkasse in Wilstedt.

Wie bis heute im Dorf tradiert und erzählt wird, war Pastor Stakemann in seiner kirchlichen Arbeit kein sehr strenger Gemeindeleiter. Kaufmännische Geschäfte und juristische Auseinandersetzungen aber haben ihn eher angezogen. Die Studenten des Missionsseminars Hermannsburg – damals Missionszöglinge genannt – waren als oft frisch bekehrte Christen für Pastor Stakemann in seiner Abgeklärtheit wirkliche Antipoden.

Und doch mussten beide Seiten miteinander klarkommen. Die innere und sichtbare Bereitschaft, in der Hermannsburger Missionsanstalt mitzuwirken, kennzeichnete fortan die Kirchengemeinde Wilstedt. Bis in die Jetztzeit hinein. Aus diesem Grund fand im September des Jahres 2008 ein Gedenkgottesdienst in der St.-Petri-Kirche Wilstedt statt, in dem ein Nachfahre des Missionsgründers, Pastor Dr. Hartwig Harms, predigte. Der Anlass dazu war der 200. Geburtstag des Missionsgründers Ludwig Harms.

Kirche für andere!

Eine innerlich gesunde Kirchengemeinde hat „andere" im Blick. Wer in die schlichte Pfarrchronik schaut, muss feststellen, dass mit dem Kommen von Pastor Georg-Arnold Böker ein zusätzlicher Aufwind begann.

Neben den traditionellen Kontakten zur Hermannsburger Missionsanstalt kamen verstärkte Kontakte zur Liebenzeller Mission. In diesem Werk wurde Werner Fredrich zum Missionar ausgebildet und in den Bereich Ozeaniens ausgesandt. Ähnlich dürften die Kontakte zum WEK (Weltweiter Evangelisationskreuzzug), seit langer Zeit umbenannt in WEC (Weltweiter Einsatz für Christus), zustande gekommen sein. Kinder aus der Familie Böker wirken bis heute in diesem Missionswerk. Nur mit einem knappen Satz sei auch erwähnt, dass die Mission innerhalb der Ortsgemeinde (Volksmission und Evangelisation) in gleicher Weise intensiviert wurde. All diese Veränderungen sind im Kirchenvorstand und in der Gemeinde kontrovers diskutiert worden.

Pastor Martin Behr (1971 bis 1982) konnte dies in guter Weise auffangen und dialogbereiter in eine nächste Phase begleiten. Pastor Michael Bergner kam mit seiner Ehefrau im Jahr 1973 zur Verstärkung in die Kirchengemeinde. Bergners wirkten dort bis 1992. Die Eheleute setzten in Tarmstedt Schwerpunkte, die zukunftsweisend waren. Viele wurden in den stärker werdenden Zentralpunkt an der Trift – dem Gemeindezentrum in Tarmstedt – hineingezogen. Die beiden Pastoren Behr und Bergner brachten den Gemeindemitgliedern die Möglichkeit zum Austausch mit südafrikanischen Christen durch die so genannte „Polokwane-Partnerschaft".

Ein Circuit einer lutherischen Kirche in Südafrika ging eine Partnerschaft mit dem evangelisch-lutherischen Kirchenkreis Osterholz-Scharmbeck ein. In den guten Jahren bedeutete das eine lohnende Kommunikation im geistlichen, alltäglichen, wirtschaftlichen und kulturellen Bereich. Besuchsreisen von Delegationen begannen, Projekte in der Polokwane-Region wurden diskutiert und „auf den Weg gebracht". Das vom Zeitgeist vorgegebene Ideal einer „überkontinentalen Lerngemeinschaft" wurde damit – soweit es ging – ernstgenommen. Enttäuschungen bleiben bis heute auf beiden Seiten nicht aus.

Infolge der persönlichen Bindung an das Missionswerk in Hermannsburg sowie der Begabung, junge Theologen im Ausbildungsweg zu fördern, sind eine Reihe von Vikaren in der Kirchengemeinde Wilstedt für die praktisch-pastorale Arbeit angeleitet worden. Ich nenne ohne Anspruch auf Vollständigkeit folgende Namen: Rolf Helwig, Helmut Grimmsmann, Wolfgang Fromm, Rolf Fröhlich und Günter Brunkhorst. Diese jungen Theologen brachten neue Gedanken in eine – institutionell gesehen – alte Kirchengemeinde. Neben den freundschaftlichen Kontakten – manchmal wurden daraus verwandtschaftliche Kontakte! – kam es auch zu langfristiger Gemeindebeeinflussung.

Aus Sorge vor einem je länger je mehr festgelegten (festgefahrenen?) landeskirchlich gezähmten Missionswerk kam es zur Gründung eines Missionsvereins. Er sollte (wie die weitflächigere Hermannsburger Missionsgemeinde „Bewegung“, gegründet 1959) als eine dynamische Ergänzung oder sogar als Korrektiv wirken. Dies hat viele Jugendliche in den 60er Jahren beeinflusst und ganz gewiss dazu geführt, dass die Liebe und Verpflichtung gegenüber dem globalen und zeitlich unbegrenzten Missionsauftrag Jesu Christi frisch und kraftvoll in einer ideologisch unruhigen Zeit tragend blieben. Ist auch dieser Missionskreis als Verein verblasst, finden sich doch einige aus diesem Kreis wieder in der (oben schon erwähnten) „Bewegung“. Die Kirchengemeinde Wilstedt ist dadurch „vernetzt“ mit anderen evangelisch-lutherischen Kirchengemeinden (u. a. Sittensen, Selsingen, Heeslingen, Bargstedt, Ahlerstedt und Harsefeld). Die Missionswochenenden rotieren von Gemeinde zu Gemeinde und halten den Glauben und die Liebe zur weltweiten Dimension der Kirche wach. Das geistliche, finanzielle und zeitliche Engagement kommt Mitarbeiterinnen und Mitarbeitern des Evangelisch-lutherischen Missionswerks Hermannsburg zugute.

Die Diasporaarbeit des Martin-Luther-Bundes

Ob man die Diasporaarbeit [= die partnerschaftliche Unterstützung von evangelischen Minderheiten im Ausland] nun im vollen Sinne „Mission“ nennen darf, sei dahingestellt. Jedoch entstand schon um Pastor Ludwig Adolf Petri (1803–1873), Hannover, ein „Hilfskreis“ für die ausgewanderten Lutheraner des 19. Jahrhunderts. Die partnerschaftliche Hilfe für die dort entstehenden lutherischen Kirchen setzt sich fort.

Seit Anfang der siebziger Jahre wuchs ich mehr und mehr in dieses Werk hinein. Seit 2006 bin ich Erster Vorsitzender des Martin-Luther-Bundes Hannover.

In den letzten Jahrzehnten kam auf uns ein großer Arbeitsschwerpunkt hinzu. Die Umwälzungen im Ostblock bringen die Chance, dort Lutheraner in der Minderheit zu unterstützen (dies geschieht als verlängerter Arm der Vereinigten Evangelisch-Lutherischen Kirche Deutschlands).

Alte und junge Menschen aus den ehemalig kommunistischen Ländern kommen auch in unsere Region, werden dort zu Bürgerinnen und Bürgern und sind offen für einen (erneuten?) Kontakt zur evangelisch-lutherischen Kirche vor Ort. Zeitschriften, Kleinschriften, Katechismen und Bibeln in der gewohnten Sprache des Ostens signalisieren den Neuzugezogenen Akzeptanz und Freundlichkeit der Einheimischen. Zweisprachiger Taufunterricht wird möglich und angenommen.

Die Arbeit in der ELKRAS

Manches fügt sich ohne letzte Begründung! Schon 1965 lernte ich im Zusammenhang meines Praktikums in der Volksmission unserer Evangelisch-lutherischen Landeskirche Hannovers in der Kirchengemeinde Bad Grund Pastor Siegfried Springer kennen. Der Kontakt überdauerte Jahrzehnte – unterschiedlich intensiv. Von 1992 bis 2009 war jener Freund Bischof der Regionalkirche „Europäisches Russland“ (Bereich Ural-Moskau-Petersburg-Kaliningrad). Der Bischof bat um Hilfe. Ich stellte den Kontakt zwischen dem Bischof und dem früheren Wilstedter Pastor Martin Behr her, der schon Ruheständler war. In vielen grundlegenden Arbeitsphasen in der Gemeinde der St.-Peter-Pauls-Kirche Moskau wurden durch ihn in Grundkursen des Glaubens Menschen geprägt, die heute zum Teil leitende Positionen innerhalb der lutherischen Gesamtkirche Russlands einnehmen.

2002 folgten meine Frau Elisabeth und ich der Einladung von Bischof Springer, die Tage der Synode geistlich zu begleiten. Nun setzte sich die „shuttle-mission“ für uns regional fort. In den Folgejahren wirkten wir an der Aus- und Fortbildung von Mitarbeitenden in der Kirche mit. Vier Jahre lang wurden Studientage in der Stadt Sterlitamak im Westural abgehalten. Seit 2008 halte ich für Fernstudenten am Theologischen Seminar der Lutherischen Kirche Russlands in St. Petersburg/Novosaratovka Vorlesungen. Diese Fernstudenten werden nach dem Studienabschluss meist neben einem Brotberuf verbindlich in Ortsgemeinden pastorale Leitungsaufgaben übernehmen.

Zwei Absolventen des Seminars zum Praktikum in der Kirchengemeinde Wilstedt-Tarmstedt

Gelegenheit macht nicht nur Diebe. Gelegenheiten ermöglichen auch Kontakte! Durch die Lehrtätigkeit kam es auch zu einer Anfrage eines Seminardozenten, der für die Praxisanleitung verantwortlich ist. Sein Anliegen war, Elena Kurmushova eine Praktikumszeit in Diakonie- und Krankenhausarbeit, und zwar in der Seelsorge in der Diakonie-Sozialstation der Kirchengemeinde Wilstedt-Tarmstedt, zu ermöglichen. Nachdem der Pflegedienstleiter und Geschäftsführer der Diakoniestation hierfür Offenheit signalisierte hatte, konnte der Kirchenvorstand die Einladung aussprechen.

Elena Kurmushova arbeitete vormittags in der Diakoniestation, Nachmittage und Abende führten zu Erfahrungen in weiteren Feldern der Gemeindediakonie im weitesten Sinn. Am Dienstag war sie stets im Martin-

Luther-Krankenhaus bei den so genannten „Grünen Damen“ des Besuchsdienstes tätig. Auch in die Arbeit der kirchlichen Frauenarbeit in der Kirchengemeinde und auf Kirchenkreisebene erhielt sie Einblick.

Im August 2009 hat Elena Kurmushova am Theologischen Seminar ihr Kolloquium bestanden. Jetzt geht es um das „Einfädeln“ in den diakonischen Dienst in St. Petersburg im Auftrag der Lutherischen Kirchengemeinde St. Petri und St. Paul.

Auf einer etwas anderen Schiene kam Pastor Thomas Graf Grote für ein kurzes Praktikum zu Pastor Kottmeier ins Pfarramt Tarmstedt.

Der Referent des Missionswerkes, Pastor Helmut Grimmsmann (er ist – wie schon erwähnt – früher in Wilstedt Vikar gewesen), suchte den Kontakt mit Pastor Kottmeier, um in einer Praktikumszeit Pastor Graf Grote Einblick in die Kirchengemeindearbeit in Deutschland zu gewähren.

Pastor Thomas Graf Grote ist von Geburt Deutscher. Schon in der Jugend war er Mitglied in der christlichen Pfadfinderschaft. Beruflich ist er examinierter Förster. Wegen der Arbeitsplatzengpässe in Deutschland zog es Thomas Graf Grote als Holzfachmann nach Sibirien, in die Region Irkutsk. Dort kam er ungewollt und schnell in Kontakt mit gefährdeten Kindern und Jugendlichen. Als Pfadfinder und aus der Not sich ergebender „Do-it-yourself“-Kompetenz begann er in Schelechov bei Irkutsk eine soziale Arbeit mit drogengefährdeten Jugendlichen. Es entwickelte sich eine Gemeindearbeit in Schelechov, und es kam zur Gründung einer Gemeinde in Irkutsk. Außerdem besucht Thomas Graf Grote verstreut lebende lutherische Gemeinden im Umland (z. B. Pichtinsk).

Dies alles ist auf Dauer nicht als Pfadfinder und mit aus der Not geborener „Do-it-yourself“-Kompetenz möglich. Der „Deutsche“ Thomas Graf Grote durchlief die vielen Sessionen des Fernstudiums am Lutherischen Theologischen Seminar in St. Petersburg und wurde später zum Pastor ordiniert. Er nahm Kontakt mit dem Evangelisch-lutherischen Missionswerk Hermannsburg auf. Nach langen Erwägungen hat das Missionswerk Pastor Graf Grote in die Mitarbeiterschaft aufgenommen, damit er nicht weiterhin „freischwebend“ ohne soziales Auffangnetz mit seiner Frau Evgenia und den drei Kindern leben muss.

Ein Zwischengedanke zur Vergewisserung

Begonnen habe ich diese Erwägungen mit dem Gedanken: „Kirche für andere!, wie es eigentlich überall in den Kirchengemeinden sein sollte. Eine

Kirchengemeinde ist nie nur für sich selbst da oder für die Region, in der sie angesiedelt ist. Christ sein, Kirchengemeinde sein bedeutet nach dem Auftrag des Herrn der Kirche(n): Die Bewegungen und Ausstrahlung nach außen in die weite Welt."

Dies haben wir nach dem bis jetzt Berichteten deutlich vor Augen!

Ein Dorf – aus der Vogelschau über Deutschland gesehen: mit nicht besonderer Größe – eine noch volkskirchliche Gemeinde der Evangelisch-lutherischen Landeskirche Hannovers eher kleinerer Sorte: Und doch geht von diesem Dorf manches an Impulsen in die Welt. Ich denke dabei eben auch an die jährlichen Olivenöl-Abholtage sowie an Blechinstrumente „Made in Wilstedt", die berühmte Größen spielen. So ging und geht von der Kirchengemeinde etwas aus, weit über die Orts-, Landes- und Kontinentgrenzen hinweg.

Nun wird man um der Wahrheit und Gründlichkeit willen auch feststellen müssen, dass die Kirchengemeinde gleichfalls beeinflusst ist durch Rückwirkungen auf ihr Außenengagement.

Es ergaben und ergeben sich – auch ungewollt – als Begleiterscheinung:

- Rückfragen an den christlichen Lebensstil hier im kleinen Dorf Norddeutschlands,
- Bereitschaft, in der Toleranz zu wachsen,
- nötige Neuklärungen über das Fundament von Glauben und Leben in Kirche und Kirchengemeinde,
- Anfragen im volkswirtschaftlichen und ökologischen Denken,
- Einsichten in verschiedene Modelle des politischen Miteinanders.

Diese Wirkungen geschahen wohl schon seit dem ersten Missionsfest in unserer Kirchengemeinde. Pastor Ludwig Harms predigte im Jahr 1860 auch in Tarmstedt.

Wer heute Predigten von ihm liest, wird feststellen: Sie sind für unsere Hörgeduld und Aufnahmewilligkeit lang, sehr lang. Sie wirken jedoch bis heute in ihrer Eindringlichkeit und heiligen Einseitigkeit fordernd auf den Leser. Nicht nur für die damalige „Heidenwelt", auch für die Menschen in Deutschland, im damaligen Königreich Hannover, war Ludwig Harms ein Rufer für die Entscheidung zu einem Leben unter der Führung des Herrn Jesus. Die Predigt und Prägung durch Pastor Ludwig Harms beinhaltete automatisch eine klare Ethik nach christlichen Grundsätzen.

Zu beachten ist: Es gab auch damals schon andere, liberalere ethische Denk- und Lebensmodelle des Christseins. Zum Beispiel war die sehr von christlicher Vernunftsgläubigkeit gefärbte Ethik Immanuel Kants wesentlich freigeistiger, als es die Vorschläge von Ludwig Harms waren. Unwidersprochen bleibt: Wo Christsein nach dem Rat von Pastor Ludwig Harms gelebt wurde, da kam es oft zum Rückgang des Alkoholismus, des unerbittlichen Streitens, zu friedlicherem Miteinander. Der Gemeinsinn und die Förderung von schwächeren Mitmenschen geschah weniger programmatisch, sondern aus Glaubensgründen eher beiläufig – aber nachhaltig wirksam.

Die Niedersächsisch Lutherische Heimvolkshochschule Hermannsburg – ein Segen für die Landbevölkerung

Diese Institution in Hermannsburg ist für unsere Großregion Kreis Zeven-Rotenburg nachhaltig gewesen. Sie wurde 1919 vom Hermannsburger Missionsdirektor Georg Haccius gegründet. In Anlehnung an dänische Vorbilder war das Ziel, im Zuge des demokratischen Aufbruchs nach dem Ende des Ersten Weltkriegs junge Leute auf dem Land durch ein allgemeines christliches Bildungsangebot zu stärken. Im so genannten Sommerkurs kamen junge Frauen aus ländlicher Region nach Hermannsburg, analog im Winterkurs junge Männer. In diesen Kursen ging es nicht nur um einen Glaubens- und Lebenskurs für junge Erwachsene. Haccius wollte Menschen befähigen, Verantwortung zu übernehmen – für sich und andere, in Gesellschaft und Kirche. Wie viele Kirchenvorsteherinnen und Kirchenvorsteher, wie viele verantwortlich Mitarbeitende in kommunalen Gemeinderäten und genossenschaftlichen Vorständen auf Grund dieser Prägung durch die Hermannsburger Volkshochschule oder auf Grund des Externbesuches der Christianschule Hermannsburg gewonnen wurden, ist kaum feststellbar.

Wer über den „Tellerrand" hinaus schaut – in die weite Welt –, der gewinnt an Toleranz

Natürlich ist wohl vor allem durch die Beeinflussung aus der nahen Großstadt Bremen die Offenheit für einen toleranten Lebensstil in unser Dorf gekommen. Geistig begründet und unterlegt ist diese Haltung dann aber auch durch das Kennenlernen anderer Kulturen und Glaubensentwürfe, wie es durch den Kontakt mit den Missionskräften und später mit Christinnen und Christen aus anderen Ländern und Kontinenten ermöglicht wurde.

Ich nenne zwei Begegnungen der letzten Jahre: Der jetzt in der Stadt Münden als Pastor arbeitende Rudi Blümcke war als Hermannsburger Mitarbeiter seit 1995 in Sibirien tätig, um Christen im Umfeld der Industriestadt Krasnojarsk zu einer Gemeinde zu sammeln. Ich fragte ihn einmal nach der wichtigsten Nachricht – vor seinem Erfahrungshintergrund aus dieser Millionenstadt Neurusslands – für uns in der Wilstedter Gemeinde. Er sagte mir, ohne zu zögern: „Lehre die Konfirmanden (und auch wieder in Gemeindekreisen die Erwachsenen) die Zehn Gebote!“ Ich fragte noch einmal prüfend nach, ob er mich auf den Arm nehmen wolle. Rudi Blümcke blieb bei dieser schlichten Aussage. Und ich machte mir in der Tat Gedanken darüber, wie bei uns zwar die Zehn Gebote „da sind“, aber tatsächlich aus persönlichen Gründen bei Bedarf ausgeblendet werden und dann nicht „da sind“, nicht wirken.

Zum Beispiel den Alten beistehen: Sie sind geboren und aufgewachsen im kommunistischen Russland. Wurden trotzdem als Kinder geprägt von den deutschen und christlichen Werten der Eltern. Dann aber verachtet, verfolgt; und später geduldet. Wie sollen sie das „moderne Leben“ in der eigenen Familie sowie die Enkel, also Kinder und Jugendliche, verstehen? Pastor Blümcke war neun Jahre lang glaubwürdiger Vermittler.

Im Jahr 2008 waren der in Äthiopien in der Mekane-Jesus-Kirche arbeitende Missionar Thomas Haase und seine Frau Ayantu Mosisa Kenei in unserer Gemeinde zu Gast. Auf dem Passepartout ihres Berichtes wurde nebenbei über die Aufgabe und Praxis des Strafvollzugs in Gefängnissen berichtet. Wie dankbar wurden die Anwesenden, dass – trotz aller Diskussionen über den Strafvollzug in unserem Land – der psychologisch-soziologische Weitblick bei der Justizvollzugsarbeit als Norm bei uns den Strafgefangenen größere Chancen für einen neuen Lebensentwurf eröffnen kann als in anderen Ländern.

Manche Irritationen in unserer Zeit werden durch ein gesunderes Lebensempfinden in anderen Ländern und ihren Kirchen etwas korrigiert

Es geht jetzt nicht um eine oberflächliche Gegenüberstellung: Hier sei Irritation – dort, in den jungen Kirchen, sei Klarheit!

Es ist aber wohl eine Grundeinsicht (für verschiedenste Bereiche gültig), dass man selbst manchmal geblendet ist vom alltäglichen Zeitgeist, vom Milieu, vom common sense [= der allgemeinen Meinung]. Wie hilfreich ist es dann, christliche Inhalte, Lebensweisen, Planungen einmal aus einer anderen Sicht, auf einem anderen „passe-partout“ anzuschauen. Diese Hilfe können nicht nur wir den Kirchen in anderen Kontinenten geben, sondern jene können dies auch uns gegenüber tun. Jesus war kein Deutscher, kein Tswana, kein Russe, kein Amerikaner. Jesus ist gleichfalls für Deutsche, Tswanas, Russen und Amerikaner usw. Mensch geworden. Viel Unsegen ist in den Kirchen verschiedener Nationen entstanden, weil man seine eigene Nationalidentität überbetont hat, anderen Jesus „übergehängt" hat. Manches Mal hat es unserer Gemeinde gut getan, dass Christen aus anderen Ländern und Völkern fragten: Warum tut, gestaltet ihr „dies" „so"? Habt ihr wirklich biblisch fundierte Gründe, oder sind es ethnologische Grundmuster, die den eigentlichen christlichen Glauben gefärbt oder sogar verfärbt haben?

Warum legen wir als Kirche unseres Landes wert darauf, aller Welt den Wunsch und Befehl Jesu Christi zu sagen – jedoch unser Leben sieht und lebt das liberaler?

Da ist es schon bemerkenswert, wenn ein augenscheinlich im christlichen Glauben fester afrikanischer Pastor nach einer Deutschlandzeit das Resümee zieht: Eure Kirchen in Deutschland sind weitgehend beeindruckend. Das Christsein vieler Kirchengemeinden aber macht einen schwächelnden, ungewissen Eindruck. Manchmal ermutigen uns jene aus den „jungen Kirchen": Go back to the roots! [= Kehrt zurück zu den Wurzeln des christlichen Glaubens!] Lasst euch nicht vorschnell von jeder ethischen neuen Welle im Innersten erschüttern. Schaut euch das an im Blick auf die Aussagen der Heiligen Schrift und der Glaubensgrundlagen der lutherischen Kirche weltweit!

Wer mit Christen in anderen Ländern und Kontinenten versucht zu teilen, der kommt auch zu Anfragen im volkswirtschaftlichen und ökologischen Denken. Das Erleben dort führt zu Fragen hier. Wer ein wenig erlebt, wie in anderen Kontinenten und Ländern gearbeitet, erarbeitet, gehandelt wird, der wird wach auf das Ergehen der Arbeitenden schauen. Wie viel wird von wem gearbeitet? Unter welchen Bedingungen wird gearbeitet? Wie wird mit den Ressourcen in den jeweiligen Ländern umgegangen? Es beunruhigt schon, wenn die Fische im klaren Flusswasser mit dem Bauch nach oben „schwimmen". Kontinente sind letztlich bei diesen Bereichen nicht voneinander abgegrenzt. Nicht nur das Evangelium ist auf die ganze Welt bezogen!

Zum Schluss

Nicht nur die kritischen Leser werden angesichts dieses Aufsatzthemas Anfragen haben: Das Kirchspiel Wilstedt mit seinem Einfluss auf die weite Welt und mit dem Beeinflusstwerden von der weiten Welt. Die Frage, die intellektuell berechtigt, jedoch nicht gleichwertig zu beantworten ist, lautet: Wo erkenne ich das spürbar?

Worum es mir geht: Eine – unsere – Kirchengemeinde ist nach dem Willen Christi nicht nur für sich selbst da, sondern auch für andere. Daraus wurden – im Zusammenspiel mit vielen anderen Faktoren – „andere Christen und Kirchen, an anderen Orten“. Diese wiederum spiegeln uns viel, was uns zur Hilfe und zum Segen wurde und wird. Das ist nicht tagtäglich sichtbar oder kontrollierbar, aber es ist wirksam. Das sollte uns dankbar und froh machen.

Anton
Tikhomirov

Kirche als Kirche des Dialogs[1]

Man hat mir vorgeschlagen, hier einen Vortrag über die Beziehungen von konfessionellen Minderheiten zu den Mehrheitskirchen zu halten. Ich bin sehr dankbar für diesen Vorschlag, der in unserer Situation sehr aktuell ist. Die Situation unserer Evangelisch-Lutherischen Kirche in Russland ist in dieser Hinsicht eine ganz extreme. Das macht unsere Erfahrungen besonders wichtig und lehrreich für andere Kirchen. Und wenn ich die Organisatoren unserer Zusammenkunft richtig verstanden habe, haben sie genau das gewollt: Es ist am passendsten, konkret, ohne Verallgemeinerung über die Probleme zu sprechen, die im Titel meines Vortrags stehen – wie sie in unserer Kirche auftreten. Nur ein solches Gespräch kann wirklich konkret und nützlich sein. Und hierbei müssen gerade die Besonderheiten des Luthertums in Russland, wo es sich in einer Minderheitssituation befindet, beachtet werden. Diese Besonderheiten drücken sich in mehreren Dingen aus.

1.

Zunächst ist Folgendes zu bemerken: Unsere Kirche ist eine *verschwindend kleine* Minderheit in der religiösen Landschaft Russlands. Nach unterschiedlichen Zählungen schwankt unsere Mitgliederzahl zwischen 16 000 und 100 000 Personen, wobei die Gesamtbevölkerungszahl Russlands ca. 140 Millionen beträgt. Zusätzlich sind unsere Gläubigen über ein unvorstellbar riesiges Areal verstreut. Nicht selten trennen Tausende von Kilometern eine Gemeinde von der nächsten, manche sind dabei ausschließlich auf dem Luftweg zu erreichen. Das ist zum Beispiel in einigen Regionen Sibiriens und des Fernen Ostens der Fall. Das ist die erste augenfällige Besonderheit der

1 Vortrag bei der Diasporakonferenz in Loccum, 9.–11. März 2009.

Situation unserer Kirche: eine äußerst geringe Mitgliederzahl, verteilt auf ein außerordentlich großes Areal.

Die zweite Besonderheit ist eine historische. Ich werde nicht müde zu wiederholen: Unsere Kirche hat ein ganz eigenes Schicksal, das nicht mit denen anderer lutherischer Kirchen in Osteuropa vergleichbar ist. Keine andere Kirche hat im letzten Jahrhundert so viele Prüfungen durchgestanden wie unsere. Am Anfang des 20. Jahrhunderts war unsere Kirche eine staatliche Kirche mit dem russischen Zaren als Oberhaupt und hatte mehr als fünf Millionen Mitglieder. Und damals betrug die Gesamtbevölkerungszahl Russlands etwa 80 Millionen.

Im 20. Jahrhundert erlitt unsere Kirche jedoch drei große Schläge. Der erste war die Oktoberrevolution und die anschließenden Verfolgungen. Am Ende der dreißiger Jahre waren alle Kirchengebäude ohne Ausnahme geschlossen, und alle Pastoren waren entweder erschossen oder in die Verbannung geschickt worden oder aus dem Land geflüchtet. Der zweite Schlag war der Anfang des Zweiten Weltkrieges und die Massendeportation von Russlanddeutschen nach Sibirien, Kasachstan und Mittelasien. Bei weitem nicht alle konnten unter den unmenschlichen Bedingungen überleben. Außerdem hatte die Deportation einen sehr negativen Einfluss auf die Reste eines organisierten Gemeindelebens. Der dritte und (das muss man eingestehen!) schwerste Schlag war die Öffnung der Grenzen und die Auswanderung der Russlanddeutschen. Mehr als zwei Millionen potenzieller Mitglieder unserer Kirche sind nun in Deutschland. Und dieser Prozess verlief sehr schnell. Alles entschied sich innerhalb von zehn bis fünfzehn Jahren. Als unsere Kirche nach der Perestroika gerade erst aufgebaut wurde, gingen wir von ganz anderen Zahlen aus, als wir sie heute haben.

Zu diesen drei großen Schlägen kommt noch die Trennung Russlands von den baltischen Republiken 1918 und 1991 hinzu. Auf deren Gebiet lebte fast die Hälfte der Gemeindeglieder der damaligen lutherischen Staatskirche. Dort befand sich vor der Revolution auch die einzige eigene Ausbildungsanstalt – die Theologische Fakultät der Universität Tartu (damals: Dorpat). Das Zerbrechen der traditionellen Strukturen und der Abbruch beinahe aller Verbindungen mit den baltischen Republiken wirkte sich äußerst schmerzlich auf das Luthertum in Russland aus und wurde an sich schon (selbst wenn es die drei großen Schläge nicht gegeben hätte) zu einem sehr empfindlichen Problem.

Das, wovon ich gerade erzählt habe, ist nicht bloß Geschichte. Es sind Prozesse, die die heutige Situation beeinflussen oder sogar heute noch andauern. Die Welle von Auswanderungen der übriggebliebenen Russlanddeutschen nach Deutschland ist beispielsweise noch nicht zu Ende. Aber vor allem hat dieser geschichtliche Prozess die Mentalität unserer Gemeindeglieder ernsthaft beeinflusst. Da ist eine apokalyptische Weltsicht bei der älteren Generation, die die Deportation und die Verfolgungen miterlebt hat. Bei jüngeren Gemeindegliedern dominiert ein deprimierendes Gefühl ständiger Instabilität, ständiger Unmöglichkeit, eine überzeugende Struktur zu schaffen, das Gefühl, die Kirche „rinne durch die Finger" und werde immer kleiner. Die Kirche befindet sich ständig in Bewegung, und diese Bewegung hat kaum etwas mit irgendeiner Art von Wachstum zu tun.[2] Dieses Empfinden ist umso belastender, als sich viele an die kurze Euphorie der neunziger Jahre erinnern, an überfüllte Kirchensäle und Gebetshäuser, an das lebendige Interesse fast der gesamten Gesellschaft an religiösen Fragen.

In dieser geschichtlichen Erfahrung liegt die zweite Besonderheit der Minderheitssituation unserer Kirche: Unsere Kirche ist nicht nur äußerst klein, sondern wird auch praktisch seit hundert Jahren (mit Ausnahme weniger Jahre in der Perestroika) *immer kleiner* und erleidet einen Verlust nach dem anderen.

Die nächste – und vielleicht schmerzlichste – Besonderheit ist die prinzipielle Unmöglichkeit, eine überzeugende Entscheidung darüber zu treffen, was für eine Kirche wir sein wollen: eine Volkskirche oder eine Freikirche. Das sind zwei prinzipiell unterschiedliche Ansätze beim Aufbau der Kirche, zwei völlig unterschiedliche Denkweisen, zwei verschiedene Selbstidentifikationen.

Über Jahrhunderte hinweg war unsere Kirche eine starke Volkskirche, die Kirche der Russlanddeutschen und der baltischen Völker. Und eine solche, eine Kirche der Russlanddeutschen, bleibt sie bis heute im Bewusstsein vieler Gemeindeglieder und in der öffentlichen Meinung. Als solche wird unsere Kirche jedoch zur Kirche eines aussterbenden Volkes, einer aussterben-

2 Hier muss ich ein Beispiel aus der letzten Zeit (nach der Fertigstellung dieses Textes) nennen. Bei einer Session der Fernstudierenden in unserem Theologischen Seminar habe ich während einer gemeinsamen Veranstaltung Teilnehmer gefragt, was für Eindrücke sie vom gegenwärtigen kirchlichen Leben hätten. Dabei habe ich meine eigenen Eindrücke mitgeteilt, dass unsere Gemeinden zumindest nicht wachsen. Fast alle haben zustimmend und deprimiert genickt. Aber eine Minute später hat eine Vertreterin einer Gemeinde, die sehr stark evangelikal geprägt ist, gesagt: Unsere Gemeinde wächst doch! Dann haben sehr viele geantwortet: Aber unsere Gemeinden auch! Man kann dieses vermeintliche Wachstum bezweifeln, aber eines wird klar: Auch wenn es tatsächlich manchenorts eine Art von Wachstum gibt, die Gesamtstimmung ist alles andere als heiter.

den Kultur und einer aussterbenden Identität und hat deshalb praktisch keine Überlebenschance.[3]

Die Alternative wäre, den Weg einer Freikirche einzuschlagen, die durch ihr spezifisches Bekenntnis und ihre Glaubenslehre geeint wird. Aber bei einer so geringen Mitgliederzahl führt dieser Weg fast unausweichlich in die Isolation, zu einem fundamentalistischen, evangelikalen Selbstverständnis, zur Übernahme von missionarischen Methoden, Traditionen und Elementen der Glaubenslehre aus charismatischen Gruppen. Dabei ist interessant, dass die Vertreter eines solchen Ansatzes häufig eine gemeinsame Sprache mit den Verteidigern der „russlanddeutschen Identität" finden – aufgrund von deren durchlebten Verfolgungen und ihrem Konservativismus. Ein solches Entwicklungsmodell ist in einigen Gemeinden und sogar ganzen Regionalkirchen unserer ELKRAS zu sehen. Ich könnte einige sehr augenfällige Beispiele dafür nennen, dass absolut charismatische Praktiken gern in den Gottesdiensten einiger unserer Gemeinden benutzt werden. Eine solche Übernahme ist auch zu erwarten, weil sich das lutherische Bekenntnis auf die Lehre von der Rechtfertigung in Christus konzentriert und damit den Begriff der Kirche an sich als Heilsmittlerin relativiert, wodurch sie jeder Verschlossenheit Widerstand entgegensetzt, also auch der Existenz als Freikirche, die sich selber anderen entgegenstellt und mit ihnen konkurriert. Und wenn die eine oder andere lutherische Gemeinde diesen Weg wählt, wird sie unausweichlich nicht in der lutherischen Glaubenslehre Unterstützung suchen, sondern in den Lehren und Praktiken anderer Kirchen, denen die Existenzform einer Freikirche eigen ist. Das Abweichen vom Wesen des Luthertums und das Abdriften in die Richtung charismatischer Bewegungen erscheint in diesem Fall als praktisch unausweichlich. Interessanterweise spüren sogar relativ ungebildete und in diese Richtung gehende Pastoren und Prediger diese Gefahr und bemühen sich nach Kräften, die lutherische Weltoffenheit zu erhalten. Zum Beispiel erzählte mir ein Pastor, er trinke jedes Mal, wenn sein Schwiegersohn, der Baptist ist, zu Besuch komme, vor dem Essen ein Gläschen Wodka, obwohl er das sonst nicht tue – und zwar,

3 In Klammern merke ich an, dass auch diese Identität in sich zerrissen ist. In der Kirche findet immer noch ein offener oder verdeckter Kampf statt – zwischen einer „deutschen Identität", deren Träger vor allem die Pastoren aus Deutschland sind, und einer „russlanddeutschen Identität", die in erster Linie durch die erhalten gebliebenen Brüdergemeinden vertreten wird. Ein Beispiel für die „deutsche Identität" ist der Ausspruch meines Vorgängers auf dem Posten des Rektors unseres Seminars, Godeke von Bremen, das Luthertum in Russland sei „ein Mittel oder eine Möglichkeit, auf westliche Art Christ zu sein". Zentrale Elemente des lutherischen Bekenntnisses spielen bei diesem Ansatz eher eine zweitrangige Rolle.

um seinen Gast zu „provozieren“. Ein Gläschen Wodka ist doch aber ein allzu schwacher Garant für die Erhaltung der lutherischen Identität!

Das Problem besteht darin, dass es unter unseren Bedingungen als praktisch unmöglich erscheint, sich vom Einfluss der deutschen Kultur zu befreien. Alles von der Architektur unserer Kirchengebäude bis zur dort gespielten Musik ist – auch wenn es interessant ist und sogar wohlwollend aufgenommen wird – einem in der russischen Kultur aufgewachsenen Menschen fremd. Man kann die Kirchenlieder ins Russische übersetzen (wobei sie jedoch trotzdem westlichen Geistes bleiben), aber es ist praktisch unmöglich, deutsche Chorsätze für den Kirchenchor ins Russische zu übersetzen. Ganz zu schweigen davon, dass das Luthertum im Bewusstsein der Gesellschaft jahrhundertelang mit der deutschen Nation und der deutschen Kultur verbunden war. An dieser geschichtlichen Erinnerung kommen wir heute nicht mehr vorbei.

Diese national-kulturelle Gebundenheit ist zwiespältig. Einerseits kann ich, wenn man mich fragt, was das Luthertum sei, einfach sagen: „Die deutsche Kirche“. Ja, darauf folgen dann fast garantiert weitere Fragen nach den Besonderheiten der Glaubenslehre und Gottesdienstpraxis, aber schon durch diese erste Antwort wird der Frager voll und ganz zufriedengestellt sein, und mehr noch, er wird ein positives Bild vom Luthertum bekommen. Wenn ich ihm aber gleich mit einer Aufzählung der Besonderheiten des lutherischen Bekenntnisses antworte, werde ich wahrscheinlich den Eindruck vermitteln, er habe es mit einer Sekte zu tun. Die Gebundenheit der Kirche an eine bestimmte Kultur ist für die meisten Russen ein positives Moment. Aber andererseits erschwert gerade sie das Hinzukommen neuer Mitglieder von außen: Von einem solchen Menschen wird verlangt, dass er nicht nur seine religiöse, sondern auch seine kulturelle Identität wechselt. Um das zu tun oder um einen Weg zu finden, das Luthertum mit allen seinen Besonderheiten anzunehmen und dabei die eigene kulturelle Identität zu behalten, braucht man viel Mut oder eine überdurchschnittliche Selbstreflexionsfähigkeit, was man nicht von jedem verlangen kann.

Deshalb ist es nicht verwunderlich, dass einige Gemeinden und Regionalkirchen den Weg einer Freikirche wählen. Jedoch kann keine von ihnen das alte deutsche Erbe wirklich hinter sich lassen, schon allein weil ihnen nur der Status einer „historischen Kirche“ das Recht verleiht, staatlich anerkannt zu existieren, und es ermöglicht, von Seiten des Staates und der Gesellschaft eine gewisse Gunst zu genießen. Man kann den heutigen Zustand unserer Kirche also als ständiges Hin- und Herschwanken zwischen diesen beiden Extremen beschreiben: eine Volkskirche für ein praktisch verschwundenes Volk zu sein oder sich in der Menge charismatischer Gruppen aufzulösen. Es ist klar, dass diese unsichere Lage, diese nicht getroffene Wahl die Situation unserer Kirche prägt. Unsere Kirche kann nicht deutsch bleiben, aber sie kann auch nicht russisch werden. Die richtige Wahl liegt, meine ich, auf einer ganz anderen Ebene, worauf ich später noch komme.

2.

Bisher habe ich die Besonderheiten der Minderheitssituation beschrieben, in der sich unsere Kirche befindet. Ein paar Worte müssen auch zur konfessionellen Mehrheit gesagt werden. Und deren Lage ist wiederum alles andere als eindeutig. Selbstverständlich ist die vorherrschende Kirche unter Russlands Bedingungen die orthodoxe. Nach unterschiedlichen Umfragen bezeichnen sich 50 % bis 90 % der Bevölkerung Russlands als orthodox. Die Besonderheit der Situation besteht jedoch in einer ernstzunehmenden Säkularisierung der russischen Gesellschaft. Nur unter 5 % der orthodoxen Kirchenmitglieder führen ein mehr oder weniger regelmäßiges gottesdienstliches Leben. Die übrigen Menschen, die sich als orthodox bezeichnen, setzen sich selber in unterschiedlichem Maße mit der Kirche in Beziehung, meist aber sehr wenig und äußerst selektiv. Die Kirche spielt in ihrem Leben eine sehr geringe Rolle. So bleibt die Frage offen, wer oder was die konfessionelle Mehrheit in Russland ist. Es gibt Regionen (zum Beispiel der Ferne Osten), in denen die Anzahl protestantischer Gemeinden die der orthodoxen übersteigt. Dennoch ist die Mehrheit der Menschen in Russland unreligiös, nicht im kirchlichen Leben aktiv, und misst religiösen Fragen keine große Bedeutung zu, assoziiert sich jedoch in gewissem Maße mit der Orthodoxie. Selbst viele überzeugte Atheisten und Agnostiker demonstrieren offen ihre Zugehörigkeit zur Orthodoxie.

Diese – sowieso schon mehrdeutige – Situation wird noch verkompliziert durch die Unwissenheit der allermeisten Menschen, und überdies sind die verschiedensten Ausprägungen von Aberglauben und das, was ich die „Religion der Boulevardzeitungen" nenne, äußerst verbreitet. Letzteres ist ein Interesse am Okkulten, am Übernatürlichen, am „Mystischen", wie Hollywood es versteht. Dabei werden die Orthodoxie wie auch andere Konfessionen von vielen genau in diesem Sinne wahrgenommen – als Elemente eines solchen eklektisch-religiösen, im Grunde heidnischen Weltbildes.[4]

4 Hier muss man zum Thema der Wiederkehr der Religion kommen. Es ist schwer zu bestreiten, dass religiöse Fragen im Bewusstsein eines modernen Menschen eine be-

Im Ganzen kann die Einstellung zum Luthertum in der Gesellschaft meinen Beobachtungen nach drei Formen annehmen, und zwar:

a) Angst vor dem Luthertum als einer „Sekte“,
b) völliges Ignorieren und Übersehen oder
c) Interesse und Streben nach Partnerschaft.

Zu a) Mit dem ersten Fall haben wir es zu tun, wenn die Menschen die historischen und kulturellen Wurzeln des Luthertums in der russischen Gesellschaft vergessen und das Luthertum bloß als eine aus dem Westen gekommene protestantische Sekte auffassen. Diese Angst vor Sekten insgesamt wird ständig durch den Staat und die Massenmedien angeheizt, in denen oft und gern sowohl echte Tatsachen als auch Mythen darüber gebracht werden, wie schrecklich schädlich die „totalitären Sekten“ seien. Öfters kommt es vor, dass Menschen eine lutherische Kirche nicht einmal z.B. für einen Konzertbesuch betreten wollen, einfach weil das in ihrer Vorstellung eine „Sünde“ ist und sie irgendwie unrein machen kann. Besonders schwierig wird es, wenn auch die lutherische Gemeinde selbst den vorhin beschriebenen Weg einer Freikirche wählt und einerseits ihre Wurzeln zu vergessen, andererseits aber aggressiv zu missionieren beginnt. Genau durch die (berechtigte oder unberechtigte) Furcht vor einem solchen Verhalten von Seiten der lutherischen Gemeinden entstehen eine Menge Konflikte mit der orthodoxen Kirche vor Ort.

Zu b) Das Ignorieren ist ein interessantes Phänomen. Es hat teilweise mit der schon erwähnten national-kulturellen Identität des Luthertums in Russland zu tun. Ja, diese besondere Identität kann das Luthertum sichtbar und in einzelnen Fällen sogar anziehend machen – für die, die gemäß dem Ausspruch von Herrn v. Bremen auf westliche Art Christen sein wollen oder gemäß der These von Manfred Brockmann, dem Propst im Fernen Osten Russlands, denkende Christen sein wollen.[5] Aber das sind immer Einzelfälle. Die meisten nehmen das Luthertum einfach als eine sehr spezifische und fremde (selbst

stimmte Rolle spielen. Aber ihre Rolle ist ausgesprochen postmodern, d.h. es fehlt an Elementen der Unbedingtheit. Das Religiöse ist nicht mehr „was mich unbedingt angeht“, sondern wird spielerisch und wählerisch aufgenommen. Die „Religion“ jedes einzelnen Menschen wird künstlich aus verschiedenen Elementen zusammengestellt und ist sehr beweglich. Der Mensch verfügt über seine Religion und nicht umgekehrt.

5 Vgl. Manfred Brockmann, Warum lutherische Kirche in Russland? In: Lutherischer Dienst, 45. Jg., 2009, Heft 1, 7–9.

wenn sie, wie gesagt, interessant ist) ethnokulturelle religiöse Tradition wahr. Und deshalb nehmen sie keinerlei Haltung ihm gegenüber ein.

Aber dieses Ignorieren und Übersehen kann auch noch gründlicher sein. Schon mehrfach bin ich in Situationen geraten, in denen ein Mensch, der zum Beispiel zu einem Konzert in die lutherische Kirche gekommen war, im Kirchensaal fragte: „Und ist diese Kirche in Betrieb?" Und dass, während er den Altar mit Kruzifix und brennenden Kerzen und die Kanzel mit Kreuz direkt vor sich sieht und gerade am Aushang mit den Gottesdienstzeiten (an der Tür) vorbeigekommen ist und die Frage sogar dem Pastor der Kirche stellt – und sich dessen durchaus bewusst ist! Teilweise kann man dieses Phänomen wohl dadurch erklären, dass sich die Inneneinrichtung stark von der gewohnten orthodoxen Ausstattung unterscheidet und auch das Verhaltensmuster im Kirchensaal (das freier ist) bei dem Menschen nicht das Gefühl hervorruft, sich an einem heiligen Ort zu befinden. Solche Beispiele kann man auch für die Reaktion von Menschen auf das äußere Erscheinungsbild von Kirchengebäuden anführen: Sehr viele gehen jahrelang an einem Gebäude mit Kreuz und Aushängen an der Tür vorbei und denken nicht darüber nach, dass sie eine in Betrieb befindliche Kirche vor sich haben.

Zu c) Der dritte, vielversprechendste Beziehungstyp ist die Partnerschaft. Viele Menschen, die in der orthodoxen Kirche aktiv sind, erkennen unsere gemeinsamen Interessen gegenüber der verwaschenen, eklektischen und unkundigen Religiosität der Hauptmasse der Bevölkerung. Kenntnis und Verstehen der eigenen religiösen Tradition ist auch für die Orthodoxie eine empfindliche Frage. Die manchmal äußerst aggressive, nationalistische und isolationistische Politik einiger orthodoxer Kreise ist meiner Ansicht nach gerade durch die Unsicherheit gegenüber der aktuellen Situation zu erklären. Eben deshalb spielen Fragen der religiösen Aufklärung eine Schlüsselrolle in den heutigen Diskussionen über die Kirche. In diese Diskussion von Kirche und Gesellschaft ist auch unsere Kirche einbezogen. Diese Einbezogenheit hat mehrere Aspekte:

1. Unsere Kirche erzählt in orthodoxer Umgebung von sich selbst. Um die eigene religiöse Tradition zu verstehen, ist es von großem Nutzen, sie mit anderen Traditionen zu vergleichen. Eine ganze Reihe orthodoxer Theologen haben das erkannt und sind gern bereit, das Luthertum näher kennen zu lernen und auch die Mitglieder ihrer Gemeinden mit den Grundlagen seiner Lehre vertraut zu machen. Dabei weichen sie von der Tradition der „überführenden Theologie", wie sie im 19. Jahrhundert verbreitet war, ab und zeigen achtungsvolles Interesse an der lutherischen Kirche. Besonders in St. Petersburg gibt es mehrere Beispiele für solche Dialoge. Für unsere Kirche müssen diese

Beispiele zu einer Möglichkeit werden, eine ganze Reihe von Vorurteilen zu zerstreuen und ihre ökumenische Offenheit und die augenfälligen, attraktiven Aspekte unseres Bekenntnisses zu zeigen.

2. Unsere eigenen Gemeindeglieder lernen die Grundlagen der Orthodoxie kennen. Wie die Praxis zeigt, haben die meisten unserer Gemeindeglieder, Prediger und Pastoren nur eine ganz unklare und vielleicht auch falsche Vorstellung von der Orthodoxie. Um sich der eigenen Identität bewusster zu werden und den Dialog mit Vertretern der orthodoxen Kirche besser führen zu können, müssen unsere Gläubigen unbedingt tiefere Kenntnisse von dieser Kirche gewinnen.

3. Die Frage nach der religiösen Komponente der weltlichen Bildung und Ausbildung: Die orthodoxe Kirche besteht auf der Aufnahme des Faches „geistlich-sittliche Kultur“ in den Lehrplan für allgemeinbildende Schulen. Dieses Unterrichtsfach soll die Grundlagen der Lehre derjenigen Religion oder Kirche beinhalten, der die Schüler angehören. Dieses Projekt ist auf heftige Kritik von Seiten praktisch aller anderen Religionen und Kirchen gestoßen, und auch unsere war keine Ausnahme. Außer der allgemeinen Bemerkung, durch die Einteilung der Klassen in Religionen und Konfessionen werde möglichen Konflikten der Boden bereitet, ist für unsere Kirche wesentlich, dass die Kinder von Lutheranern (wegen ihrer geringen Zahl und weiten Verstreutheit) nicht die Möglichkeit dieser religiösen Bildung in der Schule haben werden. Für mich als direkten Teilnehmer der Diskussion in der Russischen Akademie für Bildung war es außerdem wichtig zu zeigen, dass jeder Schüler eine Vorstellung von den Grundlagen aller wichtigen Weltreligionen und Konfessionen bekommen muss, weil nur so die religiöse Unkenntnis überwunden werden kann, die ihrerseits die Menschen gerade in die Arme der berüchtigten Sekten und seltsamen esoterischen Kulte treibt. Dennoch ist die offizielle Position der orthodoxen Kirche jetzt anscheinend vom Bildungsministerium gutgeheißen worden. Wenn der Entwurf der „geistlich-sittlichen Kultur“ verabschiedet wird, wird unsere Kirche (wie auch viele andere Konfessionen) die Möglichkeit verlieren, in der Gesellschaft besser bemerkt und verstanden zu werden.[6] Aber auch die Einführung von „Religionskunde“ anstatt dieses Faches garantiert an sich noch keinen guten Unterricht. Ich habe zwei Entwürfe für Lehrbücher für Religionskunde gesehen. In beiden gab es im Abschnitt über den Protestantismus ernsthafte

6 Inzwischen ist das Fach an vielen Orten eingeführt. Die Ergebnisse zeigen ein sehr charakteristisches Bild: Unter möglichen Modulen wählen die meisten Eltern (ca.70 %) für ihre Kinder das Modul der „Weltlichen Sittlichkeit“ und überhaupt keine religiösen Module.

Mängel. Im ersten war zum Beispiel folgender Satz zu finden: „Die Lutheraner feiern das Abendmahl wie alle Protestanten nicht mit Wein, sondern mit Traubensaft". Und das war noch eines der kleineren Missverständnisse! Im zweiten Lehrbuch gab es praktisch keine faktischen Fehler, sondern sein Problem bestand in der platten Aufzählung aller Besonderheiten des Luthertums, einfach durch Kommata getrennt. So entstand der Eindruck, als sei z. B. das Fehlen von Ikonen eine genauso wichtige Besonderheit wie die Rechtfertigungslehre.

Also kann es zwar eine Partnerschaft mit der Orthodoxie geben, aber deren Möglichkeiten sind begrenzt. Wie jede Partnerschaft wird sie nicht konfliktfrei sein können. Die Differenzen über die Frage des Religionsunterrichts illustrieren das sehr gut. Aber diese Konflikte dürfen unseren interessierten Dialog nicht behindern, sondern müssen ihn auf eine neue Ebene bringen.

3.

Und hier komme ich nun dazu, mögliche Perspektiven für unsere Kirche in der orthodox-säkularen Umgebung aufzuzeigen. Das ist das Wichtigste: In einem auf allen Ebenen geführten Dialog mit der Orthodoxie sehe ich eine sehr große Chance für unsere Kirche, zwischen den schon genannten Alternativen – Kirche eines verschwindenden Volkes oder eine von vielen mehr oder weniger charismatischen Strömungen – zu überleben. Nach guter lutherischer Tradition liegt unsere Rettung wieder einmal nicht in unseren eigenen Händen. Wir sind keine nationale Kirche der Russlanddeutschen und keine evangelikale Gruppierung, die unter anderen Christen verzweifelt um neue Mitglieder wirbt. Wir haben in diesem Sinn keinen eigenen festen Halt. Aber wir sind eine Kirche, mit der die besten Vertreter der orthodoxen Kirche und der russischen Gesellschaft einen interessierten Dialog führen. Unsere Chance ist, eine Kirche dieses Dialogs zu sein und zu bleiben. Dabei meine ich nicht nur theologische Gesprächssitzungen, sondern auch ein einfaches Zusammenkommen auf Gemeindeebene, z. B. durch Konzerte und andere offene Veranstaltungen. Derartige Begegnungen sind auch eine Form dieses Dialogs. Wir müssen für überzeugte Orthodoxe interessant sein, aber nicht nur für sie, sondern auch für Menschen mit unscharfer konfessioneller Identität. Es ist jedoch wichtig, im Gedächtnis zu behalten, dass ein Dialog nicht unbedingt bedeutet, den Gesprächspartner zu überzeugen, sondern ihn mit uns in Gesprächsgemeinschaft zu bringen. Dabei ist das Wichtigste, das wir in so einem Dialog vertreten können und müssen, die Unterscheidung von Gesetz und Evangelium, die Rechtfertigungslehre, also die Aspekte, die uns am stärksten von anderen Kirchen unterscheiden, aber auch auf der tiefsten Ebene mit ihnen verbinden. Mehr noch: Es sind die Elemente, die ihre Bedeutung auch jenseits des historischen Christentums, außerhalb der Welt der Religionen behalten können.

Von prinzipieller Bedeutung ist hier folgender Aspekt: Die lutherische Frömmigkeit ist für gut erzogene und in orthodoxer Umgebung lebende Menschen offensichtlich minderwertig. Das zeigt sich an konkreten Beispielen. In einigen Gemeinden unserer Kirche ist die Sitte verbreitet, in den Gottesdiensten regelmäßig der verstorbenen Angehörigen zu gedenken. Dabei meint (oder fühlt) ein solcher Mensch, es gehe seinem Angehörigen im Jenseits umso besser, je häufiger er seiner gedenke. Das ist absolut keine lutherische Praxis (eine Art Wiederholung des Ablasses), aber ihr Aufkommen ist logisch. Sie zeigt das „religiöse Defizit" des Luthertums auf. Ein anderes Beispiel sind die Fälle, in denen Mitglieder unserer Gemeinden dem populär-orthodoxen Kalender folgen, in orthodoxen Kirchen Kerzen aufstellen und vor besonders verehrten orthodoxen Ikonen beten. Mit anderen Worten: Das Luthertum kann nicht alle religiösen Bedürfnisse des durchschnittlichen russischen Menschen decken. Es ist zu unreligiös. Nur diejenigen, die das Luthertum wegen ihrer deutschen Herkunft oder ihrer (meist persönlich bedingten) Ablehnung der Orthodoxie für sich wählen, sehen in ihm eine befriedigende alternative Form von Religiosität. Die übrigen spüren bewusst oder unbewusst dieses religiöse Defizit der lutherischen Kirche.

Und hier ist eine Frage zu stellen: Sollten wir es anstreben, dieses Defizit auszufüllen, indem wir eigene religiöse Formen entwickeln (oder die Formen anderer übernehmen), oder aber sollten wir die religiöse Seite des Christentums anderen überlassen und uns auf die nichtreligiöse Seite konzentrieren, auf das Evangelium selbst, dessen Verkündigung nicht unbedingt mit irgendwelchen religiösen Formen verbunden ist? Wenn wir den zweiten Weg einschlagen, hören wir automatisch auf, ein religiöser Konkurrent für die Orthodoxie zu sein (mehr noch: Wir können ihr helfen, indem wir ihr religiöse Funktionen „delegieren"), aber wir können gleichzeitig anziehend für viele Menschen werden, die nicht religiös sind.

Lange Zeit hat unsere Kirche versucht, ihren eigenen Sinn zu erfassen und ihre eigene Politik aufzubauen, aber isoliert, ohne den orthodoxen Kontext zu berücksichtigen. „Berücksichtigt" wurde er nur in Streitgesprächen über die Frauenordination, die angeblich nicht akzeptiert und verstanden werden könne. In Wirklichkeit gab es keine ernsthaften Reflexionen über den orthodoxen Kontext. Jetzt ist es an der Zeit, dass wir uns nicht getrennt von allem, nicht isoliert betrachten (dazu sind wir zu klein, zu unbedeutend und von inneren Widersprüchen zerrissen), sondern eben als einen Partner der

Orthodoxie, als kritischen, aber auch ehrlich interessierten Partner. Wir können unsere Identität und unsere Überlebensstrategie als eine Identität und Strategie von Gesprächspartnern der orthodoxen Kirche entwerfen.

Genauso wurde auch die wachsende Säkularisierung der russischen Gesellschaft lange ignoriert und wird in vieler Hinsicht weiterhin ignoriert. Von den einen wird sie als etwas Apokalyptisches aufgefasst, von anderen als etwas durchweg Zeitweiliges, Vorübergehendes. Jetzt ist es Zeit, unsere Rolle und unsere Aufgabe im Kontext dieses Säkularisierungsprozesses zu erfassen, der meiner Ansicht nach gerade nicht umkehrbar ist. Es steht nicht in unseren Kräften, dieser Säkularisierung zu widerstehen, wohl aber, sie kritisch, aber auch interessiert zu verarbeiten und zu versuchen, diejenige Wahrheit zu verstehen, die darin enthalten ist, und den säkularisierten Menschen selber zu helfen, sie zu erkennen. Es steht in unserer Macht, interessierte Gesprächspartner für diese Menschen zu werden. Und deshalb brauchen auch wir den kritischen, aber wohlwollenden Dialog mit Vertretern der säkularen Welt.

Wenn wir einen solchen Dialog führen, können wir auch für die Orthodoxie nützlich und interessant werden, die selber nicht zu einem derart intensiven Dialog fähig ist. So bekommen wir neue Berührungspunkte in unserem lutherisch-orthodoxen Dialog.

So sind wir also eine äußerst kleine und in den letzten hundert Jahren ständig schrumpfende Kirche, die es nicht geschafft hat, ihre eigene Identität und ein Grundmodell für ihre Entwicklung zu erarbeiten. Eine Kirche in einem Umfeld mit einer anderen Konfession, wobei dieses Umfeld noch zusätzlich hochgradig säkularisiert ist. Aber meiner Ansicht nach bestehen unsere einmalige Erfahrung und unsere Perspektive darin, dass gerade diese Umgebung anderer, nämlich orthodoxer Konfession, gerade diese säkularisierte Umgebung uns eine Chance gibt. Diese Chance liegt im Dialog. Wir müssen uns unserer Identität (jenseits einer nationalen Kirche und einer charismatischen evangelikalen Bewegung) bewusst und sicher sein – einer auf dem Evangelium und der Rechtfertigungslehre begründeten Identität. Diese Identität nimmt uns alle äußeren national-kulturellen und religiösen Stützen. Außerdem müssen wir lernen, einen wohlwollenden und offenen Dialog mit Vertretern der orthodoxen und säkularen Mehrheit zu führen, der übrigens direkt aus der so verstandenen Identität folgt. Dialog aber impliziert die Fähigkeit zuzuhören, den Gesprächspartner zu verstehen, aber auch überzeugend, für den Zuhörer verständlich und kompetent den eigenen Standpunkt zu vertreten und dabei Interesse an der Fortführung des Gesprächs und damit Interesse an unserer Existenz zu wecken. Hier haben wir noch viel zu lernen.

Vertreibung – Eingliederung – Versöhnung

Beiträge aus dem Bereich der evangelischen Kirche zur Verarbeitung von Flucht, Vertreibung und Aussiedlung[1]

Die heutige Situation in Deutschland im Blick auf die Folgen von Flucht, Vertreibungen und Aussiedlungen im Gefolge des Zweiten Weltkriegs ist von Kontrasten bestimmt: Einerseits nimmt die Zahl und der Anteil der Deutschen mit Vertreibungshintergrund ständig zu, weil auf Grund familiärer Verflechtungen immer mehr Deutsche Vorfahren im Osten haben. Andererseits werden die Zeitzeugen des Vertreibungsgeschehens mit ihren Leidenserfahrungen immer weniger und finden weiterhin wenig Beachtung in Kirche und Gesellschaft.

Aus dieser paradoxen Situation ergeben sich Fragen, die immer noch nicht zureichend beantwortet sind:

- nach den Schwerpunkten der theologischen Deutung des Vertreibungsgeschehens;
- nach den Folgewirkungen für die evangelischen Kirchen in Deutschland;
- nach der Bedeutung der Bewältigung des Vertreibungsschicksals für die Erlebnisgenerationen und für die Nachgeborenen;
- nach unaufgearbeiteten Feldern in der eigenen Biographie.

In der ersten Nachkriegszeit stand das Nachdenken über das Geschehene fast durchweg im Zeichen des Gerichtes Gottes. Dies wurde in den Predigten der Betroffenen angesprochen und von den Hörern angenommen. Die Spandauer Synode der EKD von 1966 fand Worte, die sowohl einseitige Schuld-

1 Ausdrücklich wird den Verantwortlichen im „Konvent der ehemaligen evangelischen Ostkirchen e.V." für die Möglichkeit des Abdrucks dieser Materialien und der eingangs wiedergegebenen Erklärung vom 28. April 2010 gedankt. Quelle: www.ev-ostkirchen.de.

zuweisungen als auch Behauptungen, nicht betroffen zu sein, ausschließen sollten: „Die Vertreibung geht unser ganzes Volk an."

Neben dem Gedanken des Gerichts ist in den Predigten der Betroffenen von Anfang an der seelsorgerliche Zuspruch, vor allem als Gedanke der Führung Gottes durch schwere Zeiten, zu hören gewesen. Das hat unzähligen unmittelbar Betroffenen geholfen, ihr Schicksal aus Gottes Hand anzunehmen, als Weg mit Gott. Bis heute wirkt dies bei den später Geborenen nach.

Die so gekennzeichnete Situation hat den Konvent der ehemaligen evangelischen Ostkirchen, den Zusammenschluss der evangelischen kirchlichen Vertriebenenorganisationen, veranlasst, sich erneut diesen schwierigen Fragen zuzuwenden. Er tut das in der Form von Thesen, die an mehreren Stellen durch Exkurse ergänzt werden.

1. Die Deutung von Flucht und Vertreibung der Deutschen im Zusammenhang mit dem Zweiten Weltkrieg als „Gericht Gottes" war zunächst Ausdruck echter Betroffenheit über die Verbrechen, die im deutschen Namen an anderen Völkern und insbesondere den Juden begangen waren.

In den Auseinandersetzungen in der evangelischen Kirche seit 1965 kam es zu Polarisierungen, die dem Ausmaß des Erlittenen nicht gerecht wurden. Die Thesen der Spandauer EKD-Synode von 1966 – als notwendige Ergänzung der sog. Ostdenkschrift von 1965 – formulierten die Erkenntnis gemeinsamer deutscher „Schuldverstrickung" und „Haftungsgemeinschaft". Diese Erkenntnis wies zwar den Weg aus den unterschiedlichen Sichtweisen von Betroffenen und Nichtbetroffenen heraus, blieb aber in der Folgezeit in der Kirche vielfach unbeachtet. Hier muss in den evangelischen Kirchen neu gefragt werden, was das Vertreibungsgeschehen für die gesamte Gesellschaft in Deutschland bedeutet.

2. Für die Vertriebenen bedeutete es eine große Hilfe, dass ihre Schicksale als Wege unter Gottes Führung gedeutet wurden. So konnten sie auch schwerste Zeiten durchstehen und dem Erlittenen Sinn abgewinnen. In neuerer Zeit ist dieses Deutungsmuster in der evangelischen Kirche insgesamt zurückgetreten, zumal sich die folgenden Generationen nur noch in geringem Maße als Schicksalsgemeinschaft verstehen. Dennoch entfaltet dieses Deutungsmuster nach wie vor Wirkungen, insofern Angehörige der Enkel- und Urenkelgeneration mit Bewunderung auf ihre Voreltern blicken, die auch in schwersten Zeiten Glauben und Zuversicht durchhielten. Der biblische Gedanke einer Führung durch Gott ist auf Grund solcher Erfahrungen neu zu bedenken und wieder ins Bewusstsein zu heben.

3. Die Vertriebenen haben von Anfang an kirchliche Begleitung erfahren – durch Seelsorger und Prediger aus den eigenen Reihen und auch durch Vertreter der aufnehmenden Kirchen, nicht zuletzt auch durch Diakonie in allen ihren Erscheinungsformen. Die kirchliche Aussiedler- und Vertriebenenarbeit ist bis heute Teil des kirchlichen Lebens, wenn auch in abnehmendem Maße. Die Erfahrungen mit kirchlicher Begleitung in speziellen Lebenssituationen haben für Generationen der unmittelbar Betroffenen und ihrer Nachkommen ihr Bild von Kirche geprägt. Sie haben Vertrauen und Zugehörigkeitsgefühl wachsen lassen; allerdings blieben auch Enttäuschungen nicht aus, die lange nachwirken. Es bleibt Aufgabe der evangelischen Kirche, denen nahe zu sein, die Heimatverlust und seelische Schäden der Vertreibung zu bewältigen haben.

4. Bereits 1950 wurde die „Charta der deutschen Heimatvertriebenen" verabschiedet, die mit ihrem Verzicht auf Rache und Vergeltung ein Meilenstein in der deutschen Nachkriegsgeschichte, auch der Kirchengeschichte, bleibt. Sie war der entscheidende Schritt zur Versöhnungsbereitschaft der Vertriebenen. Die Verwicklung einzelner Mitunterzeichner in das vorherige Unrechtssystem schmälert diese Feststellung nicht, sondern unterstreicht das Ausmaß der von den Repräsentanten der Vertriebenen geleisteten Besinnung auf das in jener Zeit Gebotene.

5. Die Tatsache, dass die Vertriebenen weder den Einflüsterungen von links noch von rechts gefolgt sind und sich nicht radikalisiert haben, sondern in ihrer überwältigenden Mehrheit die demokratische Erneuerung Deutschlands bejahten und mitgestalteten, ist bemerkenswert. Die starke Besinnung auf christliche Werte bei der Erlebnisgeneration hat erheblichen Anteil an dieser Entwicklung gehabt.

6. Mit ihrem entschlossenen Bemühen, in der Gesellschaft der verbliebenen Teile Deutschlands beruflich, politisch und kirchlich Fuß zu fassen, haben die Vertriebenen selbst entscheidenden Anteil an ihrer Integration. Wo ihnen Hilfe und Unterstützung von Einheimischen und staatlichen und kirchlichen Stellen angeboten wurde, haben sie diese dankbar angenommen. Daraus ist im gegenseitigen Geben und Nehmen ein Miteinander der ursprünglich einander fremden Bevölkerungsteile erwachsen, das vorbildlich für die Integration anderer Bevölkerungsgruppen in der Gegenwart sein kann. Die deutsche Gesellschaft ist darüber offener und flexibler geworden, als sie es zuvor war. Bei der Integration deutscher Spätaussiedler aus östlichen Ländern sind ebenfalls erfreuliche Entwicklungen festzustellen.

7. Die Flüchtlinge, Vertriebenen und Spätaussiedler haben durch ihre hergebrachte Frömmigkeit und ihre Neubesinnung auf den christlichen Glauben auf Grund der Vertreibungserfahrung starke Impulse zu einer Verlebendigung und Bereicherung des kirchlichen Lebens in vielen Gebieten gegeben, vor allem in den Anfangsjahren. Angesichts der wachsenden Mobilität und Globalisierung ist es auch heute wichtig, das Ziel einer Beheimatung in der Kirche nicht aus den Augen zu verlieren.

8. Durch den Zustrom von Flüchtlingen, Vertriebenen und Spätaussiedlern ist die vorher weit verbreitete konfessionelle Einheitlichkeit der Bevölkerung in Deutschland aufgebrochen worden. So viele Schwierigkeiten in der Anfangszeit damit verbunden waren, hat diese Durchmischung der Bevölkerung doch zu einer Intensivierung des konfessionellen Miteinanders zwischen Evangelischen und Katholiken in Deutschland geführt.

9. Die Tatsache, dass im verbliebenen Deutschland immer mehr Menschen leben, die familiäre Wurzeln in Gebieten im Osten Europas haben, hat zu einer Ausweitung des geistigen und geografischen Horizonts geführt, die in ihrer Bedeutung noch längst nicht voll erkannt ist. Deutschland blickt heute nicht mehr vorwiegend nach Westen, sondern zunehmend auch nach Osten. Die Bejahung der europäischen Einigung auch nach Osten hin ist durch die Vertriebenen deutlich verstärkt worden.

10. Von der allgemeinen Öffentlichkeit kaum wahrgenommen, haben sich die Vertriebenen bei ihren Reisen in die früheren Heimatgebiete als „Avantgarde der Versöhnung" (A. Kossert) erwiesen. Aus einem zunächst persönlichen Bedürfnis nach Überwindung der eigenen Verlusterfahrung erwuchsen zaghafte Kontakte, humanitäre Hilfsaktionen und vielfältige Verbindungen, die trotz starker innerer und äußerer Hemmnisse Wege zu neuem Verstehen und Vertrauen eröffnet haben. Kirchliche Vertriebenenorganisationen haben wesentlichen Anteil daran; aber auch in anderen kirchlichen, kulturellen und politischen Organisationen, die in dieser Richtung tätig sind, arbeiten besonders viele aus Vertriebenenfamilien mit.

11. Die Verantwortung für die Gegenwart in den früheren Heimatgebieten ist den Vertriebenen entzogen. Die Beschäftigung mit der Geschichte dieser Gebiete und mit der Deutung dieser Geschichte droht mit dem Abtreten der Erlebnisgeneration auszulaufen. Andererseits ist bei den jetzigen Bewohnern ein allmähliches „Einwandern in die Geschichte" festzustellen. Daraus kann nach und nach bei den jetzigen und den früheren Bewohnern und ihren

Nachkommen eine größere Realitätsbezogenheit der Geschichtsdeutung, ja sogar eine „Erbengemeinschaft" entstehen. Es gilt, Zentren für die Erforschung der Kirchengeschichte Ostmitteleuropas zu fördern, auszubauen und miteinander zu vernetzen. Darüber hinaus gilt es, Orte des Gedenkens – wie z. B. die Stiftung „Flucht, Vertreibung, Versöhnung" der Bundesregierung – zu fördern und zu erhalten. Die Geschichte der Vertriebenen und ihrer Herkunftsgebiete muss in die Erinnerungskultur aller Deutschen einbezogen werden.

12. Durch das Schicksal der Vertriebenen in Deutschland und in anderen Ländern, zuletzt im früheren Jugoslawien, wächst die Erkenntnis, dass Vertreibungen/„Ethnische Säuberungen" keine Lösung vorhandener Probleme bringen, dafür aber neue Probleme schaffen. Aus dieser Einsicht erwächst die Ächtung solcher Maßnahmen für Gegenwart und Zukunft und der energische Einsatz für die Überwindung der in der Vergangenheit dadurch geschaffenen Probleme. Gerade für Christen ist das eine besondere Verpflichtung. Dazu gehört auch die Bereitschaft zum Gespräch mit den östlichen Nachbarn.

Die Unterzeichner dieser Erklärung gehören mehrheitlich zur Generation der Zeitzeugen. Wir wissen, dass von dem damals Erlebten und Erlittenen bis heute schwere seelische Belastungen ausgehen. Im Bedenken der Beiträge der evangelischen Vertriebenen zur Verarbeitung von Flucht, Vertreibung und Aussiedlung sehen wir aber auch, dass das Vertreibungsgeschehen nicht nur negative Folgen gehabt hat. Christen leben aus der Überzeugung, dass Gott auch aus Bösem Gutes schaffen kann.

(Unterschriften der Vertreter der dem Konvent der ehemaligen evang. Ostkirchen angehörenden Hilfskomitees)

Exkurs zu Nr. 1:
„Gericht Gottes. Predigten für Flüchtlinge und Vertriebene in der Nachkriegszeit – Stationen der Verarbeitung des Erlittenen“

I. Situationsbeschreibungen und Zusagen des Trostes

18. 3. 1945 Gerhard Lobeyde in Glatz (Neß, 36) über Mt 16,21–26: In Heimsuchungen Gottes gilt es, das Kreuz Christi auf sich zu nehmen, in der Gewissheit des Ostermorgens.

1945 Gerhard Sass (Pom., 120) über Jes 40,30f: Schilderung der Not und der inneren Verzweiflung sowie Gewissheit, dass es künftig Erfahrungen der Kraft Gottes geben wird.

15. 7. 1945 Georg Noth in Breslau (Neß, 47) über Mt 9,35–38: Wir klagen über die Trümmer unserer Kirche und über die Erntenot und erhalten den Auftrag zu neuer Aussaat.

25. 11. 1945 Werner Schmauch in Bad Warmbrunn (Neß, 55) über Offb 7,9–17: Wir sehen noch anderes als Tod und Untergang; wir sehen die aus großer Trübsal gekommene Schar der Vollendeten.

1945 Gotthold Lutschewitz im Flüchtlingslager in Dänemark (Pom., 124) über Ps 50,19: Deutung des Erlittenen als Erfahrung des Kreuzes; Erinnerung an den Dreißigjährigen Krieg.

10. 5. 1945 Walter Schwarz in Göttingen (Neß, 39) über Joh 12,32: Wir sind auf dem Weg zu einem Wiedersehen mit dem auferstandenen Christus.

1. 1. 1946 Herbert Girgensohn (Harff, 33) über Mt 2,13–23: „Mitten im Toben der Sünde und der Todesmächte lässt Gott sein Werk geschehen, das ewige rettende Liebeswerk unseres Heilandes Jesus Christus“.

5. 5. 1946 stärkt die schlesische Kirchenleitung die Restgemeinden (Neß, 77) mit Joh 10,12–16: Zusage, dass „der gute Hirte“ sie nicht verlassen wird.

1946 Lothar Jurisch (Neß, 131) über Gen 8,22: Die Zusage gilt auch für die Zukunft nach dem Erntedanktag 1946.

1. 12. 1946 Ernst Hornig in Breslau (Neß, 144) über Sach 9,9 sieht seinen Abschied von Breslau in der Perspektive der Adventsverheißung. Später: Friedrich Spiegel-Schmidt (Predigthilfe), Nacherzählung erlebter Hilfe 1945: Gedanken zum Verhältnis von Glaube und Heimat. Zusage: „Du kannst auch heute Heimat haben“ (Heimat = Geborgenheit).

1974 Ernst Payk (Ostpr., 41) über Joh 16,22: Zusagen der Abschiedsreden Jesu hineingesprochen in die Erfahrungen des Leides.

1984 Ernst-August Marburg (Ostpr., 76) über Am 5,4: Gott nimmt uns die Last der Vergangenheit und gibt uns Kraft für die Zukunft.

1985 Rainer Kopisch (Pom., 175) über Ps 103,1: Wege der „Trauerarbeit“.

1985 Hans-Joachim Bahr (Pom., 36) über Ps 23,4: Gedenkweihnachten 1945/85. Rückblick in Trauer und Erinnerung an erlebten Trost zu Weihnachten 1945.

II. Erkenntnis des Gerichtes Gottes, seiner Antwort auf unsere Schuld

20. 5. 1945 spricht die schlesische Kirchenleitung in Breslau (Neß, 45) zu Jer 2,19 vom Gottesgericht über „unsere und unseres Volkes Sünden“.

22. 7. 1945 Bernhard Gensch, noch in Ostpreußen (Pom., 124) zu Jer 23,19ff: Das Gericht führt in die Buße, doch Gott lässt sich von Neuem finden.

25. 8. 1945 Herbert Girgensohn in Lübeck („Dein Reich komme“, Predigten, 1959) zu

Mt 23,34–39: Schuld und Schicksal bedürfen der Lösung der Schuldfrage. Hinweise auf Gottes Gericht finden sich in vielen Predigten der Jahre 1946/47: Joachim Konrad (Neß, 87), Georg Noth (Neß, 140), Ernst Hornig (Neß, 149), Otto Zänker (Neß, 172), Heinrich Treblin (Neß, 114 u. 123 f) – hier mit der Gewissheit, dass Gott vergeben könne –, Werner Schmauch (Neß, 61.68).

1948 Theodor Küssner (Ostpr., 13) zu Zeph 3,16: Gottes Gericht ist als Heimsuchung zu einem erneuerten Gottesvolk zu verstehen.

1949 Werner Marienfeld (Ostpr., 23) zu Thr 3,33: Wir sind Schuldige und Getragene Gottes.

1956 Gerhard Krause (Pom., 80) zu 2 Thess 1,3–10: Wir erleben Stationen zum Endgericht.

[Ohne Jahr] Heinz-Friedrich Haese (Ostpr., 51) zu Jes 7,9: Rückblick auf die Geschichte.

1982 Ernst Schwarz (Ostpr., 63) zu 1 Tim 1,16: Nach dem Gericht dürfen wir Versöhnte sein.

III. Auszug – Führung Gottes auf dem Wege. Irdische und ewige Heimat

30. 6. 1946 Joachim Konrad – letzte Predigt in Breslau – (Neß, 87) über Gen 12,1–2: Gott verfügt unseren Auszug und unsere Wanderschaft und lässt uns seiner Güte gewiss sein (vgl. dazu die Einleitung in die Predigtsammlung, von Dietmar Neß, 11).

22. 7. 1946 Konrad Büchsel in Breslau (Neß) über Hebr 4,14 ff vergleicht die bevorstehende Reise mit einer Seefahrt durch stürmisches Meer, bei der es gilt, sich am Bekenntnis festzuhalten.

11. 8. 1946 Kurt Reblin (Neß, 104) über Dtn 8,2 a.15–16 a erlebt Gottes Geleit auf dem Weg durch die Wüste wie die Israeliten.

Herbst 1946 Dietrich Gottschewski in Owschlag bei Kiel (Neß, 126) über Gen 12,1–2: „Flüchtlinge von Gottes Gnaden".

1948 Gottfried Handtmann (Pom., 136) über Gen 12,1–2: Der schwere Abschied, der mühsame Weg und die Segenszusage Gottes.

11. 12. 1949 Herbert Neß in der Segenskirche in Delbrück bei Paderborn (Neß, 203) über Gen 12,1–2: Die Segenszusage Gottes ist bewahrheitet in der Einweihung dieser Kirche.

1951 Herbert Rutz (Neß, 209) über Mt 6,24–34 ruft den Wandernden zu: „Sorget nicht!"

1952 Konrad Klatt (Ostpr., 17) über Ps 23,3 b: Führung durch das finstere Tal auf rechter Straße.

1952 Otto Leitner (Ostpr., 31): Wir sind Gäste auf dem Weg durch die Jahrhunderte.

Vor 1956 Bruno Moritz (Ostpr., 61) über Hebr 10,35: Erinnerung an die Salzburger Exulanten.

1983 Herbert Barutzky (Ostpr., 101) über Ez 36,27: Erinnerung an die Salzburger Exulanten.

[Ohne Jahr] Friedrich Spiegel-Schmidt (Predigthilfe) über Ps 23,1–4: Gott kann Unrecht auf wunderbare Weise zu neuem Guten führen, wenn wir von eigener Schuld wissen. Wir dürfen nicht billige Kritik an Saturierten üben. Gewissheit: Der Hirte wird uns weiterführen, wie er die Hugenotten und die Salzburger geführt hat.

IV. Aufgaben für Gegenwart und Zukunft

Herbst 1946 Dietrich Gottschewski (Neß, 126) beschreibt die Aufgabe der „Flüchtlinge von Gottes Gnaden": Als Botschafter Gottes zeigen wir den Deutschen das „Leben in der Schwebe" als eine neue Art des Menschentums und der Kirchlichkeit.

8. 7. 1947 Otto Zänker (Neß, 171) plädiert für eine intensive Verkündigung und Seelsorge: „Lasst uns einfältig werden!“

1947 Joachim Konrad (Neß, 185) will seine Hörer an Hand von Kol 2,7 aus früherer Verwurzelung und gegenwärtiger Entwurzelung zu neuer Verwurzelung in Christus hinlenken.

1947 Gottfried Röchling (Neß, 179) gibt seinen Landsleuten Hinweise zu einem guten Einvernehmen mit den – westfälischen – Gastgebern.

1948 Hellmuth Bunzel (Neß, 194) ruft die Vertriebenen an Hand von 2 Kor 1,3–7 auf, als Getröstete in einer Dienstgemeinschaft andere zu trösten.

1951 Carl Brummack zum Kirchentag in Berlin („Predigthilfe“) sieht aus Gal 6,7–8 a Aufgaben entstehen, die im Heilen, Zusammenführen und Füreinander-wach-Machen bestehen.

1952 Joachim Konrad (Neß, 216) sieht in Auslegung von 2 Sam 10,12 für Schlesier auch künftig eine bleibende Verantwortung für Schlesien.

1953 Karl Scheel (Pom., 148) zu Eph 2,19–22: Es gibt neue Heimat in einer Gemeinde.

1974 Ernst Payk (Ostpr., 41): Wir sollten mehr als bisher Mund der stummen Kirchen und Christen sein.

Vor 1976 Hugo Linck (Ostpr., 27) zu Lk 10,33: „Ein Samariter aber reiste“.

1985 Walter Leske (Pom., 172) zu Mt 15,21–28: Mitleid überschreitet Grenzen (Erinnerung an Birger Forell).

Gedruckte Quellen:

- Hans Hermann Engel/Werner Marienfeld (Hg.), Uns ward aber dennoch geholfen. Predigten und Andachten ostpreußischer Pfarrer, Gemeinschaft ev. Ostpreußen, Leer 1984 (Abk. Ostpr.).
- Werner Krause/Wolfgang Marzahn (Hg.), Er führte aus Dunkel und Angst. Predigten und Andachten pommerscher Pastoren, Konvent Ev. Gemeinden aus Pommern/Hilfskomitee, Leer 1986 (Abk. Pom.).
- Herbert Girgensohn, Dein Reich komme. Predigten, Göttingen 1959.
- Sibylle Harff (Hg.), Herbert Girgensohn. Ein Gedenkbuch, Hannover 1970 (Abk. Harff).
- Friedrich Spiegel-Schmidt, Predigthilfe für Heimatgottesdienste, hg. v. Ostkirchenausschuss Hannover o. J. (Abk. Predigthilfe).
- Dietmar Neß (Hg.), Flüchtlinge von Gottes Gnaden. Schlesische Predigt 1945 bis 1952, Würzburg 1990 (Abk. Neß).

Exkurs zu Nr. 2: „Führung durch Gott. Auftrag zum Auszug und Zusage der Begleitung“

Schon die Umsiedlung der Deutsch-Balten 1939 („Diktierte Option“, Dietrich Loeber) wurde von den leitenden Pastoren (Peter Harald Poelchau/Lettland und Waldemar Thomson/Estland) angesichts konkreter Bedrohung mit Hilfe von Gen 12,1–2 als von Gott verfügter Auszug gedeutet. Die bevorstehende Vertreibung aller deutschen Schlesier 1946 hat Joachim Konrad in seiner letzten Predigt unter dem gleichen Bibelwort als göttliche Verfügung verstanden und mit einem eigenen Gedicht abgeschlossen:

Ich will dich führen über dein Verstehen
den seltnen Weg der heilgen Pilgrimschaft.
Wenn deine Augen nichts als Dunkel sehen,
dein Plan und Hoffen dir im Nichts vergehen,
du stehst in mir, und ich bin deine Kraft.
Ich will dir wundersame Brücken bauen
von Schritt zu Schritt durch alle Zeit
auf meinen Händen tragen dein Vertrauen,
dich sorgsam heben über alles Grauen
mit Segensfittichen der Ewigkeit.

Der Schlesier Dietrich Gottschewski prägte im Herbst 1946 unter dem gleichen Bibeltext von Owschlag bei Kiel aus den Ausdruck „Flüchtlinge von Gottes Gnaden". Der ebenfalls aus Schlesien stammende Herbert Neß sah 1949 die Segenszusage von Gen 12,1–2 bewahrheitet in der Einweihung der evangelischen Segenskirche in Delbrück bei Paderborn. Der Pommer Gottfried Handtmann zeichnete 1948 unter dem gleichen Text den schweren Abschied aus der Heimat und die folgenden mühsamen Wege im Horizont der Segenszusage Gottes.

Für Kurt Reblin war 1946 der Weg durch die Wüste der Nachkriegszeit der Weg des Gottesvolkes Israel nach Dtn 8, ein von Gott geleiteter und begleiteter Weg. Der Ungarndeutsche Friedrich Spiegel-Schmidt empfahl in einer Predigthilfe Ps 23 als Schlüsseltext: Die Geflüchteten und Vertriebenen dürfen sich „im finstern Tal" als vom „Guten Hirten" beschützte Gruppe verstehen; dass Gott uns „auf rechter Straße" geführt hat, ist auch Tenor einer Predigt von Konrad Klatt aus Ostpreußen.

Dass der Weg in eine zweite Heimat führen soll, lässt ehemals ostpreußische Pfarrer (Bruno Moritz, Helmut Barutzky) in den folgenden Jahren an den Exodus der Salzburger nach Ostpreußen denken, Friedrich Spiegel-Schmidt auch an den der Hugenotten. Diese Vergleiche werden ihnen ermöglicht durch die allmähliche Integration der Vertriebenen, wie auch die einstigen Exulanten in für sie aufnahmebereite Staaten gekommen waren.

Die Deutung der eigenen Bewahrungen und neuen Wege als „Führung Gottes" hat offenbar vielen Flüchtlingen und Vertriebenen zum Annehmen und Verstehen ihres Lebensweges geholfen.

Exkurs zu Nr. 4: „Versöhnung"

Was 1950 von Vertretern der Vertriebenen in Abgrenzung zu Rache und Vergeltung gesagt worden war, konnte später die Synode der gesamten EKD positiv wenden und vertiefen: Unter der Überschrift „Vertreibung und Versöhnung" hob die Spandauer Synode am 18. März 1966 die deutsche Bereitschaft zur Versöhnung als Bereitschaft zu „friedlichem Ausgleich" unter den Völkern hervor und betonte: „Die Bereitschaft zur Versöhnung befreit uns von dem Zwang, nach rückwärts zu blicken, über eigene und fremde Taten zu rechten und Geschichte ungeschehen machen zu wollen." Die Synode wies weiter darauf hin, dass Aussöhnung gegenseitige Vergebung voraussetzt, und nahm dabei den Briefwechsel zwischen den polnischen und deutschen katholischen Bischöfen von Ende 1965 dankbar zur Kenntnis, in dem die entscheidenden Worte von polnischer Seite lauten: „Wir vergeben und bitten um Vergebung".

Die Erklärung der Spandauer EKD-Synode veranlasste mehrere Landessynoden zu zustimmenden Stellungnahmen. Die Landessynode der ev.-luth. Landeskirche Hannovers etwa erklärte am 19. Juni 1966 zur Aufgabe der Versöhnung: „Durch Jesus Christus sind die Menschen mit Gott versöhnt. Dies macht möglich und verpflichtet dazu, nicht nur im Zusammenleben einzelner Menschen, sondern auch im Zusammenleben der Völker Versöhnung zu suchen. Alle Möglichkeiten sollen ausgeschöpft werden, persönliche Kontakte mit unseren östlichen Nachbarn herzustellen und zu pflegen und vorhandenes Misstrauen abzubauen."

Sowohl die Einsätze der „Aktion Sühnezeichen" in den osteuropäischen Ländern als auch die Besuche und Begegnungen von Vertriebenen in ihren Herkunftsgebieten haben aus der Bereitschaft zur Versöhnung heraus vielerorts ein dauerhaftes gegenseitiges Vertrauen entstehen lassen. Städtepartnerschaften und persönliche Initiativen haben mancherorts Gedenkstätten an frühere Bewohner ermöglicht.

Exkurs zu Nr. 6: „Spätaussiedler"

Spätaussiedler sind Nachkommen von Deutschen, die aus wirtschaftlichen, religiösen und aus Gründen freiheitlicherer Lebensgestaltung ihre Heimat in Deutschland verließen und sich im heutigen Rumänien – schon seit dem 11. Jahrhundert in Siebenbürgen, seit dem 18. Jahrhundert im Banat – sowie in Russland und anderen osteuropäischen Ländern eine neue Existenz und neue Gemeinwesen aufbauten. Sie haben über Jahrhunderte hinweg oft unter schwierigsten Bedingungen ihren christlichen Glauben und ihre deutsche Sprache und Kultur bewahrt. Ihre Gemeinschaftsleistungen und die Wahrung ihrer Identität wurden ihnen von wechselnden Landesherren und Regimen immer wieder in Frage gestellt.

Erst mit dem Zweiten Weltkrieg kam ihr historischer Niedergang. Die Russlanddeutschen an der Wolga wurden schon 1941 als Staatsfeinde und Verräter nach Sibirien verschleppt, die Deutschen des Schwarzmeergebietes ab 1945. Nach Kriegsende wurden deutsche Männer und Frauen aus Rumänien zum Wiederaufbau kriegszerstörter Gebiete in Russland deportiert. In allen Ländern des Ostens wurden die Deutschen unmittelbar nach Kriegsende enteignet; vorübergehend wurde ihnen auch die Staatsbürgerschaft entzogen. Alle ihre Gemeinschaftsstrukturen wurden verboten, ihre Schulen – außer in Rumänien – wurden aufgelöst. So gehören die deutschen Spätaussiedler aus dem Osten in den Zusammenhang des Vertreibungsgeschehens hinein. Die Kirche oder die in Russland oft geheimen häuslichen Versammlungen um Gebet und Bibel waren lange Zeit ihr einziger Halt.

Die lange Dauer kommunistischer Diktatur, die immer erneuten Angriffe auf ihre religiöse und deutsche Identität, starke Einschränkungen und Sonderrepressalien, nicht zuletzt auch die Tatsache, dass viele Väter und Söhne nach dem Kriegsende in der Bundesrepublik verblieben waren, verstärkten den Wunsch, in die Heimat der Vorfahren zurück zu kommen. Sie wollten als Deutsche unter Deutschen ein Leben in Freiheit finden. So begannen seit den Fünfzigerjahren die Familienzusammenführungen. Von allen deutschen Regierungen wurden sie in ihrem Verlangen nach Aussiedlung in die Bundesrepublik unterstützt. Bei ihrer Eingliederung halfen ihnen Staat und Kirchen. So kamen zwischen 1950 und 1991 fast 2 670 000 Aussiedler nach Deutschland. Sie brachten nichts als das „Kapital des Leidens" mit, gehalten in ihrem Glauben; so suchten sie Beheimatung im Land der Väter zuerst in der Kirche, gründeten allerdings oft auch eigene Gemeinden. Die religiösen Bindungen der zuletzt Ausgesiedelten sind jedoch deutlich geringer ausgeprägt.

Exkurs zu Nr. 7: „Verlebendigung des kirchlichen Lebens"

Durch den Zuzug von Flüchtlingen und Vertriebenen erhielt das kirchliche Leben, insbesondere der Gottesdienstbesuch, gerade in ländlichen norddeutschen Gebieten eine erhebliche Verstärkung, in denen der sonntägliche Kirchenbesuch bis dahin nur in geringem Maß üblich war. In ihrer besonderen Situation gewann der Gottesdienst besondere Bedeutung für sie als ein Ort der Kontinuität in allen erlebten Umbrüchen. Allerdings gelang das Zueinanderfinden der neuen und alten Gemeindeglieder angesichts der unterschiedlichen regionalen und innerevangelischen Prägungen nur unter Schwierigkeiten. Es gab Auseinandersetzungen über Gottesdienstordnungen, Gesangbücher und wegen der konfessionellen Zuordnung. Diese Schwierigkeiten führten jedoch auch dazu, dass die Bereitschaft der Landeskirchen und der Gemeinden zunahm, sich für neue gemeinsame Formen (gemeinsames Evangelisches Kirchengesangbuch seit 1949, neue Gottesdienstordnungen) zu öffnen und in Diasporagebieten neue Kirchengemeinden zu gründen. Vielfach brachten die Flüchtlinge und Vertriebenen auch kirchliche Gebräuche aus ihrer Heimat in das Gemeindeleben ein, etwa die Christvespern in Württemberg.

Bemühungen um die Einbeziehung der Vertriebenen in die kirchliche Organisation setzten zum Teil schon früh ein. In die Kirchenvorstände/Kirchengemeinderäte wurden etwa in Hannover schon ab 1946 Vertrauensleute der Flüchtlinge und Vertriebenen berufen, später regulär gewählt. Ihr Anteil betrug in Lübeck im Jahr 1955 27,1 Prozent, in Eutin 19,9 Prozent, in Oldenburg 1954 20 Prozent, 1957 bereits 23,7 Prozent. Auch in übergeordnete Gremien bis hin zu Synoden wurden zunächst Vertrauensleute berufen, später gewählt. Einige Landeskirchen richteten Landesflüchtlingspfarrämter zur seelsorgerlichen Betreuung ein, um auf das starke Interesse der Flüchtlinge und Vertriebenen am kirchlichen Leben zu antworten. Der Neuaufbau diakonischer Einrichtungen aus dem Osten in den westlichen Landeskirchen brachte weitere Impulse, wie überhaupt die Hilfsmaßnahmen und Integrationsaufgaben zu einer starken Belebung der Diakonie führten.

Den schon früh in fast allen Landeskirchen zunächst auftragsweise beschäftigten, dann nach und nach in den Pfarrdienst ihrer neuen Landeskirchen übernommenen Flüchtlingspfarrern war die zweifache Aufgabe gestellt, sowohl die Integration der neuen und alten Gemeindeglieder als auch „die Pflege der heimatkirchlichen Eigenart" (so ausdrücklich die hannoversche Synode am 11. 4. 1946) zu fördern. Sie kümmerten sich vielfach um ihre verstreut lebenden früheren Gemeindeglieder, wirkten bei Heimattreffen mit und trugen so wesentlich zu deren Beheimatung in der Kirche bei. Einige von ihnen stiegen zu hervorgehobenen Positionen in den Kirchen auf, bis hin zu bischöflichen Ämtern. Auch darin spiegelt sich die große Bedeutung der Flüchtlinge und Vertriebenen für das kirchliche Leben in der Nachkriegszeit wider.

Die Teilnahme am kirchlichen Leben war für die Vertriebenen oft die erste Etappe der Integration am neuen Wohnort und gab dem kirchlichen Leben zugleich vielfältige persönliche und inhaltliche Impulse. Aus oft schwierigen Anfängen entstand so eine zunehmende Verständigung und sich in den nächsten Generationen verstärkende Angleichung des kirchlichen Verhaltens innerhalb der gleichen Konfession.

Hacik Rafi
Gazer

„Wenn einer kalendern kann, kommt er durch die ganze Welt“

Beobachtungen zum Gedächtnis der christlichen Märtyrer im 21. Jahrhundert (Teil II)[1]

VII. Gedenken der Märtyrer in der Orthodoxen Kirche

Frau Prof. Dr. Fairy von Lilienfeld sprach zur Feier des Millenniums der Taufe der Kiever Rus 1988 in ihrem wichtigen Vortrag „Die Gabe der Russischen Orthodoxen Kirche an Europa und die Ökumene“ davon, was die Russische Orthodoxe Kirche der ökumenischen Christenheit im 20. Jahrhundert geschenkt hat. „Die erste Gabe, die vornehmste und kostbarste Gabe der russischen Christenheit in diesem unserem Jahrhundert, das ist ihre Martyria.“[2]

Das Gedenken der Märtyrer ist seit den Zeiten der Alten Kirche ein liturgischer Akt und damit auch ein Teil des christlichen Gottesdienstes. Die orthodoxen und die orientalischen Kirchen haben das Gedenken der Märtyrer in ihren liturgischen Feiern besonders lebendig bewahrt.[3] Das liturgische Gedenken der Märtyrer geschieht seit Jahrhunderten an Werktagen

---

1 Bei dem vorliegenden Beitrag handelt es sich um den zweiten Teil meiner am 3. Juni 2008 in Erlangen gehaltenen Antrittsvorlesung. Der erste Teil wurde im letzten Band von „Lutherische Kirche in der Welt“, Folge 57, Erlangen 2010, veröffentlicht (127–138).

2 Fairy von Lilienfeld, Die Gabe der Russischen Orthodoxen Kirche an Europa und die Ökumene, in: Tausend Jahre Christentum in Rußland. Zum Millennium der Taufe der Kiever Rus', hg. v. Karl Christian Felmy, Georg Kretschmar, Fairy von Lilienfeld und Claus-Jürgen Roepke, Göttingen 1988, 226.

3 Gerhard Podskalsky, Griechische Theologie in der Zeit der Türkenherrschaft (1453–1821). Die Orthodoxie im Spannungsfeld der nachreformatorischen Konfessionen des Westens, München 1988, 4–5, dort die Anm. 4., S. 5.

im Morgen- und Abendgottesdienst, besonders im Hesperinos und Orthros. Hier werden Biogramme aus den Martyrologien und dem Menaion vorgelesen. Auch in der Feier der göttlichen Liturgie wird an mehreren Stellen der Märtyrer gedacht. Bei der Vorbereitung der Gaben werden in der Proskomidie Brotpartikel auf der Patene um das Lamm angeordnet. Bereits hier in der Vorbereitungsphase der Liturgie wird also durch die symbolische Anordnung der Brotpartikel an die Märtyrer des Tages gedacht. Im Troparion des Tages und in der Anaphora wird nach den Einsetzungsworten der Kirche gedacht. Das Gedenken der himmlischen und irdischen Kirche wird dabei in Form einer Fürbitte vollzogen. Es werden die Vorväter, Väter, Patriarchen, Propheten, Apostel, Prediger, Evangelisten, Märtyrer, Märtyrerinnen, Bekenner, Asketen und Asketinnen und jeder Gerechte im Glauben in der Aufzählung genannt. Gedenken heißt hier also Fürbitte halten. Nach orthodoxer Auffassung bedarf die himmlische Kirche genau wie die irdische Kirche dieser. In der liturgischen Bitte „Gedenke, Herr!" geht es darum, dass der Herr die Seinen nicht vergisst, dass sie aufgehoben sind bei ihm vor seinem himmlischen Thron, wie die Offenbarung des Johannes im 7. Kapitel überliefert. Vergessen sein heißt auch verlassen sein, keinen Bezug mehr zu haben. Zu Recht betont Fairy von Lilienfeld, dass das Gedächtnis, auch der Märtyrer, „nicht eine Leistung des Menschen in der Kirche, sondern eine Gabe des Heiligen Geistes an die Kirche auf Erden"[4] ist. In den Märtyrern erblickt die irdische Kirche ihr himmlisches Ziel vor Augen. Der liturgische Vollzug des Gedenkens der Märtyrer geschieht herkömmlich im Kirchenraum, vor der Ikonostase (Bilderwand). Die Personen, derer man in Gottesdiensten gedenkt, sind durch ihre mannigfach gestalteten ikonographischen Abbildungen präsent. Das liturgische Gedenken, auch der Märtyrer, verknüpft sich in der Orthodoxen Kirche immer mit Ikonen.[5]

4 Fairy von Lilienfeld, Die Bedeutung der Heiligenverehrung in der orthodoxen Theologie und Volksfrömmigkeit, in: Heiligenverehrung – ihr Sitz im Leben des Glaubens und ihre Aktualität im ökumenischen Gespräch, Gerhard Ludwig Müller (Hg.), München 1986, 68.

5 Das Thema des liturgischen Gedenkens der Märtyrer birgt in sich mehrere Aspekte. Von der kirchenrechtlichen Kanonisierung bis hin zur künstlerischen Gestaltung der Ikonen. Hier kann deshalb exemplarisch auf einige Aspekte eingegangen werden.

VIII. Die Neomärtyrer-Ikone der Russischen Orthodoxen Auslandskirche in München

Im Jubiläumsjahr 1988, als die Russische Orthodoxe Kirche die Taufe der Kiever Rus in der Sowjetunion feierte, war es noch nicht möglich, der Märtyrer des 20. Jahrhunderts in gebührender Form zu gedenken. Damals, 1988, wurden ca. zehn Heilige kanonisiert, die aber alle vor dem 20. Jahrhundert gelebt hatten, also nicht aus der sowjetischen Zeit stammten. Vom Bischofskonzil der damals außerhalb der Sowjetunion seit den zwanziger Jahren des 20. Jahrhunderts etablierten russischen Auslandskirche wurde am 1. November 1981 die Verherrlichung der Neo-Märtyrer und neuen Bekenner vollzogen.[6] Neben dem offiziellen Akt der Kanonisierung wurde auch eine Ikone geschrieben, die sich in München befindet. Die Auslandskirche strebte damit ausdrücklich Versöhnung an.[7] „Das Blut der Märtyrer schreit nicht nach Rache, sondern nach Vergebung. Die Märtyrer klagen nicht an, sondern rufen zur Versöhnung, zum Glauben, zur Umkehr.“[8]

Auf der Ikone „Synaxis der von den Gottlosen ermordeten hl. russischen Neomärtyrer“ der ehemaligen Auslandskirche sind zahlreiche Personen abgebildet. Charakteristisch für diesen Ikonentyp ist, dass die abgebildeten Figuren zum Teil bekannte Persönlichkeiten und zum Teil anonyme Personen darstellen.

Die Ikone besteht aus drei Teilen und hat zwei Kolumnenränder, in denen Namen der abgebildeten Personen, vor allem der Märtyrer, geschrieben stehen. Im unteren Rand der Ikone steht geschrieben: „Das russische Land ward zum irdischen Himmel. In seinen Klüften sind die Leiber der Neomärtyrer und Bekenner geborgen, und durch himmlischen Ruhm erleuchtet sind die, welche das russische Land mit ihrem Blut getränkt und welche das Martyrium erlitten haben durch die Knechte des Satans für den christlichen Glauben und zur Erlösung von der Sünde der Gottesleugnung. Heilige Märtyrer, bittet Gott für uns.“

---

6 Gerd Stricker, Die Kanonisierung der Neomärtyrer in der Russisch-Orthodoxen Auslandskirche, in: Kirche im Osten, Bd. 26, 1983, 95–136.

7 Die Auslandskirche hat sich im Mai 2007 mit dem Russischen Orthodoxen Patriarchat von Moskau wiedervereinigt.

8 Georg Seide, Verantwortung in der Diaspora. Die Russische Orthodoxe Kirche im Ausland, München 1989, 208. Diesem Gedanken der Umkehr und der Buße begegnen wir zum Schluss des Beitrags bei Lukas Vischer: Lukas Vischer, Propheten und Märtyrer im Gedächtnis der Kirche. Zur ökumenischen Bedeutung von Märtyrern und Heiligen, in: Ökumenische Rundschau, 55. Jg. 2006, 338.

Im Mittelpunkt des ersten, obersten Ranges thront Christus. Im Hintergrund dienen ihm zwei Engel. Um Christus sind rechts (von ihm aus gesehen) seine Mutter Maria und links Johannes der Täufer und auf beiden Seiten die Märtyrer und Heiligen der Russischen Orthodoxen Kirche versammelt. Die Verse 9–17 aus dem 7. Kapitel der Offenbarung bilden hier den theologischen Hintergrund. Im zweiten Rang, der mit dem ersten Rang zusammen die Hälfte der Ikone bildet, steht im Mittelpunkt ein Kreuz auf einem Altartisch. Um dieses Kreuz sind die Hierarchen der Russischen Orthodoxen Kirche, also Patriarchen, Erzbischöfe, Metropoliten und Bischöfe, versammelt. Auf der rechten Seite (wieder die rechte Seite Christi) sind in der ersten Reihe Patriarch Tichon und auf der linken Metropolit Vladimir von Kiev dargestellt. Die Hierarchen stehen links und rechts in doppelter Reihe. Im Hintergrund sind zahlreiche weitere Geistliche stellvertretend für die namentlich unbekannten Märtyrer abgebildet.

Die andere Hälfte der Ikone, d. h. der dritte Rang, ist der Zarenfamilie und weiteren anonymen Geistlichen und Laien gewidmet. Neben Engeln sind Erwachsene und Kinder sowie Kirchengebäude abgebildet. Drei Engel – links, rechts und mittig – umrahmen diesen dritten Rang. Über dem mittleren Engel steht geschrieben: „Und das Licht scheint in der Finsternis, und die Finsternis hat es nicht begriffen“ (Joh 1,5). Der Engel selber trägt den Schriftspruch aus Psalm 66,12: „Wir haben Feuer und Wasser durchschritten; und du hast uns herausgeführt und erquickt.“

Die Zarenfamilie in der Mitte ist auf einem Ambon abgebildet. Ihre Mitglieder sind mit dem Nimbus versehen. Es sind Zar Nikolaj II., Zarin Alexandra, ihre Töchter, die Großfürstinnen Olga, Tatjana, Marija und Anastasija, und Großfürst Aleksij. Auf beiden Seiten der Zarenfamilie stehen weitere Angehörige des Zarenhofs, Generäle, Erzieherinnen bis hin zu deren Koch. Im dritten Rang der Ikone sind zahlreiche Personen ohne Nimbus dargestellt. Sie stehen stellvertretend für die zahlreichen namenlosen Märtyrer des 20. Jahrhunderts.

IX. Die Neomärtyrer-Ikone der Russischen Orthodoxen Kirche und das Patriarchat von Moskau[9]

Allein im Jahre 1937 wurden 136 900 Geistliche der Russischen Orthodoxen Kirche verhaftet und 85 300 erschossen. 1938 wurden 28 300 Geistliche verhaftet und 21 500 ermordet. Allein diese Zahlen verdeutlichen die Grausamkeit von Vernichtung und Gewalt. Wie viele Kirchen stand in den letzten Jahren und steht auch die Russische Orthodoxe Kirche vor der Aufgabe der Aufarbeitung ihrer Kirchengeschichte des 20. Jahrhunderts. Im Rahmen dieser Ausführungen kann nicht auf die sehr komplexen kirchengeschichtlichen Zusammenhänge eingegangen werden. Hier sollen schwerpunktmäßig die Vorgänge um die kanonisch-liturgische Aufarbeitung der Neomärtyrer geschildert werden.

Die offizielle Kanonisierung der Märtyrer des 20. Jahrhunderts wurde in Russland nach entsprechenden Vorbereitungen einer Synodalkommission im August 2000 von der Bischofssynode der Russischen Orthodoxen Kirche vorgenommen. Eine Synodalkommission hatte sich mit den Märtyrern des 20. Jahrhunderts beschäftigt. Der Vorsitzende der Kommission, Metropolit Juvenalij, trug am 14. August 2000 der Synode deren Arbeitsergebnisse vor. So wurden im August 2000 insgesamt 1090 Neomärtyrer und Bekenner des 20. Jahrhunderts kanonisiert. Sie setzen sich zusammen aus Bischöfen, Priestern, Diakonen, Mönchen, Nonnen, Laien sowie der Zarenfamilie. Ihrer soll jedes Jahr am 25. Januar bzw. 7. Februar des neuen Kalenders liturgisch gedacht werden. Der diesem Gedenktag gewidmete Hymnus lautet: „Heute stehen die russländischen Neumärtyrer in weißen Gewändern vor dem Lamm Gottes und singen mit den Engeln das Siegeslied. Segen und Ruhm und Weisheit und Lob und Ehre und Kraft und Stärke unserem Gott in alle Ewigkeit Amen.“[10] Nicht nur ein Gedenktag mit eigenem Hymnus, sondern auch eine eigene Ikone der Neomärtyrer wurde gefertigt. Die größte Herausforderung bildet auch hier die Zahl der darzustellenden Personen. Die Ikone aller Heiligen diente als Vorbild. Die neue Ikone der Neomärtyrer entstand als eine Gemeinschaftsarbeit der Ikonenmaler des Theologischen Instituts des Hl. Tichon in Moskau. Die Ikone hat die Maße 167 x 135 cm. Das Thema der Ikone steht auf der Ikone geschrieben: „Versammlung der russischen bekannten und unbekannten Neomärtyrer und Bekenner, die für Christus gelitten haben.“

---

9 Nikolaus Thon, Die Kanonisierung der russischen Neumärtyrer und ihre Ikone, in: Hermeneia, Zeitschrift für ostkirchliche Kunst, Heft 3, 2000, 7–27.

10 A. a. O., 17.

Am oberen Rand steht Christus in der Mitte. In dieser Deesis-Reihe steht zu seiner rechten Seite die Gottesmutter Maria. Dafür dient Psalm 44,10 als Hintergrund. Zur Linken des Herrn steht Johannes der Täufer. Die Erzengel Michael und Gabriel rahmen die beiden. Es folgen die Apostel Petrus, Paulus und Andreas.

Zwei Drittel der Ikone stellt die Versammlung der Neomärtyrer dar. Im Mittelfeld der Ikone folgen den Aposteln versammelt um den Altar die russischen Fürsten und Metropoliten, so Fürst Vladimir und die Metropoliten Pjotr und Aleksij. Auch russische Heilige wie Mönch Sergej von Radonež, Serafim von Sarov sowie Erzpriester Johannes von Kronstadt und der Starez Ambrosij von Optina sind abgebildet. Das Mittelfeld der Ikone ist nach dem Typus der Versammlung (Synaxis, Sabor) gestaltet. Vor der Moskauer Christus-Erlöser-Kathedrale sind die Märtyrer um einen Altar versammelt. Im Mittelpunkt steht das aufgestellte Kreuz auf dem Altar mit aufgeschlagenem Evangelium. Die Märtyrer machen auf die Mitte der christlichen Botschaft, nämlich auf den gekreuzigten und auferstandenen Christus, aufmerksam. Um diese Botschaft zu verkündigen, standen sie im Dienst der Kirche. Dafür wurden sie Blutzeugen. Zahlreiche Hierarchen der Russischen Orthodoxen Kirche, die namentlich bekannt sind, werden hier dargestellt, z. B. Patriarch Tichon Belavin (1865–1925) und Metropolit Pjotr Poljanskji (1862–1937). Vor dem Altartisch steht die Zarenfamilie. Über deren Kanonisierung wurde ausführlich diskutiert. Sie wurden schließlich in die Reihe der Leidensdulder eingeordnet. Um den Altar sind weitere Hierarchen versammelt, Metropolit Kiril Smirnov von Kazan (1863–1937), Agafangel Preobrazenskij von Jaroslavl (1854–1928), Bischof Afanasij Sacharov von Kovrov (1887–1962), Bischof Damaskin Cedrik von Starodub (1877–1937), Bischof Serafim Zvezdinskij von Dmitrovo (1883–1937), Erzbischof Nikolaj Dobronravov von Vladimir und Suzdal (1861–1937), Erzbischof Faddej Uspenskij von Tver (1872–1937), Bischof Vasilij Preobrazenskij von Kinesma (1876–1945), Bischof Nikita Delektroskij von Orechovo (1876–1937), Bischof Amvrosij Gudko von Sarapul (1867–1918), Erzbischof Serafim Samojlovic von Uglic (1881–1937), Erzbischof Pjotr Zverev von Voronez (1878–1929), Bischof Germogen Dolganev von Tobolsk (1858–1918), Erzbischof Andronik Nikolskij von Perm und Solikamsk (1870–1918), Bischof Varsonofij Lebedev von Kirlillovo (1871–1918), Bischof Amvrosij Poljanskij von Podolsk (1878–1932), Metropolit Vladimir Bogojavlenskij von Kiev (1848–1918), Erzbischof Hilarion Troickij von Vereja (1886–1929), Metropolit Veniamin Kazanskij von Petrograd und Gdov (1873–1922), Metropolit Serafim Cicagov von Petrograd (1856–1937), Erzbischof Luka Vojno-Jaseneckij von Krim und Simferopol (1877–1961), Bischof Porfirij Gulevic von der Krim (1864–1937).

Insgesamt 14 Einzelbilder umrahmen die Ikone. In diesen ist das Schicksal einzelner Personen und Personenkreise detailliert dargestellt. Die Peiniger sind mit ihren Waffen in dunklen Farben abgebildet. Auch die Orte sind bildlich festgehalten: Kirchen und Klöster, aus denen viele der Geistlichen während Gottesdiensten oder von Prozessionen weggeholt wurden und die als sakrale Orte geschändet und zerstört wurden. Die Christus-Erlöser-Kathedrale in Moskau war unter Stalin ganz gesprengt worden. Ihr Wiederaufbau war eine wichtige Botschaft für die Welt: Die Kirche der Märtyrer lebt weiter.

X. Eine ökumenische Neomärtyrer-Ikone in Rom

Die bisherigen Darlegungen haben gezeigt, dass sich im 20. Jahrhundert vor allem die orthodoxen Kirchen bemühten, zur Thematik des Gedenkens der Märtyrer beizutragen. Es geht um das Gedenken an die, denen Unrecht und Gewalt angetan wurde. Einen spannenden ökumenischen Ansatz bietet auf diesem Hintergrund die Ikone der Neomärtyrer in Rom. Diese Ikone befindet sich seit Herbst 2002 auf der Tiberinsel der in Rom gelegenen Kirche San Bartholomeo. Die Neomärtyrer-Ikone ist dem Gedenken der Märtyrer des 20. Jahrhunderts gewidmet. Sie wurde von Renata Schiachi angefertigt, d. h. geschrieben. Auf dieser wunderschönen Ikone sind Märtyrer aus unterschiedlichen christlichen Kirchen und Konfessionen dargestellt: Menschen aus verschiedenen Ländern der Erde, Ältere, Jüngere, Männer, Frauen, Kinder, Geistliche und Laien. Auch für diese Ikone der Neomärtyrer bilden die Verse 9–17 aus dem 7. Kapitel der Offenbarung des Johannes die Grundlage, wo die Rede von einer großen Schar aus allen Nationen, Stämmen und Völkern ist. Sie sind mitsamt den Engeln vor dem Thron des Lammes versammelt. Der Bibeltext aus der Offenbarung dient als Folie für die Deutung. Die Neomärtyrer des 20. Jahrhunderts werden identifiziert mit den ersten verfolgten Christen. Christliche Märtyrer des 20. Jahrhunderts aus der ganzen Welt kommen hier eindrücklich vor. Etwa 150 Personen stehen stellvertretend für mehrere Millionen Märtyrer des 20. Jahrhunderts. Die Neomärtyrer-Ikone von Rom stellt eine Märtyrerversammlung im Himmel und auf Erden dar. Bei der Aufteilung der Ikone sind ein Drittel des Raums dem himmlischen und zwei Drittel der irdischen Kirche eingeräumt.

Auch hier bildet auf der obersten Ebene Christus die Mitte, umkreist von vier Engeln. Zwei Gruppen von Personen mit weißen Kleidern, Palmzweige in der Hand tragend, gehen auf der linken und rechten Seite auf Christus zu (Offb 7,9 ff). Einige der Personen sind erkennbar. Rechts von Christus, von ihm aus gesehen, stehen die Gottesmutter Maria und die Apostel Petrus und Andreas. Links von Christus stehen der Jünger Johannes, Johannes der Täufer und Paulus. Am Ende der Reihen stehen jeweils die Kirchenpatronen Bartholomäus und Adelbert, die Patronen der Basilika am Tiber, in der die Neomärtyrer-Ikone aufgestellt ist.

ATTRAVERSO LA GRANDE TRIBOLAZIONE

Im Hintergrund des ersten Ranges sind auf beiden Seiten zahlreiche weitere Personen abgebildet. Diese stehen hier stellvertretend für die Märtyrer der Jahrhunderte. Auch zwei Kinder sind zu sehen. Alle tragen entsprechend Offenbarung 7,9 Palmzweige. Unter dieser Schar tragen zwei Engel ein Band, auf dem steht geschrieben: „Attraverso la grande Tribolazione“ („Aus der großen Trübsal“) nach Offenbarung 7,13–14. Es ist die Antwort auf die Frage des Sehers Johannes: Wer sind diese? Die Antwort in den Versen 16–17 ist eine Verheißung. Diese gilt auch den Märtyrern des 20. Jahrhunderts.

Zwei Drittel der Ikone sind den Neomärtyrern des 20. Jahrhunderts gewidmet. Genau in der Mitte der Ikone ist eine Kathedrale mit einer „Zwiebel“-Kuppel zu sehen. Ihr Dach und ihre Mauern sind mit Stacheldraht umgeben. Sie steht aber auf felsenfestem Boden. Eine Kirche wird zum Konzentrationslager. Auf dem mit einem roten Tuch bedeckten Altar liegt die geöffnete Heilige Schrift mit dem Zitat aus dem 17. Kapitel des Johannesevangeliums: „Tutti siamo una cosa sola“ („... dass sie alle eins sein mögen“). Durch das Zeugnis der Märtyrer vollzieht sich die Einheit der Kirche. In den Lagern und Gefängnissen haben Männer und Frauen Zeugnis abgelegt und sind sich über die verkrusteten dogmatischen Konfessionsmauern hinweg begegnet.

Über der aufgeschlagenen Bibel steht das Kreuz. Das Kreuz ist als Zeichen des Sieges über Tod und Finsternis abgebildet. Die mit dem hellen Kreuz korrespondierende brennende Osterkerze symbolisiert die Hoffnung der Auferstehung. Diese vor dem Altar brennende Osterkerze steht als Zeichen der Hoffnung und Überwindung des Todes aller Christen und auch der Märtyrer. Der auf die Grundfelsen der Kirche geschriebene Spruch aus Joh 8,12, „Christus spricht: Ich bin das Licht der Welt“, untermauert die felsenfeste Verheißung Christi. Sie trägt die Ekklesia Jesu Christi, auch wenn ihr Gewalt angetan wurde und wird. Es ist die Botschaft, die die Märtyrer in ihrer Verzweiflung und Todesangst getragen und getröstet hat. In den beiden Seitenschiffen der Kathedrale stehen (nun vom Betrachter aus gesehen) links Personen aus den orthodoxen Kirchen, so der russische orthodoxe Patriarch Tichon. Auf der anderen Seite steht Vincenzo Eugenio Bossilkow, ein bulgarischer Bischof, in der Mitte der italienische Dominikanerpater Giuseppe Girotti und neben ihm, mit einem Buch in der Hand, Dietrich Bonhoeffer. Das Leiden in der Kirche ging über die Grenzen der Konfessionen hinweg. Darum stehen die Neomärtyrer aus den verschiedenen Konfessionen gemeinsam in der Kathedrale.

Außerhalb der Kathedrale werden die Neomärtyrer zum Teil mit ihren Peinigern, wie z.B. bewaffneten Soldaten, abgebildet. Auch die Orte des Martyriums – wie Gefängnisse, Kerker, aber auch Kirchen und Klöster – sind zu sehen. Es sind die Orte, an denen sie verfolgt, gefoltert, verurteilt und erschossen worden waren. Unmittelbar unter der Osterkerze steht hinter einem Zellenfenster Pfarrer Paul Schneider, der Prediger von Buchenwald. Unter ihm wird gerade eine Kirche zerstört, aus der Menschen in Viehwagons zu den Orten ihrer Hinrichtung und Vernichtung abtransportiert werden. Rechts von Paul Schneider steht Edith Stein, links davon sind Christen aus Algerien, Indien und dem Libanon abgebildet. Daneben ist ein armenischer Priester mit der für die Geistlichen dieser Kirche typischen Kapuze abgebildet. Im Osmanischen Reich verloren während des Ersten Weltkrieges 1,5 Millionen armenische Christen ihr Leben. Über zweitausend armenische Kirchen und Klöster wurden zerstört.

Ganz unten in der Mitte ist eine Szene aus Albanien dargestellt. Zwei Kinder werden zur Taufe in die Kirche getragen. Dabei sind sie der Gewalt der Soldaten ausgesetzt. Das erinnert daran, dass in Albanien Menschen getötet wurden, weil sie andere tauften. Die Szene unten links assoziiert mit dem Bild einer Insel und einem Kloster die Solowkij-Inseln und die Märtyrer der Russischen Orthodoxen Kirche. In diesem Kloster wurden Tausende von Priestern zur Zwangsarbeit verurteilt. Nur ganz wenige haben sie überlebt.

Über den Solowkij-Inseln ist eine Gefängnisszene aus Rumänien zu sehen. Im dunkeln Gefängnis lesen die Gefangenen die Bibel. Ein Engel öffnet ihnen die Gitter.

Ganz links steht ein einsamer Gefangener aus China. Ein Engel sammelt in seinem Kelch seine Tränen. Erinnert wird hier daran, wie ein Engel Jesus am Ölberg tröstet, Lk 22,43. Über dem Chinesen stehen Menschen, die nach der Bibel diakonisch Nächstenliebe üben, Pflege der Kranken, Besuche von Gefangenen. Darüber stehen die, die das Evangelium verkündigen, die Missionare und Katecheten, und die Märtyrer geworden sind. Rechts dieser Szene wird Maximilian Kolbe im Kerker abgebildet.

Rechts unten ist der Erzbischof von San Salvador Oscar Romero mitten in einer Kathedrale abgebildet. Dort wurde er 1980 während einer Eucharistiefeier ermordet. Neben ihm stehen Pfarrer Puglisi und Bischof Juan José Gerardi aus Guatemala stellvertretend für die Märtyrer des lateinamerikanischen Kontinents. Über Erzbischof Oscar Romero stehen der anglikanische Bischof Janani Luwum aus Uganda und zwei Jugendliche aus Ruanda und Burundi. Vor ihnen der russische orthodoxe Priester Alexander Men, der im September 1990 auf dem Weg zu seiner Kirche erschlagen wurde. Ganz oben sieht man den äthiopischen Patriarchen Abuna Theophilus, den russischen orthodoxen Metropoliten Vladimir aus Kiev und weitere Märtyrer aus Mexiko und Spanien.

„Wer kalendern kann, kommt durch die ganze Welt.“ Dieser Spruch von Wilhelm Löhe beschreibt diese Ikone der Neomärtyrer von Rom sehr zutreffend. Beim „Kalendern" bzw. Betrachten dieser Ikone der Neomärtyrer trifft man auf das Netz der Märtyrer. Es ist die Wolke von Zeugen, ein Netz von Menschen, die für ihren Glauben und für den Glauben anderer eingestanden sind. Weltumspannend und über Jahrhunderte hinweg zieht sich dieses Netz. Viele Namen kennen wir, viele aber auch nicht.

XI. Ausblick

Mit drei kurzen Überlegungen soll das Thema Gedächtnis der Märtyrer in Anlehnung und Gedenken an den reformierten Theologen Lukas Vischer abgeschlossen werden.

Die Märtyrer führen die Kirche zu ihrer Mitte zurück. „Jedes echte Zeugnis, vor allem aber das Martyrium, ruft der Kirche Christi ihre eigentliche Bestimmung in Erinnerung. Die Kirche ist dazu da, Jesus Christus, den Gekreuzigten und Auferstandenen, zu bezeugen. Ihr Zeugnis findet in einer Welt statt, in der Mächte und Gewalten regieren. Ihre Verkündigung ist darum mehr als nur ein geistiger ‚Beitrag', sie ist die Ankündigung von Gottes Gegenwart inmitten der Kräfte, die sich ihr entgegenstellen. Der Zeuge, der sein Leben für Gottes Gegenwart gibt, führt darum die Kirche zu ihrem Zentrum zurück."[11]

Gott selbst kennt die wahren Zeugen – und nicht wir. „So dankbar wir uns des Zeugnisses der Propheten und Märtyrer erinnern, wissen wir doch, dass das letzte Wort über seine Authentizität bei Gott liegt."[12]

Die Märtyrer rufen uns vor allem zur Buße. „Der Umgang mit den Blutzeugen der Vergangenheit konfrontiert uns mit dem Phänomen der Gewalt. Die Geschichte der gegenseitigen Verfolgungen nötigt zu einer Haltung der Buße. Und ist Buße nicht auch die Perspektive, in der sich die Wolke der Zeugen neu zu konstituieren vermag?"[13]

Diese drei Überlegungen von Lukas Vischer bieten einen wichtigen Leitfaden bei der Beschäftigung mit dem Thema des Gedächtnisses der Märtyrer auch im 21. Jahrhundert. In den kommenden Jahren will ich versuchen, im Rahmen meiner Lehre und Forschung in diesem Sinne vorzugehen.

---

11 Lukas Vischer, Propheten und Märtyrer im Gedächtnis der Kirche (wie Anm. 8), 338.
12 A. a. O., 338–339.
13 A. a. O., 339.

Georg
Scriba

Das Zeugnis der lutherischen Kirchen im südlichen Afrika von Christus als Hoffnung für die Welt in der Auseinandersetzung mit der Apartheid[1]

I. Geschichte evangelisch-lutherischer Kirchen im südlichen Afrika

Ein kurzer Überblick der Geschichte mag die Vielfältigkeit der lutherischen Kirchen zeigen.

Frühe Anfänge des Christentums in Südafrika

15. Jahrhundert – Erste Begegnungen der portugiesischen römisch-katholischen Seefahrer (B. Diaz, V. da Gama) mit der Jägerkultur der San, der Herdenkultur der Khoi und der Agrarkultur der Bantu.

1652–1795 – Mit der Ankunft Jan van Riebeecks in der Kap beginnt die Zeit der Holländischen Ost-Indischen Kompanie, die das Reformierte Bekenntnis fördert.

1665 – Lutherischen Einwanderern wird erlaubt, am Gottesdienst der Reformierten Kirche teilzunehmen. 1774 errichten deutsche Lutheraner ihre eigene Kirche in der Strand-Straße, aber erst 1778 wird ihnen die Glaubensfreiheit erteilt. Andreas Kolver wird 1780 ihr erster Pastor.

---

1 Gehalten auf der gemeinsamen Tagung von Lutherischem Weltbund, Martin-Luther-Bund und der Evangelisch-Lutherischen Kirche in Ungarn in Révfülöp, Ungarn, 16.–18. November 2009.

1737–1744 – Mit Georg Schmidt, der in Genadendal unter den Khoi-Khoi arbeitet, beginnt die Herrnhuter Missionsarbeit. Nach seiner Ausweisung wird die Arbeit etwa 50 Jahre später, 1792, wieder aufgegriffen. (Sie werden später in Südafrika auch als „Lutherans" bezeichnet, wie „lutherisch" überhaupt in Südafrika im weiten Sinne etwa von „evangelisch" zu verstehen ist und auch Unierte einschließen kann.)

Die Hauptepoche des missionarischen Einsatzes (1800–1900)

1795 – Die britische Okkupation der Kap (1795) führt zur Gründung der Londoner Missionsgesellschaft (mit solchen berühmten Missionaren wie John Th. Vanderkemp, John Philip, Robert Moffat und David Livingstone).

1829 – Die Rheinische Missionsgesellschaft (RMS) beginnt ihre Arbeit in der Kap und Südwestafrika (Namibia), Hauptstation in der Kap wird Wuppertal, das später der Herrnhuter Brüdergemeine übertragen wird. Die anderen Gemeinden in der Kap werden der Reformierten Kirche übertragen. In Namibia breitet sich die Mission unter Nama, Herero und Rehobother aus.

1834 – Die Berliner Missionsgesellschaft (BMS) beginnt ihre Missionsarbeit in der Kap und breitet sich von dort nach Natal, in den Oranje-Freistaat, Swaziland, Transvaal und Nordtransvaal unter den Bavenda aus. Die Entwicklung von Botschabelo wird zur wichtigsten Station. Auch arbeitet sie unter den deutschsprechenden Einwanderern und Missionsangehörigen. Mit der Gründung der Gemeinde Neu-Deutschland 1848, dann Johannesburg und Pretoria (1888 und 1889) entsteht diese Arbeit.

1844 – Die Norwegische Missionsgesellschaft (NMS) kommt nach Natal und Zululand. Missionar Schreuder gründet am Rande des Zululandes die Station Umphumulo. Im Zululand selbst entstehen die Missionsstationen Empangeni und Entumeni. Auch norwegische Gemeinden entstanden in Durban und an der Südküste.

1854 – Die Hermannsburger Missionsgesellschaft (HMS), 1849 von Ludwig Harms in Hermannsburg/Deutschland gegründet, beginnt ihre Arbeit in Natal, mit den Stationen Hermannsburg, Ehlanzeni, Etembeni, und kommt auch ins Zululand. Auf Einladung des Afrikaaner-Präsidenten A. Pretorius reisen Missionare nach Botswana und Transvaal (1857), wo sie die Station Liteyane übernehmen und Dinokana gründen. Die Mission arbeitet auch unter deutschsprechenden Siedlern und Missionsangehörigen und richtet in Hermannsburg eine Schule ein.

1870 – Die Finnische Missionsgesellschaft (FMS) beginnt ihre Missionsarbeit in Südwestafrika (Namibia). Die Missionare kommen 1869 in Walvis Baai an und beginnen im folgenden Jahr ihre Arbeit unter den Ovambo. Der Anfang ist schwer, und nach 20 Jahren gibt es erst 21 getaufte Christen. Nach dem Ersten Weltkrieg kommt es zu einer Massenbekehrung im Norden des Landes.

1873 – Die Norwegische Kirchenmission entsteht, als 1866, nach seiner Weihe zum Bischof, H. Schreuder wegen eines Streites mit der Heimatleitung aus der NMS austritt und die Schreuder-Mission gründet. Die norwegischen Gemeinden in Nordamerika übernehmen 1927 als Amerikanische Lutherische Mission (ALM) die Verantwortung für diese Arbeit unter den Zulu. Nach dem Spitznamen ihres Gründers trägt die entstehende Synode zeitweilig den Namen „Mankankanane-Synode".

1876 – Die Schwedische Kirchenmission (SCM) beginnt mit der Entsendung des Missionars O. Witt ihre Arbeit unter den Zulu. Nach Erlernung der Zulusprache bei Missionar H. Schreuder wird die Station Oscarsberg in Natal angelegt. In Dundee wird ein Hospital und eine Missionsdruckerei aufgebaut, auf der 1886 angelegten Station Appelsbosch wird auch ein Krankenhaus errichtet. Mit der Jahrhundertwende (1902) beginnt ein pastoraler Dienst unter den Minenarbeitern in Johannesburg. Dort entstand auch eine schwedische Gemeinde, St. Peters in Kelvin.

1892 – Die Hannoversche Lutherische Freikirche entsteht, als 1878 vier Pastoren, darunter Missionsdirektor Th. Harms, wegen ihres Widerstandes gegen die Unionsbestrebungen ihres Amtes enthoben wurden. Obwohl auch die Hermannsburger Mission in die Auseinandersetzungen mit einbezogen ist, kommt es 1890 zu einer weitgehenden Einigung zur Hannoverschen Landeskirche. 1892 trennen sich daraufhin in Südafrika vier Pastoren der deutschen Gemeinden und zwei Missionare von der Hermannsburger Mission und schließen sich der Hannoverschen Freikirche an. Diese gründet daraufhin die Bleckmarer Mission, die die Missionsarbeit in Südafrika unter den Zulu, Tswana und den deutschen Gemeinden unterstützt.

Wachstum, Zusammenarbeit, Selbständigkeit Junger Kirchen (1900–ca. 1960)

1899–1902 – Ein neuer Einschnitt beginnt mit dem Burenkrieg und 1910 mit der Konstituierung der Union von Südafrika. Die Folgen der zwei Weltkriege 1914–18 und 1939–45 sind mit Ursache eines Drängens nach

Unabhängigkeit in den Kolonialgebieten Afrikas, etwa 1957 mit dem Aufruf „Uhuru" in Ghana.

1889 – Entstehung der Allgemeinen Lutherischen Konferenz in Natal (1889–1964), in der sich alle sechs Lutherischen Missionen in Natal beteiligen.

1895 – Konstituierung der „Deutschen evangelisch-lutherischen Synode Süd-Afrikas" (Kapkirche), die dem Bischof von Hannover unterstellt ist.

1904 – Eine Allgemeine Missionarskonferenz verschiedener Denominationen in Südafrika wird gegründet (Vorläufer des SACC).

1911 – Konstituierung der Deutschen Evangelisch-Lutherischen Synode (Hermannsburg), die sich aus elf deutschsprechenden Gemeinden zusammensetzt.

1911 – Konstituierung der Berliner Regionalsynoden in Kap, Oranje-Freistaat, Transvaal und Natal.

1912 – Entstehung der Co-operating Lutheran Missions (CLM) zwischen fünf Lutherischen Missionen in Natal/Zululand (BMS, NMS, SCM 1912, ALM 1927, HMS 1938): Koordinierung der Ausbildung von Lehrern und Pastoren, des Druckes von Bibeln und Gesangbüchern und der allgemeinen gemeinsamen Missionsarbeit.

1925 – Entstehung der Deutschen Evangelisch-Lutherischen Synode von Gemeinden im Zusammenwirken mit der Berliner Missionsgesellschaft.

1927 – Die drei deutschsprechenden Synoden (SWA, Kap und Transvaal) gründen den Deutschen Evangelisch-Lutherischen Kirchenbund (DELK-Bund) zur kirchlichen und kulturellen Zusammenarbeit.

1936 – Der Christenrat von Südafrika wird gegründet, 1968 umbenannt zum Südafrikanischen Kirchenrat (SACC).

1953 – Der Rat von Kirchen auf Lutherischer Grundlage im südlichen Afrika, „Christian Council on Lutheran Foundation" (CCLF), führt fast alle lutherischen Geistlichen zusammen und entwickelt sich zur Föderation.

1957–1966 – Die Missionskirchen werden unabhängig.

In der folgenden Liste stehen Kirchen, die sich nicht nach Rasse, jedoch vorerst nach Sprache und Kultur oder aber nach Kirchenstruktur: episkopal gegenüber kongregational, zusammengeschlossen haben.[2]

1957 – Rheinische Missionskirche in SWA (ELCSWA, heute ELCRIN);

1959 – ELC in Südrhodesien;

1959 – ELCSA Tswana Regional Kirche (ELCSA-Tswana), seit 1975 West Diözese;

1960 – ELCSA Südost Regional Kirche (ELCSA-SER), seit 1975 Südost Diözese;

2 ELC[K] steht für Evangelisch-Lutherische Kirche.

1960 – DELKSWA: Deutsche Kirche (heute ELKIN-DELK);
1960 – ELCSWA Ovambokavango-Kirche (heute ELCIN);
1960 – Herrnhuter (Moravische) Kirche Westkap;
1961 – ELCSA Transvaal Regional Kirche (ELCSA-Transvaal), seit 1975 Nord Diözese;
1961 – ELKSA (Transvaal Kirche), seit 1981 ELKSA (Natal-Transvaal) = ELCSA(NT);
1961 – ELKSA (Kapkirche);
1963 – ELCSA Kap-Oranje Regional Kirche (ELCSA-COR), seit 1975 Kap-Oranje-Diözese (ELCSA-COD);
1963 – ELKSA (Hermannsburg), seit 1981 ELKSA (Natal-Transvaal) = ELCSA(NT);
1966 – Herrnhuter (Moravische) Kirche Ostkap;
1967 – Lutherische Kirche in Südafrika (Freikirche) (LCSA) und
1972 – Freie Evangelisch-Lutherische Synode in Südafrika (FELSiSA) blieben getrennt.

Die jeweilige Pastorenausbildung fand in Umphumulo und Marang (ELCSA) statt, seit 2003 in Pietermaritzburg (gemeinsame Ausbildung des LWB, der ELCSA und VELKSA). Für die anderen Kirchen in Otjibingwe, dann in Windhoek (ELCSWA), in Heideveld (Moravische Kirche) und in Enhlanhleni, dann in Pretoria (LCSA und FELSiSA).

Föderation, Vereinigungen, Einheit der lutherischen Kirche in Südafrika (1960 bis 1995)

1964 – Gründung der Vereinigten Evangelisch-Lutherischen Kirche im Südlichen Afrika (VELKSA), die die vier meist deutschsprachigen Kirchen (Kap, DELKSWA, Transvaal und Hermannsburg) umfaßt. Die VELKSA ist verantwortlich für liturgische Fragen, für die kirchliche Arbeit in den Landessprachen und für die Ausbildung von Pastoren.
1966 – Die Konstituierung der Föderation Evangelisch-Lutherischer Kirchen im Südlichen Afrika (FELCSA), mit einer Mitgliedschaft von etwa 750 000. Dreizehn Kirchen beteiligen sich an dieser gemeinsamen Arbeit mit Ausnahme der beiden lutherischen Freikirchen.
1969–1971 – Die FELCSA-Kirchenführerkonferenz stellt die Altar- und Kanzelgemeinschaft zwischen allen Mitgliedskirchen der FELCSA fest.
1975 – Der „Swakopmund Appeal", von FELCSA-Kirchenführern verabschiedet, verurteilt fremde Prinzipien im kirchlichen Leben (Apartheid).

1975 – Die Evangelisch-Lutherische Kirche im Südlichen Afrika (ELCSA) setzt sich zusammen aus vier regionalen Kirchen, ursprünglich mit fünf Diözesen. Heute gliedert sie sich in sieben Diözesen.

1981 – Die ELKSA (Natal-Transvaal) entsteht durch den Zusammenschluß der beiden ehemals deutschsprechenden Kirchen Hermannsburg und Transvaal.

1985–1995 – Ein „Unity Committee", Einheitsausschuß, bestehend aus den drei Kirchen ELCSA (580 000 Mitglieder), ELKSA (Kap) (5000 Mitglieder), und ELKSA(N-T) (ca. 10 000 Mitglieder) erarbeitet einen neuen Verfassungsentwurf.

1991 – Die „Lutheran Communion" im Südlichen Afrika (LUCSA), die Nachfolgeorganisation der FELCSA, umfaßt insgesamt 14 Mitgliedskirchen: Die Evangelisch-Lutherischen Kirchen von Mosambik, Angola, Malawi, Zimbabwe, Botswana; die Kirchen aus Namibia: ELCIN, ELCRIN (Rheinische Kirche) und ELCIN(DELK) und die aus Südafrika: ELCSA mit sieben Diözesen, ELKSA (Natal-Transvaal), ELKSA (Kap) und die Moravische Kirche. Die gesamte Mitgliedschaft beträgt etwa 1 610 000.

II. Die Zeit der Apartheid als Herausforderung

Entstehung der Apartheid

Zwar lassen sich Rassenspannungen zu den Anfängen der Begegnung zwischen Afrikanern und Europäern zurück in die Kolonialzeit verfolgen, doch legte ab 1948 die an die Macht gekommene Nationale Partei die getrennte Entwicklung der Rassen Südafrikas mit dem Begriff der „Apartheid" durch verschiedene Gesetzgebungen fest. Südafrika sagte sich 1960 vom britischen Commonwealth los und erklärte sich zur Republik. Besonders nach dem Schüleraufstand von 1976 – auch gerichtet gegen den Unterricht in der afrikaansen Sprache – und nach den landesweiten Unruhen von 1985/86, mit dem am 12. Juni 1986 ausgerufenen Ausnahmezustand, erkannte man, daß die gegenwärtige Politik für das hochindustrialisierte und nach Demokratie strebende Südafrika nicht mehr tragfähig sei. Der fortdauernde Ausnahmezustand, die Bannung verschiedener Organisationen, die Pressezensur, die vielen Verhaftungen zeigten, daß ein neuer Weg nicht durch Gewalt, sondern durch Verhandlungen zu suchen war. 1990 begannen Verhandlungen, die 1992 zur Entlassung Mandelas aus der Haft und 1994 zu den demokratischen Wahlen führten. Mit den allgemeinen Landeswahlen im April 1994 beginnt eine als „demokratisch" bezeichnete Zeit.

Die Apartheid als kirchliche Herausforderung und Kampf

Kirchen und Christen versuchten besonders nach den Unruhen von Sharpeville auf diese Herausforderung mit Kritik und Verhandlungen Anweisung zu geben. Mit Beteiligung des Ökumenischen Rates der Kirchen (ÖRK) wurde 1960 die Cottesloer Konsultation gehalten, die den Austritt der Ned. Reformierten Kirche aus dem ÖRK und die spätere Entstehung des Christlichen Institutes zur Folge hatte. Aus dem Christlichen Rat von Südafrika (CCSA) entstand 1968 der Südafrikanische Kirchenrat (SACC), der sich zunehmend mit Unterstützung internationaler kirchlicher Verbände – wie etwa des Anti-Rassismus-Programmes des Ökumenischen Rates der Kirchen – gegen die Apartheid wandte.

- Der SACC und das Christliche Institut wandten sich 1968 mit „The Message to the People of South Africa" an die Bevölkerung, daß die Apartheid nicht vereinbar mit christlichen Werten sei.
- Beeinflußt durch Beschlüsse der Tagungen der All-Afrikanischen Lutherischen Konferenzen, verschärften sich auch die Stellungnahmen der Vollversammlungen des Lutherischen Weltbundes. 1970 wurde in Evian der sozial-politische Auftrag der Kirchen hervorgehoben, so daß 1977 in Daressalam der „status confessionis" gegenüber der Apartheidpolitik, ihrer Rechtfertigung und Unterstützung ausgerufen wurde.
- Die allgemeine Synode der NG Kerk versuchte 1974, mit der Schrift „Menschliche Beziehungen im Licht der Heiligen Schrift" die Regierungspolitik zu legitimieren, lehnte jedoch dann 1986 die theologische Rechtfertigung der Apartheid in Kirche und Zusammenleben (Kerk en Samelewing) ab.
- Die NG Sendingkerk betonte die Einheit der Kirche und verurteilte im „Belhar-Bekenntnis" die Apartheid als Sünde (1982).
- Vertreter der kontextuellen Theologie wandten sich 1985 im Kairos-Dokument nicht nur gegen die den Staat unterstützende Theologie, sondern auch gegen eine kirchlich unbeteiligte Theologie und propagierten an deren Stelle eine prophetische Theologie in der Situation Südafrikas.
- Als Weiterführung dieses Dokumentes rief der „Weg nach Damaskus" 1989 zum Bekehrungserlebnis der Kirchen in Südafrika auf (wie Paulus vor Damaskus).
- Das letzte gesamtkirchliche Dokument vor der „Wende" war die Rustenburg-Erklärung von 1990, in der fast alle Kirchen und Denominationen Südafrikas die Apartheidpolitik verwarfen. Prof. W. Jonker legte stellvertretend für die Holländisch-Reformierten Kirche ein Schuldbekenntnis ab, das Erzbischof Desmond Tutu entgegennahm.

Das Zeugnis der lutherischen Kirchen in Südafrika zur Apartheid

Anfang der sechziger Jahre beklagte man das fehlende Zeugnis der lutherischen Kirche in Südafrika in den politischen Auseinandersetzungen. Daher erbaten 1963 drei Regionalkirchen eine Untersuchung durch den Lutherischen Weltbund zum sozial-politischen Auftrag der Kirche. Der vom LWB entsandte Theologe Hans Florin wies in seinem Bericht 1965 auf die mangelnde Einheit und das Schweigen der lutherischen Kirchen hinsichtlich der sozial-politischen Fragen des Landes hin. Die Südost-Regionalkirche gab 1963 eine erste Stellungnahme heraus, aber entscheidend war 1967 das Pastoralkolleg in Umphumulo über das Verständnis der Zwei-Regimenten-Lehre Luthers. Bei dieser Tagung hielt Dr. W. Kistner ein ausführliches Referat über „*The Inter-Relation between religious and political Thinking with regards to the South African Racial Problem (1652–1976)*", in dem die lutherischen Missionen jedoch noch nicht als beeinflussend erwähnt wurden.

Am theologischen Seminar in Umphumulo sah man die Herausforderung und richtete ein **Missiologisches und Pastoralinstitut** ein, das jährlich tagte. Die Studienpublikationen zeigen die kontextuellen Themen sehr deutlich an:

1965 Das Verhältnis der Lutherischen Kirche zu den Afrikanischen Unabhängigen Kirchen
1966 Die missionarische Arbeit in städtischen Gebieten
1967 Die lutherische Zwei-Reiche-Lehre und ihre Bedeutung und ihr Zeugnis in der südafrikanischen Gesellschaft
1968 Der kirchliche Auftrag des Heilens
1969 Auffassungen über Tod und Begräbnisriten
1970 Wanderarbeit und ihre Herausforderung an die Kirchen
1971 Die Stellung der Kirche in der sozial-ökonomischen Entwicklung Südafrikas
1972 Eine relevante Theologie für Südafrika
1973 Das Heil heute für Südafrika, eine Weiterführung des Themas der Weltmissionskonferenz in Bangkok
1974 Kirche und Nationalismus in Südafrika
1977 Reichtum, Armut und das Wort Gottes
1978 Ideologien der Veränderung: Kapitalismus, Sozialismus, Marxismus und die Macht des Evangeliums.

Die deutschen Kirchen in Südafrika nahmen eine zurückhaltende Rolle ein, bis auch sie im Rahmen der FELCSA, aber auch schon vor der Vollversammlung in Budapest, die Apartheid offiziell ablehnten.

III. Die Siebente Vollversammlung des Lutherischen Weltbundes in Budapest 22. 7.–5. 8. 1984

Die Siebente Vollversammlung

Mit dem Thema „*In Christus – Hoffnung für die Welt*" trafen sich 315 Delegierte aus 97 Mitgliedskirchen, 300 Jugendteilnehmer/innen, 50 LWB-Stabsmitglieder, 270 Pressevertreter/innen, 1500 Berater/innen, Beobachter und offizielle Gäste aus über 100 Ländern auf fünf Kontinenten zum ersten Mal in Budapest, in der sogenannten Zweiten Welt, einem der Länder Mittel- und Osteuropas, die damals unter sozialistischer Herrschaft standen.

Hauptbeschlüsse waren die Suspendierung der LWB-Mitgliedschaft zweier „weißer" Kirchen aus dem südlichen Afrika und die aufgenommene Erklärung, daß sich alle Mitgliedskirchen in Kanzel- und Abendmahlsgemeinschaft befindlich wissen sowie daß mindestens 40 Prozent der Delegierten bei der Achten Vollversammlung Frauen sein sollten.

Die Hauptreferate wurden gehalten von: Prof. Dr. Klaus-Peter Hertzsch, Deutschland (DDR): „In Christus – Hoffnung für die Welt"; Dr. Emmanuel Abraham, Äthiopien: „In Christus – Hoffnung für die Schöpfung"; Prof. Carl Friedrich von Weizsäcker: „In Christus – Hoffnung für die Menschheit"; Dr. Margaret Wold, USA: „In Christus – Hoffnung für die Kirche (Mission)"; Pfr. Dr. William Lazareth, USA: „In Christus – Hoffnung für die Kirche (Ökumene)".

Bezeichnend war, daß Prof. von Weizsäckers brisante Befürchtung, der schwelende Ost-West-Konflikt im Rüstungswettlauf könne in einen Atomkrieg auslaufen, völlig vom Nord-Süd-Konflikt überschattet wurde.

Konfessionelle Integrität

Die aufsehenerregendste Entscheidung der Vollversammlung war der Beschluß, die Mitgliedschaft zweier Kirchen im südlichen Afrika, der Evangelisch-Lutherischen Kirche im Südlichen Afrika (Kapkirche) und der Deutschen Evangelisch-Lutherischen Kirche in Südwestafrika (Namibia), ruhen zu lassen.

Bei der Vorbereitung der Vollversammlung war Aussagen Präsident Josiah Kibiras zufolge deutlich geworden, daß die Entscheidung, die Mitgliedschaft dieser Kirchen ruhen zu lassen, die einzige angemessene Haltung sei. Schon in der Vorbereitungssitzung in Harare habe man festgestellt, daß beide Kirchen nicht den Forderungen von Daressalam entsprochen hätten.

Die beiden Kirchen beantragten daraufhin, von sich aus die Mitgliedschaft vorerst ruhen zu lassen, aber in der Versammlung wurden die Kirchen aufgerufen, nun auch die Medizin zu schlucken.

Einige Teilnehmer, besonders aus der Bundesrepublik Deutschland, sprachen gegen die Suspendierung, stärkten damit aber auch die Verbindungen zwischen Vertretern von Kirchen aus Mittel- und Osteuropa und den Kirchen der Dritten Welt.

Es wurde auch die traditionelle lutherische Zögerlichkeit gegenüber Entscheidungen mit soziopolitischen Implikationen problematisiert. Darüber hinaus wurde die Frage gestellt, ob es ekklesiologisch angebracht sei, daß der Weltbund Disziplinarmaßnahmen gegen Mitgliedskirchen ergreife.

In geheimer Wahl stimmten 222 Delegierte für den Antrag, 23 dagegen und 29 enthielten sich der Stimme (Offizieller Bericht, S. 187ff).

Der Wortlaut der Erklärung des LWB über „Südliches Afrika: Konfessionelle Integrität"

Die Siebente Vollversammlung des Lutherischen Weltbundes nahm ausführliche Berichte über die Situation im südlichen Afrika zur Kenntnis und

1. BEKRÄFTIGT die Resolution der Sechsten Vollversammlung (Daressalam 1977) über „Südliches Afrika: Konfessionelle Integrität".
2. RUFT ihre weissen Mitgliedskirchen im südlichen Afrika, die Evangelisch-Lutherische Kirche im Südlichen Afrika (Kapkirche) und die Deutsche Evangelisch-Lutherische Kirche in Südwestafrika/Namibia NACHDRÜCKLICH UND DRINGLICH AUF, das Apartheidsystem (getrennte Entwicklung) öffentlich und unzweideutig abzulehnen und die aus rassischen Gründen bestehende Spaltung der Kirche zu beenden.
3. kommt mit Bedauern zu dem Schluss, dass dieses Ziel noch nicht zufriedenstellend erreicht worden ist, und STELLT FEST, dass sich diese Kirchen praktisch aus der Bekenntnisgemeinschaft zurückgezogen haben, die die Grundlage der Mitgliedschaft im Lutherischen Weltbund bildet. Die Vollversammlung sieht sich deshalb gezwungen, DIE MITGLIEDSCHAFT der vorstehend genannten Kirchen RUHEN ZU LASSEN. Diese Massnahme soll diesen Kirchen helfen, zu einem klaren Zeugnis hinsichtlich der Politik der Apartheid (getrennte Entwicklung) zu gelangen und sich auf sichtbare Gemeinschaft der lutherischen Kirchen im südlichen Afrika zuzubewegen.
4. VERSTEHT ruhende Mitgliedschaft dahingehend, dass diese Kirchen keine stimmberechtigten Delegierten zu einer LWB-Vollversammlung oder zu offiziellen Tagungen entsenden können und dass ihre Mitglieder nicht in Leitungsorgane des Weltbundes gewählt werden können.

5. WEIST das Exekutivkomitee AN, das Ruhen der Mitgliedschaft der betreffenden Kirchen zu beenden, wenn sie zufriedenstellende Massnahmen ergriffen haben, um die rechtlichen und praktischen Voraussetzungen für die Abschaffung der Praxis der Apartheid im Leben der Kirchen und ihrer Gemeinden zu schaffen.
6. BIETET den lutherischen Kirchen im südlichen Afrika jede Unterstützung und Hilfe bei ihrem Bemühen AN, Zeugnis für das Evangelium der Gnade Jesu Christi abzulegen und sich auf sichtbare Einheit zuzubewegen. Diese Unterstützung und Hilfe sollte umfassen:
   a) einen Besuch einer Delegation des Weltbundes, um die lutherischen Kirchen im südlichen Afrika zu beraten und zu ermutigen;
   b) die Ermutigung zu anderen regelmässigen Besuchen bei den Kirchen durch andere Mitgliedskirchen und den Weltbund;
   c) einen ständigen Aufruf an Mitgliedskirchen auf der ganzen Welt, alle lutherischen Kirchen und alle Kirchen im südlichen Afrika im Gebet zu unterstützen;
   d) die ständige Verpflichtung zu aktivem Engagement des LWB und seiner Mitgliedskirchen und das Bemühen um Unterstützung friedlichen und konstruktiven Wandels hin zur Gleichberechtigung aller Völker im südlichen Afrika.
7. ERMUTIGT alle Mitgliedskirchen, sich im Lichte der Heiligen Schrift ständig selbst zu prüfen und alle Formen der Rassendiskriminierung abzulehnen.

Erklärung zu Namibia

Die Versammlung bekräftigt: [...]

8. die wiederholte Stellungnahme der Mitgliedskirchen des LWB und des Rates der Kirchen in Namibia, dass die Verwirklichung der Resolution 435 des Sicherheitsrates der Vereinten Nationen die einzig gangbare und annehmbare Lösung der Namibiafrage ist;
9. den wiederholten Aufruf der Mitgliedskirchen des LWB und des Rates der Kirchen in Namibia nach einem sofortigen Waffenstillstand zwischen der SWAPO und Südafrika im Rahmen der Resolution 435;

ruft den LWB und seine Mitgliedskirchen auf:

10. wachsam zu sein im Widerstand gegenüber der südafrikanischen Propaganda und den Versuchen, unsere konfessionelle Ablehnung der Apartheid zu kompromittieren;
11. die Unterstützung der namibischen Kirchen in ihrem Widerstand gegen die illegale südafrikanische Besetzung Namibias und gegen die durch diese Besetzung verübten Ungerechtigkeiten fortzusetzen und zu verstärken;
12. den namibischen Kirchen in ihrem ganzheitlichen Dienst an den Opfern einer sich rasch verschlimmernden Situation fortdauernde und verstärkte Unterstützung zu gewähren;

13. bei den Regierungen vorstellig zu werden und sie zu drängen, ständig für die sofortige Verwirklichung der Resolution 435 des Sicherheitsrates der Vereinten Nationen aus dem Jahre 1978 einzutreten.

Arbeitsgruppe 10: Rassismus in Kirche und Gesellschaft:

Die Versammlung beschließt,
10.6. alle Mitgliedskirchen aufzufordern, sichtbare und konkrete Schritte (einschliesslich Warenboykott und Rückzug von Investitionen) zu unternehmen, um jede wirtschaftliche und kulturelle Unterstützung der Apartheid einzustellen, sowie ihre Regierungen, Wirtschaftsorganisationen und insbesondere Gewerkschaften zur strikten Einhaltung der militärischen Sperre und der Erdölsperre, des Boykotts in kultureller, sportlicher Hinsicht und beim Transfer und der Einfuhr von Atomtechnologie zu drängen, um Südafrika solange zu isolieren und kaltzustellen, bis die Apartheid völlig niedergerissen ist.

[...]

10.10. Wir und die Gesellschaften, in denen wir leben, sind vom Rassismus infiziert. Daher leiden der LWB und alle unsere Kirchen unter der Krankheit des Rassismus. Wir bekennen uns der Sünde des Rassismus schuldig. Wir bereuen den Schaden, den der Rassismus weiterhin im Leben der Menschen anrichtet. Wir verpflichten uns, uns zu ändern. Wir fordern unsere Kirchen auf, ihr Leben zu prüfen, sich der Sünde des Rassismus schuldig zu bekennen und ihr Leben aktiv zu bessern.

Die ELKSA(Natal-Transvaal)

Aufgrund des Suspendierungsbeschlusses zog der Präses der ELKSA(N-T), Müller-Nedebock, den Antrag um Mitgliedschaft seiner Kirche im Lutherischen Weltbund bis auf weiteres zurück.

Stellungnahme der Kapkirche

In einer Erklärung vom 15. 9. 1984 beanstandete die Kapkirche den Vorwurf, daß sie sich „*praktisch aus der Bekenntnisgemeinschaft zurückgezogen habe, die die Grundlage der Mitgliedschaft im Lutherischen Weltbund bildet*“ (Protokoll des LWB).

Sie stellte fest, daß sie laut ihrer Verfassung in Bekenntnisgemeinschaft und damit in Kanzel- und Abendmahlsgemeinschaft mit allen anderen lutherischen Kirchen gleichen Bekenntnisses stehe, ungeachtet der Fehler, die jeder Christ zu bekennen habe. Damit widerspreche der Beschluß von Budapest gerade dieser Bekenntnisgemeinschaft, die in Budapest beschlossen wurde, und gefährde die Grundlagen von CA VII, wo die wahre Einheit der Kirchen in der rechten Verkündigung und dem rechten Gebrauch der Sakramente liegt.

Gegenüber ihren Partnerkirchen in Südafrika bekräftigte die Kapkirche die Kanzel- und Abendmahlsgemeinschaft innerhalb der FELCSA und die Einheitsgespräche mit ELCSA und ELKSA(N-T).

Gegenüber dem LWB erklärte sie ihre Betrübnis über den Suspendierungsbeschluß des LWB und beanstandete verbale Äußerungen und andere Veröffentlichungen, die Unwahrheiten enthielten.

Ihre Gemeinden und Pastoren rief sie auf, an der Grundlage der Verfassung festzuhalten, die geschwisterliche Nähe und Einigkeit zu Nachbargemeinden und in der Kirche zu unterstützen und aufzubauen.

Interpretation und Folgen des Beschlusses für die DELK(SWA)

Landespropst Blank empfand, daß sich im Suspendierungsbeschluß der unausgesprochene Ausdruck der Ohnmacht des LWB dem Unrechtsregime in Pretoria gegenüber zeige. Durch die Maßregelung der kleinen weißen Kirchen sollte vertretungsweise das weiße Apartheidregime getroffen werden. Mit dem Vorschlag der Selbstsuspendierung habe er dem LWB helfen wollen, keine Fehlentscheidung zu treffen.

Er befürchtete, daß rechtsgerichtete, konservative Glieder der DELK, die in einer vielrassigen kirchlichen Einheit den Sieg des Kommunismus sahen, nun Überhand gewinnen könnten. In Namibia wurde unter dem früheren Landespropst Kauffenstein eine „SOS-Notgemeinschaft" gesammelt, für die die Budapester Beschlüsse Wasser auf die Mühlen ihres Kampfes gegen die kommunistische Unterwanderung waren.

Bei der kurz nach Budapest stattfindenden Windhoek-Synode der drei lutherischen Kirchen in der Vereinigten Kirche (VELKSWA) wurde Landespropst Blank (DELK) zum Präsidenten, wohl als Korrektur zu Budapest, gewählt. Als einen dummen Beschluß empfand er den Austritt der DELK aus dem CCN (Council of Churches) am 23. August 1987 auch wegen zu großer politischer und personeller Nähe zur SWAPO. Denn seit 1973 hatte die DELK als Mitglied dem Rat angehört.

Die ELCSA

Die ELCSA trat bald nach der Vollversammlung aus der Gemeinschaft der Föderation (FELCSA) aus, weil sie hier keine Einheitsfortschritte sah, aber wohl auch wegen des schwelenden Botswanakonfliktes. Erst 1991 kehrte sie zurück, nach Umbenennung zur LUCSA, die nun auch die lutherischen Kirchen in Mosambik, Angola, Simbabwe und Kenia umfasst und als Regionaler Rat des LWB angesehen wird. Der ehemals leitende Bischof der ELCSA, Johannes Ramashapa, ist seit 2009 der Generalsekretär der LUCSA.

Das Unity Committee

Obwohl schon vor Budapest eingerichtet, haben Vertreter der ELCSA, ELKSA (Kap) und ELKSA(N-T) sich von 1985 bis 1995 jährlich mehrmals im *Unity Committee* getroffen, um einen Verfassungsentwurf einer neuen Kirche zu erarbeiten und Einheit schon praktisch zu leben.

Wie in Namibia soll Anfang 2010 eine vereinigte lutherische Kirchenleitung der drei Kirchen (ULC) ins Leben gerufen werden, die den Weg der Vereinigung und die Verbindungen zu ökumenischen Körperschaften vereinfachen und stärken soll.

Die theologische Ausbildung

Die „lutherische" theologische Ausbildung wurde in Südafrika und in ganz Afrika vom LWB energisch unterstützt. Delegationen – etwa 1983, 1989 und wiederum 1992 – untersuchten die Lage und unterstützten zuerst die Zusammenlegung der Seminare in Marang (Transvaal) und in Umphumulo (Natal) und dann die weitere Zusammenlegung in Pietermaritzburg, in Zusammenarbeit mit der Universität von Natal, als eine von drei lutherischen Ausbildungsstellen in Afrika. Seit 1993 kamen zunehmend *Post-graduate*-Studenten aus ganz Afrika, Europa und den USA nach Natal. Mit Hilfe des LWB, der EKD und des ELM wurde das *Lutheran House of Studies* aufgebaut und wuchs von einem Heim mit etwa 20 Studenten in wenigen Jahren auf etwa 80 Studenten.

Im Jahre 2003 wurde das Theologische Seminar in Umphumulo geschlossen, und nun kamen auch die ELCSA-Studenten zur *School of Religion and Theology* nach Pietermaritzburg und wohnten im umgebauten *Lutheran Theological Institute*. Sechs lutherische Dozenten lehren an der Universität, von denen zwei vom LWB bezahlt werden. Die ELCSA hat Anfang 2009 mit 25 Studenten einen neuen theologischen Diplomakurs eingerichtet.

Veröffentlichungen der VELKSA und ELKSA(N-T) zur „Apartheid"

Eine „Handreichung" zu den sozial-politischen Fragen des Landes wurde schon vor Budapest im Dezember 1983 erstellt, in der die Apartheid von der VELKSA und der ELKSA(N-T) eindeutig abgelehnt und eine versöhnende Ethik in den Mittelpunkt gestellt wurde. Gegenüber einer *„bewahrenden Ethik"*, die den Status quo durch die Restauration erhält, und einer *„eschatologischen Ethik"*, die die Gesellschaft nach Maßstäben des Reiches Gottes revolutionär neu gestalten will, wurde die *„Ethik im Zeichen des Kreuzes"* gestellt, die die Spannung zwischen Vergangenheit und Zukunft durch eine ständige Reformation erträgt.

Die kirchlichen Mitarbeiter der ELKSA(N-T), der Kapkirche und der ELCSA trafen sich vom 16.–20. 9. 1985 mit einer Delegation des Rates der EKD in La Verna. Die EKD erstellte bald eine neue *„Einvernehmliche Übergangsregelung"* an Stelle der vorigen Verträge.

Am 13. 9. 1986 veröffentlichte die Kirchenleitung der Vereinigten Kirche (VELKSA) unter dem Titel *„Christus ist unsere Hoffnung"* eine Stellungnahme, daß *„viele von uns lange in gutem Glauben eine Politik unterstützt haben, deren verhängnisvolle Folge wir nicht erkannten* [...] *die einzige umfassende Reform ist die vollkommene Abschaffung der ‚Apartheid'"*. Diese Erklärung wurde als Schuldbekenntnis verstanden, weist doch das Dokument auch darauf hin, daß *„wir nicht genügend auf die Stimme unserer schwarzen Brüder gehört haben"* (Ottermann, R. 1986, UELCSA Message).

Deutlich war auch die Eingabe der ELKSA(N-T) vom 19. März 1998 an die *Wahrheits- und Versöhnungskommission.* Ein Auszug:

> „Wir sind uns nicht bewußt, daß die Kirche nach der Definition im Gesetz der Wahrheits- und Versöhnungskommission ‚schwere Menschenrechtsverletzungen' begangen hat. Manche Einzelmitglieder können jedoch unter diese Kategorie fallen. Wir sind uns jedoch bewußt, daß wir sowohl als Kirche als auch als Einzelmitglieder tief in der Ungerechtigkeit der Apartheidära als solche verstrickt waren, und möchten dieses Bewußtsein und das aufrichtige Bedauern über diese Tatsache zu Protokoll geben."

Aufhebung der Suspendierung 1992

Auf Grund von M. Gorbatschows Politik („Perestroika/Glasnost“) und der daraus resultierenden Ost-West-Entspannung mit dem Mauerfall in Berlin am 9. 11. 1989 kam es auch zur Entspannung in der Politik Südafrikas mit seinen Nachbarn. Namibia wurde in der gleichen Woche wie der Berliner Mauerfall unabhängig.

Etwa zeitgleich mit der Aufhebung der Bannung der verschiedenen politischen Oppositionsorganisationen im Februar 1990 und der Entlassung Mandelas aus der Gefangenschaft 1992 wurde der Beschluß der LWB-Exekutive vom Dezember 1991 vom Rat des LWB in der Sitzung vom 13.–23. September 1992 in Madras, Indien, ratifiziert (vgl. Ziff. 5 der Erklärung von 1984). So wurde die Suspendierung der „weißen“ Kirchen im südlichen Afrika aufgehoben und diese wieder, zusammen mit der ELKSA(N-T), voll in den LWB aufgenommen.

Schon vor der Tagung des LWB in Budapest wurde der Antrag der ELKSA (N-T) um Aufnahme im SACC mit Beobachterstatus 1984 abgelehnt. Diese Verweigerung blieb bis nach der Wende 1994, als die ELKSA(N-T) dann als volles Mitglied im SACC aufgenommen wurde und seitdem dort und in den Provinzräten mitarbeitet.

IV. Der heutige Auftrag

Die Struktur etwa der ELKSA(N-T) hat sich seit den achtziger Jahren gewandelt: Vier von etwa vierzig Gemeinden haben einen größeren Prozentsatz an schwarzen als weißen Mitgliedern. Gottesdienste werden in fast allen Gemeinden in mehreren Landessprachen gehalten.

Als Mitglieder in der LUCSA und des SACC und seiner Regionalverbände haben sich die südafrikanischen lutherischen Kirchen seit der Vollversammlung in Budapest und besonders seit 1994 zu verschiedenen, meist ethischen Fragen, auch gemeinsam, an die Öffentlichkeit gewandt.

Die ehemals deutschen Kirchen sind nun Teil des Lebens und der Probleme Südafrikas geworden:

- Innerhalb ELCSA(N-T) wurde in den vergangenen 15 Jahren über Morde und Mordanschläge in der Kirche (20 von 10 000 jährlich in den Jahren 1992–97) berichtet.
- Auch wir leben in den Spannungen der regierenden Partei, zwischen den Mbeki- und Zuma-Fraktionen.

- Wir befassen uns auch mit der Zerstörung der Schöpfung,
- der Korruption und öffentlichen Inkompetenz der Verwaltungsstellen,
- mit der sich erweiternden Kluft zwischen Armen und Reichen,
- der zeitweiligen oder endgültigen Auswanderung von Familiengliedern ins Ausland, auch wegen des Arbeitsausgleiches („Affirmative Action"),
- mit dem Ausgleich des Landbesitzes, der langwierig ist und bei dem die Gerichte Mühe haben, gerechte Urteile zu fällen,
- mit der HIV/AIDS-Pandemie (z. Zt. in Südafrika mit einer Infektionsrate bei mehr als 25 %). Diese trifft auch die Kirchen. Bei den LUCSA-Konsultationen und in vielen ökumenischen kirchlichen Gremien wird darüber beraten, wie die Kirchen in Seelsorge, christlicher Persönlichkeitsbildung und Verkündigung helfen können.
- Und wir befassen uns mit der oft untergeordneten Rolle der Frauen und Kinder und der damit immer wieder verbundenen Unterdrückung bis hin zur Vergewaltigung.

Die veränderte Situation der Kirche

Aus dem Kirchenleitungsbericht der ELKSA(N-T) zur Synode vom 15.–18. 10. 2009:

> „Vieles hat sich in den letzten zwanzig Jahren in unserer Kirche verändert. Sprachlich, kulturell und rassenmäßig sind wir eine vielfältige und ‚bunte' Kirche geworden; Christen aus anderen Kirchen haben sich uns angeschlossen, neue Gedanken, Traditionen, neues Liedgut und andere theologische Akzente wurden mitgebracht; nicht konfirmierte, aber getaufte Kinder dürfen am Abendmahl teilnehmen; in vielen Gemeinden haben die Gottesdienste eine neue Form angenommen usw. Deshalb haben sich vergangene Synoden mit der Frage nach dem Wesen der Kirche befasst: Was heißt es, Kirche zu sein? Was heißt es, lutherische Kirche in Südafrika zu sein? Was sind unser spezifischer Beitrag, unser Ruf, unsere Identität? Dieses ist allerdings weder nur eine Frage nach der theologischen Identität, noch eine abstrakte, theoretische Frage. Diese Frage hat einerseits mit dem theologischen Selbstverständnis zu tun, aber gleichzeitig mit der Frage nach den Konsequenzen für das tägliche Leben der Kirche, ihre Verkündigung, ihre Liturgie, ihre Spiritualität und ihre Aktivitäten, ihren diakonischen Einsatz."

V. Ausklang

Wir haben gerade Reformationstag gefeiert, und ich möchte statt der 95 Thesen nur sieben Thesen an die Tür unseres Tagungsortes schlagen. Die „törichten" sieben Worte vom Kreuz zusammen mit den sieben Siegesworten Jesu aus dem Johannes-Evangelium. Diese Thesen stehen, wie bei Paulus, über allen Fragen forschender Weisheit oder der heute so begehrten Zeichenforderung.

1. Wenn unser Herr und Meister Jesus Christus am Kreuz spricht: „*Vater, vergib ihnen, denn sie wissen nicht, was sie tun*" und zugleich: „*Ich bin der gute Hirte*", dann will er auch uns Verlorene suchen und das Unmögliche ermöglichen, einander zu vergeben.
2. Wenn unser Herr und Meister Jesus Christus am Kreuz spricht: „*Wahrlich, ich sage dir: Heute wirst du mit mir im Paradies sein*" und zugleich: „*Ich bin die Tür*", so sind keine Menschen so schuldig und unannehmbar, daß nicht auch ihnen der Weg und die Tür zum wahren Leben aufgetan werden kann.
3. Wenn unser Herr und Meister Jesus Christus am Kreuz spricht: „*Frau, siehe, das ist dein Sohn!*", „*Siehe, das ist deine Mutter!*" und zugleich: „*Ich bin der Weinstock, ihr seid die Reben*", dann will er, daß auch wir Verwundeten uns unter dem Kreuz gegenseitig annehmen und in seiner Einheit bleiben.
4. Wenn unser Herr und Meister Jesus Christus am Kreuz spricht: „*Mein Gott, mein Gott, warum hast du mich verlassen?*" und zugleich: „*Ich bin das Licht der Welt*", so sind auch die von Gott Entferntesten nicht alleine, sondern in seinen Schrei der Verlassenheit und auch in seinem Licht mit eingeschlossen.
5. Wenn unser Herr und Meister Jesus Christus am Kreuz spricht: „*Mich dürstet!*" und zugleich: „*Ich bin das Brot des Lebens*", so bietet er sich auch uns in unserem leiblichen, geistigen und seelischen Hunger und Durst, im Wasser, Wein und Brot des Lebens an.
6. Wenn unser Herr und Meister Jesus Christus am Kreuz spricht: „*Es ist vollbracht!*" und zugleich: „*Ich bin der Weg und die Wahrheit und das Leben*", so nimmt er alle unsere Unvollkommenheiten auf sich, vollendet sie und zeigt uns den Weg der Wahrheit zum Leben.
7. Wenn unser Herr und Meister Jesus Christus am Kreuz spricht: „*Vater, ich befehle meinen Geist in deine Hände!*" und zugleich: „*Ich bin die Auferstehung und das Leben*", dann will er, daß auch unser Leben und Sterben in Gottes Händen liegt und uns nichts, aber auch gar nichts, von dieser Liebe Gottes in Jesus Christus trennen kann.

Literatur

Alberts, Louw/Chikane, Frank (Hg.), The Road to Rustenburg – The Church looking forward to a new South Africa, Cape Town 1991.

Assur, Mervyn (Hg.), Handbook of the Evangelical Lutheran Church in Southern Africa, Johannesburg 1984.

Bammann, Heinrich, Grenzerfahrungen des Bösen – Persönliche Erlebnisse und Deutungen mit Ausblick auf die beste Zusage des Lebens, mission specials 3, VTR, Hamburg 2005.

Bengu, S. M. E., Chasing Gods not our own, Pietermaritzburg 1975.

Beyerhaus, Peter, Die Selbständigkeit der jungen Kirchen als missionarisches Problem, Barmen 1959.

Bosch, David, Transforming Missions: Paradigm shifts in mission, 1991.

Bosch, David, Witness to the World, The Christian Mission in Theological Perspective, UNISA 1980.

De Gruchy, John, The Church Struggle in South Africa, Cape Town 1979.

The Dictionary of African Christian Biography (DACB), updated May 2003, http:\\www.gospelcom.net/dacb.

Du Plessis, Johannes, A History of Christian Missions in South Africa, London 1911, Facsimile Reprint: Cape Town 1965.

Elphick, Richard/Davenport, Rodney (Hg.), Christianity in South Africa. A Political, Social & Cultural History, Oxford/Cape Town 1997.

Filter, Heinrich/Bourqion, S. (Hg.), Paulina Dlamini – Servant of Two Kings, Pietermaritzburg 1986 (deutsch: Heinrich Filter, Ich diente zwei Herren – Paulina Dlamini erzählt ihr Leben, Hermannsburg 2002).

Florin, Hans, Lutherans in South Africa (Survey Report 1964–65), Benoni 1965.

Froise, Marjorie (Hg.), South African Christian Handbook – 1999–2000, Welkom 2000.

Gerdener, G. P., Recent Developments in the South African Mission Field, London 1958.

Haccius, Georg, Denkschrift über die von 1887–1889 abgehaltene General-Visitation der Hermannsburger Mission in Süd-Afrika, Hermannsburg 1980.

Harms, Hartwig F., Concerned for the Unreached Life and Work of Louis Harms, Founder of the Hermannsburg Mission, Addis Abeba/Hermannsburg 1999.

Hasselhorn, F., Bauernmission in Südafrika. Die Hermannsburger Mission im Spannungsfeld der Kolonialpolitik 1880–1939, Erlangen 1988.

Hildebrandt, Jonathan, History of the Church in Africa. A Survey, Ghana 1981 (^{3}1990).

Hinchliff, Peter, The Church in South Africa, Church History Outlines, London 1968.

Hinz R./Kürschner-Pelkmann, F. (Hg.), Christen im Widerstand. Die Diskussion um das südafrikanische KAIROS-Dokument, Texte zum KED 40, Stuttgart 1987.

Hofmann, H.-K., Südafrika: Widerstand und Vergebung. Auf dem Weg zur Überwindung der Apartheid. Darstellung und Dokumente, Gütersloh 1987.

Hofmeyr, J. W. (Hoffie)/Millard J. A./Froneman, C. J. J. (Hg.), History of the Church in South Africa. A Document and Source Book, Pretoria 1991.

Hofmeyr, J. W. (Hoffie)/Pillay, Gerald J. (Hg.), A History of Christianity in South Africa Volume 1, HAUM Tertiary, Pretoria 1994.

Hoimyr, N. K. (Hg.), Building together. Church and Society in KwaZulu-Natal, Exhibition supported by the Norwegian Embassy in Pretoria in connection with the Norwegian Centennial Anniversary, NMS Archives Stavanger 2005.

Kistner, Wolfram, 1968, The Inter-Relation between Religious and Political Thinking with regard to the South African Racial Problem (1652–1967), in: Lislerud, G. (Hg.), Lutheran Teaching on the Two Kingdoms, Umpumulo LTC 1968.

Kritzinger, J., Statistiese Beskrywing van die Godsdienstige Verspreiding van die Bevolking van Suid-Afrika, ISWEN, Pretoria 1985.

Leatt J./Kneifel T./Nürnberger K., Contending Ideologies in South Africa, Cape Town/Johannesburg 1986.

Lehmann, Hellmut, 150 Jahre Berliner Mission, Erlangen 1974.

Lema, Anza (Hg.), Protokoll der Plenarsitzungen der Siebenten Vollversammlung des Lutherischen Weltbundes, Budapest, Ungarn, 22. Juli–5. August 1984 (hektographiert) 1985.

Lienemann-Perrin C./Lienemann, W. (Hg.), Politische Legitimität in Südafrika. Freiheits-Charta gegen Minderheitsherrschaft, FEST A, 27, Heidelberg 1988.

Lüdemann, Ernst-August, „Lasst uns über den See fahren". Standort und Ausblick des Ev.-luth. Missionswerkes in Niedersachsen 2003, Hermannsburg 2003.

Lutheran World Information (LWI), Vol. 1, 2009, Geneva.

Mau, Carl (Hg.), Budapest 1984 – „In Christus – Hoffnung für die Welt", Offizieller Bericht der Siebenten Vollversammlung des Lutherischen Weltbundes, Budapest, Ungarn, 22. Juli–5. August 1984, LWB-Report Nr. 19/20, Stuttgart 1985.

Meiring, Piet, Chronicle of the Truth Commission, Vanderbijlpark 1999.

Millard, J. A., Malihambe. Let the Word spread, Pretoria [2]2002.

Morran, E./Schlemmer, L., Faith for the Fearful. An Investigation into new Churches in the greater Durban area, Durban 1984.

Nolan, Albert, God in South Africa. The challenge of the Gospel, Cape Town/Johannesburg 1989.

Nürnberger, K./Tooke, J. (Hg.), The Cost of Reconciliation in South Africa, The NIR Reader No. 1, Cape Town 1988.

Nürnberger, Klaus, Theology of the Biblical Witness. An evolutionary approach, Münster 2002.

Nürnberger, Klaus, Biblical Theology in Outline. The Vitality of the Word of God, Pietermaritzburg 2004.

Nürnberger, Klaus, Martin Luther's message for us today. A perspective from the South, Pietermaritzburg 2005.

Nürnberger, Margarete, A Zulu Martyr? What are the factors that led to the sparse and irregular public commemoration of Maqhamusela Khanyile in the Lutheran Church to which he belonged, MTh Rhodes University 2000.

Ottermann, R., UELCSA: Message of hope to the congregations (13. 9. 1986 hekt.).

Ottermann, Reino, The Centenary of the Synod 1895–1995, Evangelical Lutheran Church in Southern Africa (Cape Church), Cape Town 1995.

Phiri Isabel et al., Her-Stories: Hidden Histories of Women of Faith in Africa, Pietermaritzburg 2002.

Pillay G. J./Hofmeyr J. W. (Hg.), Perspectives on Church History. An Introduction for South African Readers, Pretoria 1991.

Prozesky, Martin/de Gruchy, John (Hg.), Living Faiths in South Africa, Cape Town/Johannesburg/New York/London 1995.

The Road to Damascus – Kairos and Conversion, Institute of Contextual Theology, Johannesburg 1989.

Schjørring, Jens Holger/Kumari, Prasanna/Hjelm, Norman, Vom Weltbund zur Gemeinschaft. Geschichte des Lutherischen Weltbundes 1947–1997, Hannover 1997, S. 352ff.

Schroeder, Bert, Joseph Zulu, Pietermaritzburg 1991.

Schultze, Andrea, „In Gottes Namen Hütten bauen“. Kirchlicher Landbesitz in Südafrika: die Berliner Mission und die Evangelisch-Lutherische Kirche Südafrikas zwischen 1834 und 2005, Missionsgeschichtliches Archiv Bd. 9, München 2005.

Scriba, Georg, Kirche als Ziel der Mission. Volkskirche oder Weltkirche? Dargelegt am Beispiel der Hermannsburger Mission in Südafrika, Erlangen (hekt. 1974).

Scriba, Georg, The Role of the Lutheran Church in South Africa in a Time of Change, Mitteilungsblatt der ELKSA(N-T) Jan.–März 1989, S. 19–25.

Scriba, Georg, Die Zeichen der Zeit. Lutherische Kirche im Spannungsfeld Südafrikas, in: Bammann, H. (Hg.), Wege über Grenzen hinaus. Lutherische Mission im Südlichen Afrika, Hermannsburg 1990, S. 119–148.

Scriba, Georg/Lislerud, Gunnar, Lutheran Missions and Churches in South Africa, in: Elphick, R./Davenpoort, R. (Hg.), Christianity in South Africa, 1997, S. 173–194.

Scriba, Georg, Credo. A booklet of Faith, Pietermaritzburg ^{2}2005.

Scriba, Georg, Die Lutherische Kirche im Spannungsfeld Südafrikas, in: Plathow, Michael (Hg.), Lutherische Kirchen. Die Kirchen der Gegenwart 1, Göttingen 2007, S. 280–322.

Speckmann, F., Die Hermannsburger Mission in Afrika, Hermannsburg 1876.

Strassberger, Elfriede, Ecumenism in South Africa 1936–1960, SACC Johannesburg 1974.

Sundermeier, Theo, Wir aber suchten Gemeinschaft. Kirchwerdung und Kirchentrennung in Südwestafrika, Erlangen 1973.

Sundkler, Bengt, Bantupropheten in Südafrika, Die Kirchen der Welt, Reihe 8, Bd. 3, Stuttgart 1964.

Sundkler, Bengt/Steed, Christopher, A History of the Church in Africa, Cambridge 2000.

Symington, J. (Hg.), South African Christian Handbook 2005–2006, Wellington 2005.

Van der Heyden, Ulrich, Martin Sewushan – Nationalhelfer, Missionar und Widersacher der Berliner Missionsgesellschaft im Süden Afrikas, Missionswissenschaftliche Forschungen Bd. 19, Neuendettelsau 2004.

Vereeniging, Der Versuch eines Gesprächs zwischen den niederländisch-reformierten Kirchen in Südafrika, epd-Dokumentation Nr. 36/89.

Voges, Heinrich, Vision: Global Congregation. The Task in Southern Africa, Pretoria 2004 (deutsche Fassung in: Lüdemann, Ernst-August, Vision: Gemeinde weltweit. 150 Jahre Hermannsburger Mission und Ev.-luth. Missionswerk in Niedersachsen, Hermannsburg 2000, S. 233–353).

Wahrheits- und Versöhnungskommission Südafrika, Das Schweigen gebrochen. "Out of the Shadows", Frankfurt a. M. 2000.

Wickert Winfried (Hg.), Und die Vögel des Himmels wohnen unter seinen Zweigen. 100 Jahre Bauernmission in Südafrika, Hermannsburg 1949.

Wink, Walter, Jesus' Third Way, published in cooperation with the Fellowship of Reconciliation, Philadelphia/Santa Cruz 1987.

Zöllner, Linda/Heese, J., The Berlin Missionaries in South Africa and their Descendants, Pretoria 1984.

Anhang: Übersichtstabelle der Religionszugehörigkeit in Südafrika in den Jahren 1960, 1970, 1980, 1996 und 2001[2]

1960	1970		1980		1996		2001			
	Tausende	%	Tausende	%	Tausende	%	Tausende	%	Tausende	%
Reformierte	2.630	16,5	3.418	15,7	4.071	13,8	3.914	9,6	3.232	7,2
Anglikaner	1.403	8,8	1.716	7,9	2.040	6,9	1.600	3,9	1.722	3,8
Methodisten	1.707	10,7	2.307	10,6	2.978	10,1	2.809	6,9	3.305	7,4
Presbyterianer	321	2,0	578	2,7	646	2,2	727	1,8	832	1,9
Kongregationalisten	291	1,8	395	1,8	467	1,6	430	1,06	508	1,12
Lutheraner	651	4,1	949	4,4	1.045	3,6	1.051	2,6	1.130	2,5
Röm. Katholiken	1.076	6,7	1.898	8,7	2.701	9,2	3.427	8,4	3.181	7,1
Apost/ Charism/ Pfingstler	497	3,1	931	4,3	1.455	5,0	2.683	6,6	2.626	5,9
Baptisten	152	1,0	247	1,1	–	–	440	1,08	346	0,8
Afrikanisch-Unabhängige	2.313	14,5	2.716	12,5	5.857	19,9	10.669	26,3	14.599	32,6
Andere	684	4,3	1.271	5,8	1.475	5,0	2.239	5,3	4.276	9,5
Christen	11.725	73,5	16.426	75,5	22.603	76,8	30.059	74,1	35.760	79,8
Juden	115	0,7	118	0,5	119	0,4	68	0,2	75	0,17
Hindus	328	2,1	430	2,0	512	1,7	537	1,3	552	1,2
Moslems	191	1,2	260	1,2	319	1,1	554	1,4	654	1,5
Andere	9	0,1	29	0,1	522	1,8	1.947	4,8	425	0,93
Animisten/ Keine	3.617	22,6	4.530	20,8	5.285	18,0	7.418	18,3	7.352	16,4
Nichtchristen	4.260	26,7	5.367	24,6	6.757	23,0	10.525	25,9	9.058	20,2
Total	**15.988**	**100,0**	**21.794**	**100,0**	**29.365**	**100,0**	**40.584**	**100,0**	**44.820**	**100**

2 Quellen: Kritzinger 1985, S. 37; Scriba 1990, S. 140 f; Froise 2000, S. 56 f, 61 f; Symington 2005, S. 28–34.

Tamás
Fabiny

Ecclesia colloquens

Predigt zu Lukas 24,13–35[1]

Liebe Gemeinde, liebe Brüder und Schwestern!

Ich möchte Euch zuerst die Grüße der Evangelisch-Lutherischen Kirche in Ungarn ausrichten. Wir freuen uns mit Euch, wenn wir das 400. Jubiläum der Synode von Žilina feiern. Wir können mit Euch feiern und uns mit Euch freuen, weil dieses Ereignis auch Teil unserer Geschichte ist – wir haben ja mit der Slowakei ein großes Stück gemeinsamer Geschichte.

Was im Jahr 1610 geschah, war ein schönes Zeichen dafür, dass die evangelisch-lutherische Kirche überleben wollte – in guter Ordnung, angemessen organisiert. Wir können auch heute noch Kraft schöpfen aus der Entschlossenheit von Palatin György Turzó und aus dem Mut lutherischer Pfarrer und Superintendenten. Wir können auch daran mit Freude denken, dass unsere protestantischen Vorgänger – ganz im Geiste der Reformation – die muttersprachliche Verkündigung des Evangeliums für wichtig gehalten haben. In dieser Kirche, die vor 400 Jahren entstanden ist, waren ja Ungarn, Deutsche und Slowaken völlig gleichberechtigte Glieder.

---

1 Diese Predigt wurde am Sonntag, dem 4. Juli 2010, in der Gemeinde Púchov (früher Puchau) in der Slowakei im Rahmen der Feierlichkeiten aus Anlass des 400. Jubiläums der Synode von Žilina 1610 gehalten. Bischof Dr. Tamás Fabiny, Budapest, repräsentierte auf diesen Feierlichkeiten die Evangelisch-Lutherische Kirche in Ungarn, deren Organisation auf jener Synode in Žilina mit grundgelegt wurde. Die Predigt hielt er in deutscher Sprache, damit schon anzeigend, dass die Synode damals für slowakischsprachige, ungarischsprachige und deutschsprachige Lutheraner Entscheidungen getroffen hat. Wir sind dankbar für die Erlaubnis, diese Predigt im Jahrbuch des Martin-Luther-Bundes abdrucken zu können.

Die slowakische und die ungarische Nation leben wie früher auch jetzt in einer Schicksalsgemeinschaft. In besonderer Weise gilt das für die Kirchen; wir wollen ja Jünger desselben Herrn sein!

Die *ecclesia viatorum*, die „Kirche unterwegs", wandert oft auf holprigen und steilen Pfaden. Es ist gut zu wissen, dass wir nicht allein sind, sondern dass wir mit anderen zusammen wandern. In der gelesenen Geschichte treffen wir uns mit den beiden Jüngern, die nach Emmaus gehen. Vielleicht scheint es erst einmal merkwürdig, aber ich denke, dass es wahr ist: Im Schicksal der Emmausjünger können wir das Schicksal unserer Kirchen entdecken. Schauen wir ihnen zu: Da geht ein slowakischer Jünger mit einem ungarischen zusammen. Unterwegs unterhalten sie sich miteinander. Das Gespräch, die Kommunikation, ist der Grund aller Dinge. Wenn wir schweigen, wenn wir nicht zu fragen wagen oder wenn wir nicht bereit sind zu antworten, dann friert die Kommunikation ein. Wenn wir miteinander reden, uns unterhalten, dann wird unsere Beziehung lebendig. In der Bibel hat das Sprechen, hat das Gespräch immer eine große Bedeutung.

Worte und Gespräche können schöpferische und heilende Wirkungen haben. Die Offenbarung der Bibel zeugt von Anfang an davon, dass Gott, der die Welt mit seinem Wort erschuf, kommuniziert, sich auf ein Gespräch mit den Menschen einlässt. Er ist *Deus loquens*, der redende Gott (Hebr 1,1). Das wird sehr schön in den Sprüchen Salomos ausgedrückt: „[...] dass sie dich geleiten, wenn du gehst; dass sie dich bewachen, wenn du dich legst; dass sie zu dir reden, wenn du aufwachst" (6,22). Wenn Gott ein *Deus loquens* ist, dann darf sein Volk eine *ecclesia colloquens*, eine Kirche des Dialogs, sein. Wir lesen von den Emmausjüngern, dass sie „miteinander redeten" (Lk 24,14). Wir brauchen das Gespräch der Emmausjünger aller Zeiten, die ihre Zweifel und Ängste miteinander teilen.

In zahlreichen Bereichen unseres kirchlichen Lebens könnten Gespräche stattfinden. Ich weise nur auf die Seelsorge hin, in der ein brüderliches Gespräch heilende, therapeutische Wirkung haben kann. Junge wie Alte sehnen sich ungemein nach guten Gesprächen. Auch die gottesdienstliche Liturgie ist ein dramatischer, dialogischer Austausch zwischen Gott und der Gemeinde. Es ist gut, wenn auch die Predigt ihrem Wesen nach ein Dialog mit der Gemeinde ist. Der Epheserbrief beschreibt ein harmonisches Gemeindeleben so: „Ermuntert einander mit Psalmen" (5,19). In der Kirchenleitung, in der Ökumene und im Bereich gesellschaftlicher Beziehungen können wir viel erreichen, wenn wir Mut und Demut zu dem einen oder anderen Gespräch haben.

Wenn wir nur eine Kirche des Dialogs sein könnten! Eine Kirche, die mit Interessierten und Andersdenkenden ins Gespräch kommt, mit Gläubigen, Ungläubigen und Suchenden, in ein Gespräch, in dem wir uns gut miteinander unterhalten können – und natürlich auch im Gebet mit unserem Herrn selbst!

Werden wir jemals eine *ecclesia colloquens*? Die Kirche des Dialogs ist natürlich keine plappernde, schwatzende oder gar schreiende Kirche. Leider ist es so, dass wir um einer tatsächlichen oder vermeintlichen Wahrheit willen zu großem Lärm imstande sind. Wir sprechen in jedes Mikrophon, dessen wir habhaft werden. Am liebsten würden wir auch noch auf das eine oder andere Fass steigen.

Lange Zeit bedeutete auch das Gegenmodell, die *schweigende Kirche*, eine Versuchung. Der von der Gestapo verhaftete deutsche Theologe Martin Niemöller drückte es folgendermaßen aus: „Als die Nazis die Kommunisten holten, habe ich geschwiegen, ich war ja kein Kommunist. Als sie die Sozialdemokraten einsperrten, habe ich geschwiegen, ich war ja kein Sozialdemokrat. Als sie die Gewerkschafter holten, habe ich geschwiegen, ich war ja kein Gewerkschafter. Als sie mich holten, gab es keinen mehr, der protestieren konnte."

Zu diesen Gedanken passt auch der bekenntnishafte Satz Martin Luther Kings, in dem er seinen mutigen Weg zusammenfasst: „Ich kann nicht schweigen!" Das Schuldbekenntnis, das der Theologe und Märtyrer Dietrich Bonhoeffer im Namen der ganzen Kirche sprach, hat leider seither nie an Aktualität verloren: „Die Kirche bekennt, ihre Verkündigung nicht offen und deutlich genug ausgerichtet zu haben. Sie bekennt, dass sie furchtsam gewesen und Schwierigkeiten ausgewichen ist und unheilbringende Zugeständnisse gemacht hat. Sie war stumm, wo sie hätte reden müssen, weil das Blut der Unschuldigen zum Himmel schrie. Sie hat nicht das rechte Wort auf die rechte Weise zur rechten Zeit gefunden." In einer sehr persönlichen Schrift formulierte der ungarische Bischof Lajos Ordass das Verhältnis von Schweigen und Sprechen unter entgegengesetzten Vorzeichen: Als ihm ab 1950 sowohl ein weltliches als auch ein kirchliches Gerichtsurteil den Mund verschloss (so seine eigenen Worte), wandte er sich mit folgenden Worten im Gebet an seinen Herrn: „Während der 24 Jahre meines Pfarrdienstes habe ich oft und viel über Dich gesprochen. Weniger mit Dir. Jetzt spreche ich mehr mit Dir und weniger (und auch das nur im Geheimen) über Dich. Für mich ist es so viel besser."

Die *ecclesia colloquens* soll also zugleich mit Gott und mit den Menschen im Gespräch sein. Deshalb sollten wir statt „Dialog" vielleicht lieber „Trialog" sagen, denn auch unsere menschlichen Gespräche spielen sich ja immer *coram Deo*, unter den Augen Gottes, ab.

Die Emmausjünger unterhielten sich also miteinander. Dieses Gespräch half ihnen, den Schmerz über den Tod Jesu zu lindern und ihre Trauer zu teilen. Das alles war aber nur ein menschlicher Versuch. Sie hatten sich gegenseitig erleichtert – da entdeckten sie, dass der geheimnisvolle Fremde, der mit ihnen wanderte, der Auferstandene selber war. Ja, Jesus ging mit ihnen auf dem Weg nach Emmaus. Auch, wenn sie nichts davon begriffen hätten. Er war mit ihnen, während sie verzweifelt waren und trauerten. Er ließ sie nicht allein. Er fragte sie und unterhielt sich mit ihnen. Den Jüngern wurde die Anwesenheit Jesu erst bewusst, als sie ihn das Brot brechen sahen. Damit sagt uns die neutestamentliche Erzählung, dass wir nicht nur miteinander, sondern auch mit Jesus Gemeinschaft haben können – in geheimnisvoller, sakramentaler Weise. Wir können Teilhaber seiner Kirche sein – so sind wir richtige Jünger. Die Abendmahlsgemeinschaft gibt dieser Gemeinschaft die größte Perspektive: Gemeinschaft mit Jesus und Gemeinschaft mit den Mitmenschen. Davon lebt die Kirche: von der Freude über die Vergebung unserer Sünden und über die neue Gemeinschaft mit unserem Herrn.

Wenn ich am Anfang dieser Predigt gesagt habe, die zwei Emmausjünger sollen die ungarische und die slowakische Kirche symbolisieren, dann möchte ich noch stärker betonen, dass jedes menschliche Vorhaben der Annäherung und des guten Willens gegenüber den Anderen nur Sinn hat, weil Jesus diesen Willen und dieses Vorhaben besiegelt. Er ist bereit, mit uns Zweifelnden und Sündern Gemeinschaft zu haben. Er gibt uns sich selbst, und er gibt uns auch einander als Geschenk. So ist der Rückweg so viel anders geworden! Richtung Emmaus gingen zwei kleinmütige und zögernde Jünger, auf dem Rückweg wurden sie aber wie beflügelt, weil der Auferstandene mit ihnen war. Er hat sie getröstet und bevollmächtigt, andere zu trösten.

Luther schreibt in seiner Schrift der Schmalkaldischen Artikel über die Kirche: „*mutuum colloquium et consolatio fratrum*“ – das meint das Gespräch und die gegenseitige Tröstung der Brüder.

Neben dem *colloqium*, dem Gespräch, ist der zweite Bereich also die *consolatio*, die Tröstung. Beides hängt miteinander zusammen. Im Buch Hiob sagt der leidende Mann seinen Freunden: „Wie tröstet ihr mich mit Nichtigkeiten!“ (21,34 a) – „Hört doch meiner Rede zu und lasst mir das eure Tröstung sein!“ (21,2). Das Jesajabuch indes streicht deutlich den prophetischen Auftrag der Kirche heraus: „Tröstet, tröstet mein Volk!“ (Jes 40,1). Psalm 23 bekennt, dass Gott der wahre Tröster ist: „Dein Stecken und Stab trösten mich“ (V. 4 b). Und im Jesajabuch werden in eindrücklichem Vergleich Gott folgende Worte in den Mund gelegt: „Ich will euch trösten, wie einen seine Mutter tröstet“ (66,13 a). Wir bekennen, dass der dreieinige Gott unser Tröster ist. Der Vater, der erschafft; Jesus, von dem wir zu Recht in einem ungarischen Lied singen (vielleicht kennt auch Ihr diesen Text): „O Jesus, mein Schatz, mein Trost“; der Heilige Geist, den Johannes *parak-*

letos, Tröster, nennt (14,16). So trostlos scheint die heutige Welt zu sein. Wir müssen für den tröstenden Heiligen Geist bitten.

Ich wünschte, wir wären eine tröstende Kirche. Die Kirche des *parakletos* und die Kirche Jesu. Unsere Gemeindeglieder, die Menschen an der Peripherie und die, die fast gar keinen Kontakt zur Kirche halten: Sie alle brauchen Trost. Nicht nur Menschen, die sich um sie kümmern, und Solidarität – auch das –, sondern die Kraft des Geistes.

Die Synode in Žilina hat den verfolgten Lutheranern Trost gegeben. Wir können uns auch nach 400 Jahren freuen, dass wir getröstete Jünger Christi sein dürfen. Und – obwohl in zwei verschiedenen Ländern und Kirchen lebend – wir können auf dem Weg nebeneinander wandern. Wir können einerseits gemeinsam Zeugen Christi, Zeugen der schützenden Kirchengemeinschaft und Zeugen der Vergebung sein. Wir sollen einsehen, dass sich die Jünger in der Geschichte nicht immer gut genug schätzten und nicht immer die Möglichkeit dieser Schicksalsgemeinschaft entdeckten. Es tut weh, wenn wir statt Zusammenhalt und Achtung Lieblosigkeit erlebt haben. Es tut weh, dass auch unsere Kirchen teilgenommen haben an Ungeduld und Lieblosigkeit zwischen unseren Nationen. An den Wegkreuzungen der Geschichte kam es gelegentlich zu Zusammenstößen. Wir müssen redlich – also kritisch und selbstkritisch – über die Sünden und Belastungen der Vergangenheit sprechen.

Ich habe schon öfter gesagt – und an dieser Stelle möchte ich es noch einmal äußern: Ich bitte Euch im Namen meiner Kirche für alles um Entschuldigung, durch das wir an Euch, unseren slowakischen Brüdern und Schwestern, schuldig geworden sind. Allein die Gnade unseres Herrn kann uns auf dem Emmausweg nebeneinander halten.

Diese Hoffnung des Zusammenschlusses der Völker im Karpatenbecken wird durch den schönen Gedanken des ungarischen Komponisten Béla Bartok wie folgt zusammengefasst: „Die Idee der Brüderlichkeit der Völker ist meine Leitidee […], die Brüderlichkeit der Völker trotz aller Streitigkeit. Ich bemühe mich, dieser Idee in meiner Musik – nach meinem besten Vermögen – zu dienen; deshalb entziehe ich mich gar keiner Wirkung auch slowakischen, rumänischen, arabischen oder irgendwelchen anderen Ursprungs. Nur soll die Quelle rein, frisch und gesund sein!"

Liebe Festgemeinde!
Die Emmausjünger haben aus einer reinen, erfrischenden Quelle geschöpft. Und noch mehr: Sie waren eins mit Jesus im Brechen des Brotes. Dann gingen sie wieder nach Hause, in die Gemeinschaften, die auf sie warteten. Wir

können auch in unserem Glauben gestärkt werden bei diesem schönen Fest, und wir können mit neuen Verpflichtungen, im Zeichen der gegenseitigen Vergebung und Liebe unsere Wege gehen. Unsere Gemeinden warten auf uns und darauf, dass wir teilen, was wir in der Nähe Jesu erlebt und erfahren haben.

Amen.

Juraj
Bándy

Der Turmbau zu Babel

Ich wohne in einem ethnisch gemischten Gebiet im südwestlichen Teil der Slowakischen Republik nahe dem umstrittenen Wasserwerk Gabcikovo/Nagymaros. So habe ich mehr als genug Anregungen, mich mit der biblischen Erzählung über den Turm zu Babel zu beschäftigen. In dieser Erzählung geht es um einen gigantischen Bau und um die Probleme, die sich aus der Vielsprachigkeit ergeben.

Die Schlusserzählung der Urgeschichte erzählt davon, dass sich die einheitliche und einsprachige Menschheit niederließ und eine Stadt mit einem Turm zu bauen begann. Die Leute bauten den Turm, der bis zum Himmel reichen sollte, damit sie sich nicht zerstreuten und damit sie sich einen großen Namen machten. „Der Herr" – die Kennzeichnung Gottes mit dem hebräischen Gottesnamen JHWH – hielt die Absicht der Menschen für gefährlich. Er hat deswegen ihre Sprache verwirrt und sie über die ganze Erde zerstreut. Der Name der Stadt mit dem unbeendeten Turm – „Babel" – erinnert bis zum heutigen Tag an dieses Ereignis (Gen 11,1–9).

1. Die Problematik

In dieser auf den ersten Blick einfachen Erzählung gibt es überraschend viele Probleme. Ich nenne die wichtigsten:

a) Hängt wirklich der Name Babel mit dem hebräischen Verb *b-l-l* zusammen?
b) Beim Lesen wirkt es störend, dass einmal von der Stadt und einmal vom Turm die Rede ist.
c) Das Motiv des Handelns wird auch doppelt gegeben: das Erreichen des großen Namens bzw. die Verhinderung der Zerstreuung.

d) „Der Herr“ kommt zweimal vom Himmel herab und straft nicht so, wie er es sich vorgenommen hat (Zerstreuung statt Verwirrung).
e) Im Hintergrund der Pluralformen *ner^{e}dah w^{e}nab^{e}lah* (Gen 11,7: „fahren wir nieder und verwirren wir ...“) können polytheistische Vorstellungen stehen.
f) Die Erzählung steht in Spannung mit der vorherigen Perikope, in der die Menschheit schon auf die Nationen verteilt ist. Jetzt plötzlich ist die Menschheit wieder einheitlich.
g) Die Zerstreuung wird in unserer Erzählung als Strafe verstanden, obwohl in Gen 1,28 die Erfüllung der Erde als Gottes Befehl verstanden wird.

Das wären also die wichtigsten Probleme, die zu lösen sind.

2. Lösungsversuche

2.1 Der religionsgeschichtliche Zugang ermöglicht uns, die Erzählung über den Turm von Babel im altorientalischen Kontext zu sehen. Die vergleichende Religionswissenschaft hat sehr viel Material mit ähnlichen Motiven gefunden. Auch den anderen Völkern des Alten Orients war die Anschauung bekannt, dass die Menschheit ursprünglich sprachlich einheitlich gewesen und die Verteilung der Menschheit auf Nationen die Folge einer massiven Sünde sei. In den außerisraelitischen Mythen gelingt die Vollendung des Baus deswegen nicht, weil die neidische Gottheit (oder die neidischen Götter) den Turm zerstören. Claus Westermann wagt sogar zu sagen, dass es kein Volk gäbe, das keine ähnliche Tradition hätte.

2.2 Die literargeschichtliche Methode hat zu der Beobachtung geführt, dass die heutige Form der Erzählung zwei verschiedene, ursprünglich selbständige Erzählungen verbindet. Hermann Gunkel war der Erste, der die beiden Komponenten rekonstruiert hat. Er hat die heutige Form der Erzählung folgendermaßen getrennt:

a) Die erste Sage spricht vom Bau einer Stadt. Sie besteht aus den Versen 1.3a.4ac.6a.7.8c.9a und hat diesen Wortlaut:

„Es hatte aber die Welt einerlei Zunge und Sprache. Und sie sprachen untereinander. Wohlauf, lasst uns Ziegel streichen und brennen! [...] und sprachen: Wohlauf, lasst uns eine Stadt bauen, damit wir uns einen Namen machen. Und der Herr sprach: Siehe, es ist einerlei Volk und einerlei Sprache.

Wohlauf, lasst uns herniederfahren und dort ihre Sprache verwirren, dass keiner des anderen Sprache verstehe!

[Der Herr ist niedergefahren, hat ihre Sprache verwirrt.]

[...] dass sie aufhören mussten, die Stadt zu bauen. Darüber heißt der Name Babel, weil der Herr daselbst verwirrt hat aller Länder Sprache."

b) Die zweite Sage spricht von dem Bau eines Turmes. Sie besteht aus den Versen 2.3b.4bd.5.6b.8a.(9b) und hat diesen Wortlaut:

„Als [die Leute] nach Osten zogen, fanden sie eine Ebene im Lande Schinear und wohnten daselbst [...] und nahmen Ziegel als Stein und Erdharz als Mörtel und sprachen: Wohlauf, lasst uns einen Turm bauen, dessen Spitze bis in den Himmel reiche, denn wir werden sonst zerstreut in die Länder. Da fuhr der Herr hernieder, dass er sähe den Turm, den die Menschenkinder bauten. Und der Herr sprach: Dies ist der Anfang ihres Tuns, nun wird ihnen nichts mehr verwehrt werden können von allem, was sie sich vorgenommen haben zu tun. So zerstreute sie der Herr von dort in alle Länder."

In der ersten Erzählung wird die Sünde der „Namenmacherei" durch die Sprachenverwirrung bestraft. In der zweiten Erzählung wird die Sünde des Turmbaues durch die Zerstreuung bestraft.

2.3 Wenn wir den Text formgeschichtlich prüfen, soll uns die uneinheitliche Terminologie der Forscher nicht verwirren. Die Kommentatoren sprechen zwar von Sage, von Mythos und von Urgeschichte bzw. dem Urgeschehen, aber im Grunde genommen meinen sie dasselbe. In dieser Erzählung geht es – gerade so wie in allen Urgeschichten – um die Erklärung und die Begründung einer Tatsache, die uns unmittelbar angeht. In unserem Fall geht es um die Erklärung der Vielfalt der Sprachen. Hier geht es nicht um die Beschreibung eines Ereignisses, sondern um die Erklärung und die Begründung eines Zustandes, den die Menschen als unerträglich empfinden. In diesem Sinne kann man hier von einem Mythos sprechen. Nach Westermann ist das allgemeine menschliche Gefühl der Daseinsminderung der Nährboden für die Mythen.

Mythen (in unserem Sinne des Wortes) haben folgende Struktur:

a) Schilderung des ursprünglichen Zustandes,
b) Urgeschehen und
c) der heutige Zustand als Folge des Urgeschehens.

Nach dieser Struktur können wir die Erzählung vom Turm von Babel folgendermaßen aufteilen:

- Die Menschheit als ein ungeteiltes Ganzes,
- die Tat der Menschen – Bau der Stadt und des Turmes,
- die Tat Gottes – Sprachenverwirrung und Zerstreuung der Menschheit,
- die zerstreuten Völker können sich nicht mehr verständigen.

Das Problem der Sprachbarrieren ist nicht das einzige, das in unserer Erzählung berührt wird. Hier wird auch auf den Übergang vom nomadischen Lebensstil zum sesshaften (sogar städtischen) Lebensstil angespielt. Hier wird sodann darüber gesprochen, wie sich der Mensch einen großen Namen machen kann. Hier wird darüber hinaus darüber gesprochen, ob sich die Menschheit im Namen der großen Ziele vereinigen kann. Hier wird schließlich darüber gesprochen, was der Mensch tun soll, wenn er denkt, dass ihm unbegrenzte technische Möglichkeiten zur Verfügung stehen.

Wir sind uns auf unserem technischen Niveau dessen nicht bewusst, dass unsere Erzählung von einer epochalen Erfindung berichtet. Es geht um das Ziegelbrennen. Der gebrannte Ziegel ist der erste Kunststoff. Dieser Kunststoff – künstlicher Stein – hat es ermöglicht, dass die Menschen überall bauen konnten und sie Baumaterial in unbegrenztem Maße zur Verfügung hatten. Die Perspektive der unbegrenzten Möglichkeiten und die Frage nach den Grenzen der menschlichen Möglichkeiten bilden das zweite Hauptthema unserer Erzählung.

Unsere Erzählung gehört nicht ganz zur Urgeschichte, die zeitlos und ortlos ist. Hier gibt es zwei Ortsnamen – Babel und Schinear. Nur in dem Fall, dass wir diese zwei Namen gestrichen hätten, hätten wir „reines" Urgeschehen. Die Meinung der Forscher heutzutage ist die, dass sich unsere Erzählung an der Grenze zwischen dem Urgeschehen und der Geschichte befindet.

Dieser „Grenzsituation" entspricht auch der Platz unserer Erzählung in der Bibel. Sie steht zwischen der Urgeschichte und der Geschichte der Patriarchen. Gerhard von Rad hat darauf aufmerksam gemacht, dass unsere Erzählung die einzige in der Urgeschichte ist, die nicht mit der Verheißung der Gnade Gottes endet. (Der Sündenfall endet nicht mit dem Tod des Menschen. Nach der Sintflut nimmt sich Gott Noachs an und segnet ihn.) Die Gnade Gottes ist erst in der nachfolgenden Geschichte angedeutet – in der Berufung Abrahams. In diesem Zusammenhang kann man deutlich sehen, dass mit Abraham nicht nur die Geschichte des Volkes Israel beginnt, sondern die Berufung Abrahams für die ganze Menschheit Bedeutung hat. In Abraham sollen alle Geschlechter auf Erden gesegnet sein (Gen 12,3). Die

Geschichte von Abrahams Berufung kontrastiert mit der Turmgeschichte auch darin, dass Gott Abraham einen großen Namen macht (Gen 12,2c). Dagegen wollen sich die Turmbauer selbst einen großen Namen machen (Gen 11,4 c).

2.4 Auch die grammatisch-syntaktischen Beobachtungen können zu interessanten Schlussfolgerungen führen:

In den ersten vier Versen ist das Subjekt der Sätze immer der Mensch. Von Vers 5 an ist das Satzsubjekt „der Herr".

Im ersten Teil sprechen und handeln die Menschen. Sie handeln, ohne Gott zu fragen. Sie sprechen nur untereinander. Sie sprechen nicht mit Gott.

Im zweiten Teil spricht Gott nur für sich (pluralis deliberationis).

Unsere Erzählung können wir auch als einen Doppelmonolog verstehen, bei dem kein Dialog stattfindet. Es ist schrecklich, wenn der Dialog zwischen Gott und Mensch aufhört. Es ist ein nicht normaler Zustand, weil Gott den Menschen zum Dialog geschaffen hat.

3. Theologischer Ertrag

Die Ergebnisse, die wir mit den einzelnen Methoden der Exegese erreichten, ergänzen sich gegenseitig. Wir wollen jetzt die mythische Sprache in eine verständliche Sprache übersetzen und in folgenden Punkten zusammenfassen:

3.1 Die Verteilung der Menschheit in Nationen entspricht nicht der Schöpfungsordnung. In der Tatsache, dass die Menschheit in Sprachen verteilt und zerteilt ist, kann man auch etwas Positives sehen. Die Konkurrenz unter den Nationen ist der Motor des Fortschritts. Aber viel leichter kann man die negativen Folgen der Verteilung der Menschheit sehen. Walther Zimmerli sagt, dass „der Herr" die Menschheit durch die Sprachverwirrung gnadenvoll verfluchte.

3.2 Die zivilisatorische Entwicklung (vom Nomadentum zur Sesshaftigkeit) und die Entwicklung der Technik (das Brennen der Ziegel) sind zwar Gottes Mandat (Gen 1,28), aber gleichzeitig ist hier eine Gefahr angelegt: Der Mensch kann meinen, dass er unbegrenzte Möglichkeiten habe. Er kann meinen, alles, was er sich ausdenkt, sei für ihn erreichbar. Er kann meinen, alles, was machbar ist, sei auch erlaubt. Jede Zivilisation, die von ihren unbegrenzten Möglichkeiten „betrunken“ ist, muss sich ihrer Grenzen bewusst werden.

3.3 Der Mensch kann nicht aus eigenen Kräften in die Sphäre Gottes hindurchdringen. Während eine Schöpfungserzählung davon spricht, dass der Einzelne wie Gott sein will, berichtet unsere Erzählung, dass das vereinte Kollektivum dasselbe Ziel erreichen will. Der Mensch hat bestimmt darüber nachgedacht, dass in dem Fall, dass sich die Menschheit zusammenschließen würde, sie alles erreichen könnte, was sie wollte. Die Turmerzählung gibt eine klare Antwort: Auch die vereinte Menschheit ist und bleibt Gottes Geschöpf.

3.4 In jeder Zeit quält den Menschen die Tatsache, dass sein Name in Vergessenheit geraten wird. Deswegen versucht der Mensch, etwas zu tun, das seinen Namen groß machen möge. Der Mensch, der sich einen großen Namen machen will, macht sich lächerlich. Einen großen Namen kann man nur von Gott bekommen (Gen 12,3 und Luk 10,20).

3.5 Dadurch, dass die Geschichte in Babel situiert ist, befindet sie sich zwischen der Urgeschichte und der Geschichte. Das heißt auch, dass hier nicht nur allgemeine menschliche Fragen beantwortet werden (wie es in den Mythen der Fall ist), sondern dass die Erzählung auch eine Kritik an der babylonischen Religion, am babylonischen Reich und an der Stadt Babylon beinhaltet.

In der ganzen Erzählung kann man eine Mischung aus Bewunderung und Verachtung spüren. Bewunderung der stolzen Stadt und Verachtung der Religion. Die Babylonier waren stolz darauf, dass ihr Tempel „das Haus des Fundamentes des Himmels und der Erde“ (E-temen-an-ki) war. Die Bibel sagt aber, dass dieser Tempel vom Himmel her nicht sichtbar sei. Auch die Erklärung des Namens Babel ist eine Ironie. Babel ist kein „Tor Gottes“ (bab-ilu), sondern eine Verwirrung. Das Reich, das Einheit und Ordnung stiften wollte, konnte nur Verwirrung produzieren.

4. Der Turm von Babel und die Gegenwart

Die Tatsache, dass die Verwirrung der Menschheit in Nationen keine Schöpfungsordnung ist, relativiert den nationalen Stolz aller Art. Keine Nation existiert von der Schöpfung der Welt an. Das nationale Gefühl und das religiöse Gefühl kann man nicht auf dieselbe Ebene stellen. Alle christlichen Nationalisten sollen sich dessen bewusst sein. Kann es überhaupt christlichen Nationalismus geben?

Wir sind zwar jetzt schon nach der ersten Welle der technisch-wissenschaftlichen Revolution nüchterner geworden, aber trotzdem muss es wieder und wieder betont werden, dass es Grenzen gibt, die die Menschheit nicht überschreiten darf (vgl.: „The limits of growth", die der Club of Rome formuliert hat). Die Turmerzählung gibt den gläubigen Menschen die Gewissheit, dass es Gott nicht zulässt, solche Grenzen zu überschreiten, die unsere Zukunft gefährden.

Das Streben nach dem großen Namen ist jedem Menschen eigen. Wir sind zu jedem Unsinn bereit, um in das Guinness-Buch der Rekorde eingetragen zu werden. Die Gigantomanie und die Megalomanie sind Phänomene, die nicht nur der Vergangenheit angehörten. Auch heute wäre es gut, einige moderne babylonische Türme nicht zu beenden. Der Aufbau des Sozialismus ist Gott sei Dank so ein unvollendeter Turm von Babel. Die Kirchen Osteuropas müssen auch mit Buße die Frage stellen, ob sie nicht tüchtig Ziegel für diesen Bau produziert haben.

In die Sphäre Gottes können wir weder individualistisch (Adam und Eva) noch kollektivistisch (die Turmbauer) vordringen. Das Reich Gottes können wir nur als Geschenk empfangen. Als Geschenk von Gott, der in Jesus Christus zu uns herabgestiegen ist, zu uns, die vergeblich nach oben geklettert sind.

Die Erzählung vom Turmbau hat am Ende kein Wort über die Gnade Gottes. Die Gnade kommt erst im Neuen Testament. Am ersten Pfingsten haben verschiedene Völker in ihren eigenen Sprachen von den großen Taten Gottes gehört (Apg 2,9 ff). Der Turmbau spricht von der *megaleia tón anthrópón*. Die Pfingstgeschichte spricht von der *megaleia toú theoú*. Konzentrieren wir uns auf die *megaleia toú theoú*, und so können wir unsere Megalomanie und alles, was uns trennt, überwinden. Sprechen wir die Sprache der Liebe, und wir werden uns gegenseitig verstehen.

Gliederung des Martin-Luther-Bundes

I. ORGANE DES BUNDES

1. Bundesrat

Geschäftsführender Vorstand:

1.
Präsident:
Regionalbischof
Dr. Hans-Martin **Weiss**
Liskircherstr. 17
93049 Regensburg
Tel.: (0941) 29 722-0
Fax: (0941) 29 722-30

2.
Stellvertretender Präsident:
Prof. Dr. Rudolf **Keller**
Obere Hindenburgstr. 42
91611 Lehrberg
Tel.: (09820) 912 588
E-Mail: DrRudolfKeller@web.de

3.
Schatzmeister:
Dr. Michael **Winckler**
Kurfürstenstr. 4
32423 Minden
Tel.: (0571) 20 577
Fax: (0571) 85 937

4.
Generalsekretär:
Pfr. Dr. Rainer **Stahl**
Fahrstr. 15
91054 Erlangen
Tel.: (09131) 7870-0
Fax: (09131) 7870-35
E-Mail:
gensek@martin-luther-bund.de

5.
Vertreter VELKD und DNK/LWB:
OKR Norbert **Denecke**
Amt der VELKD
Postfach 210 220
30402 Hannover
Tel.: (0511) 2796-430
Fax: (0511) 2796-182
E-Mail: denecke@velkd.de

Weitere Mitglieder:

6.
Drs. Perla K. A. **Akerboom-Roelofs**
Groesbeekseweg 64
6524 DG Nijmegen
NIEDERLANDE
Tel.: (+31) (24) 3 238 024
Fax: (+31) (24) 3 608 108
Mobil: (+31) 623 258 114
E-Mail:
perlaakerboom@hotmail.com

7.
Pastor Gunnar **Berg**
Föhrer Weg 7
25917 Leck
Tel.: (04662) 884 447
Fax: (04662) 884 715
E-Mail: berg.gunnar@yahoo.de

8.
Pfr. Mag. D. Pál **Fónyad**
Wenzel Frey-Gasse 2
2380 Perchtoldsdorf
ÖSTERREICH
Tel.: (+43) (1) 8 692 547-11
Fax: (+43) (1) 8 692 547-15
E-Mail: mlboebo@gmx.at

9.
Pfr. Sebastian **Führer**
Rietschelstr. 10
04177 Leipzig
Tel: (0341) 4 928 275
E-Mail: sfuehrer@online.de

10.
Propst Thomas **Gleicher**
Hinter der Kirche 1 a
38723 Seesen
Tel.: (05381) 9429-20
Fax: (05381) 9429-22
E-Mail: gleicher.propst@
kirchenzentrum-seesen.de

11.
Pfr. i. R. Wolfgang **Hagemann**
Am Regelsberg 6
91301 Forchheim
Tel.: (09191) 33 881
E-Mail: w_hagemann@freenet.de

12.
Pfr. i. R. Norbert **Hintz**
Auf dem Hollacker 4
27412 Wilstedt
Tel.: (04283) 894 872
E-Mail: Norbert.Hintz@arcor.de

13.
Pastor Martin **Jürgens**
Zum Schützenwald 29
29633 Munster
Tel.: (05192) 121 800
E-Mail:
sumapfarrer@googlemail.com

14.
Hannelore **Lay**
Poppenbüttler Stieg 39
22339 Hamburg
Tel.: (040) 5 394 940
E-Mail: H.Lay@hamburg.de

15.
Pfr. Martin **Piętak**, Th. D.
Soubezna 1163/6
73535 Horni Sucha
TSCHECHISCHE REPUBLIK
Tel.: (+420) 596 426 342
E-Mail: martin.pietak@centrum.cz

16.
Prof. Dr. Walter **Sparn**
Finkenweg 2
91080 Uttenreuth
Tel.: (09131) 57 618
Mobil: (0171) 5 219 830
E-Mail: walter.sparn@t-online.de

Zur ständigen Teilnahme an den Sitzungen eingeladen:

Dekan em. Walter **Hirschmann**
Dorfstr. 9
95503 Pittersdorf
Tel.: (09201) 95 420
E-Mail: walter.hirschmann@gmx.de

Superintendent i. R.
Dr. Werner **Monselewski**
Heyestr. 24
31582 Nienburg/Weser
Tel.: (05021) 65 652

Ehrenmitglied:

Landesbischof em.
Prof. Dr. Gerhard **Müller**, D. D.
Sperlingstr. 59
91056 Erlangen
Tel.: (09131) 490 939
E-Mail: muellerdd@compuserve.de

2. Zentralstelle des Martin-Luther-Bundes

www.martin-luther-bund.de

Generalsekretär:
Pfr. Dr. Rainer **Stahl**
Fahrstr. 15
91054 Erlangen
Tel.: (09131) 7870-0
Fax: (09131) 7870-35
E-Mail:
gensek@martin-luther-bund.de

Büro:
Fahrstr. 15
91054 Erlangen
Postfach 2669
91014 Erlangen
Tel.: (09131) 7870-0
Fax: (09131) 7870-35
E-Mail: info@martin-luther-bund.de

An diese Anschrift werden alle Schreiben an den Martin-Luther-Bund erbeten.

Stadt- und Kreissparkasse Erlangen
12 304 (BLZ 763 500 00)

II. BUNDESWERKE UND ARBEITSZWEIGE

Auslands- und Diasporatheologenheim und Studentenheim St. Thomas

Anschrift:
Fahrstr. 15
91054 Erlangen
Tel.: (09131) 7870-22
Studentenheim: (09131) 7870-27
(09131) 7870-17
E-Mail:
heime@martin-luther-bund.de

Ephorus:
Prof. Dr. Walter **Sparn**
Finkenweg 2
91080 Uttenreuth
Tel.: (09131) 57 618
Mobil: (0171) 5 219 830
E-Mail: walter.sparn@t-online.de

Studienleiter:
Pfr. Martin **Dietz**
Fahrstr. 15
91054 Erlangen
Tel.: (0176) 23 459 506
E-Mail: martin.dietz@hotmail.com

Das Auslands- und Diasporatheologenheim besteht seit dem Jahr 1935. Es wurde vom ersten Bundesleiter, Prof. D. Dr. Friedrich **Ulmer**, begründet. In den Jahren seines Bestehens (mit einer durch die Kriegsereignisse hervorgerufenen Unterbrechung) haben Hunderte von Theologiestudenten im Hause gewohnt, darunter erfreulicherweise viele junge Theologinnen und Theologen aus europäischen Minderheitskirchen und auch aus Übersee.
Das St.-Thomas-Heim wurde in den 60er Jahren des 20. Jahrhunderts an das alte Haus angebaut.
Beide Häuser haben zusammen 40 Plätze und dienen der Aufnahme von Studierenden aller Fachrichtungen, natürlich vor allem der evangelisch-lutherischen Theologie, und auch der Aufnahme orthodoxer Stipendiatinnen und Stipendiaten der EKD.

Das Auslands- und Diasporatheologenheim ist daneben vor allem für Theologiestudierende aus lutherischen Kirchen bestimmt, die aus der Diaspora kommen oder sich auf den Dienst in einer Diasporakirche vorbereiten.
Die Gemeinschaft des Hauses erfährt vor allem ihre Prägung durch die täglichen Andachten während der Semesterzeit. Das gemeinsame Frühstück und Hausabende fördern das Zusammenleben. An einem Vormittag in der Woche findet eine theologische Arbeitsgemeinschaft unter Leitung des Ephorus statt, die zum Lehrveranstaltungsangebot des Fachbereichs Theologie in der Philosophischen Fakultät der Universität gehört und sich vor allem wesentlichen Aussagen und Quellen des lutherischen Bekenntnisses zuwendet.
Von den deutschen Bewohnern wird erwartet, dass sie ihren ausländischen Mitstudenten beim Einleben in deutsche Lebensverhältnisse und bei der Einführung in den Studienbetrieb an der Universität behilflich sind.
Für Gäste und Freunde des Martin-Luther-Bundes stehen zwei Gästezimmer für Kurzbesuche zur Verfügung.
Einmal im Jahr wird ein Sprachkurs für evangelische Theologinnen und Theologen und kirchliche Mitarbeitende aus europäischen Nachbarstaaten durchgeführt.

Brasilienwerk

Leiter:
Pfr. i. R. Wolfgang **Hagemann**
Am Regelsberg 6
91301 Forchheim
Tel.: (09191) 33 881
E-Mail: w_hagemann@freenet.de

Geschäftsstelle:
Haager Str. 10
91564 Neuendettelsau
Tel.: (09874) 6 899 353
Fax: (09874) 1315

RaiffeisenVolksbank Neuendettelsau
516 007 (BLZ 765 600 60)

Sparkasse Ansbach
760 700 914 (BLZ 765 500 00)

Evang. Kreditgenossenschaft Kassel
3 118 100 (BLZ 520 604 10)

alle unter: Martin-Luther-Verein Neuendettelsau, mit Vermerk „für Brasilienarbeit".

Dieser Arbeitszweig des Martin-Luther-Bundes wurde 1896 gegründet und wird seit dieser Zeit im Auftrag des Bundes vom Martin-Luther-Verein in Bayern verwaltet, dessen Vorsitzender zugleich Leiter des Brasilienwerkes ist. Von jeher ist von diesem Werk insbesondere die Aussendung von lutherischen Pfarrern nach Brasilien gefördert worden. Darüber hinaus wird in zunehmendem Maß die verantwortliche Teilnahme an kirchlichen Aufbauprojekten (z. B. in Zusammenhang mit der Wanderung evangelischer Familien nach Amazonien oder in die Millionenstädte) zur Hauptaufgabe des Brasilienwerkes. Dies geschieht grundsätzlich in Abstimmung mit der zuständigen Kirchenleitung in Brasilien. Eine im Jahr 1965 von allen Gliedvereinen des MLB begonnene Schulstipendienaktion hat bisher einigen hundert Stipendiaten die Ausbildung ermöglicht. An der Aufbringung der jeweils von der Evangelischen Kirche Lutherischen Bekenntnisses in Brasilien (EKLBB) verwalteten Mittel beteiligt sich seit 1970 das Gustav-Adolf-Werk. Die Förderung kommt Schülern und Studenten zugute, die den Lehrberuf ergreifen wollen.

Sendschriften-Hilfswerk

Geschäftsstelle:
Hannelene **Jeske**
Fahrstr. 15
91054 Erlangen
Tel.: (09131) 7870-18
Fax: (09131) 7870-35
E-Mail: shw@martin-luther-bund.de

Stadt- und Kreissparkasse Erlangen
12 304 (BLZ 763 500 00)

Das Sendschriften-Hilfswerk wurde im Jahr 1936 eingerichtet. Seit 1980 befindet es sich in Erlangen im Verbund mit der Zentralstelle des Martin-Luther-Bundes. Seine Aufgabe ist es, durch den Versand theologischer Literatur dem oft großen Mangel an gutem Schrifttum in Diasporagemeinden abzuhelfen. Besonders berücksichtigt werden dabei Theologiestudenten und kirchliche Büchereien. So besteht z. B. eine enge Verbindung mit vielen Studierenden an südamerikanischen Hochschulen und mit den Bibliotheken theologischer Ausbildungsstätten in Osteuropa.

Aus der früher – von 1937 bis 1971 – selbständig als Bundeswerk geführten Arbeit der Bibelmission ist durch Zusammenlegung der Aktivitäten eine

Württembergische Abteilung des Sendschriften-Hilfswerkes (Bibelmission)

gebildet worden. Diese Arbeit steht unter der besonderen Obhut des württembergischen Gliedvereins des Martin-Luther-Bundes. In jüngerer Zeit hat man sich besonders der Beschaffung von hebräischen und griechischen Bibeln für Studenten in Partnerkirchen gewidmet.

www.alle-eine-welt.de/bibelmission

Leiter:
Pfr. i. R. Dr. Christian **Weiss**
Mohlstr. 21
72074 Tübingen
Tel.: (07071) 254 806
E-Mail: chr-weiss@gmx.net

Martin-Luther-Verlag

Anschrift:
Fahrstr. 15
91054 Erlangen
Tel.: (09131) 7870-0
Fax: (09131) 7870-35
E-Mail:
verlag@martin-luther-bund.de

Auslieferung für den Buchhandel:
ChrisMedia GmbH
Robert-Bosch-Str. 10
35460 Staufenberg
Tel.: (06406) 8346-0
Fax: (06406) 8346-125
E-Mail: info@chrismedia24.de

Im Martin-Luther-Verlag wird das Jahrbuch des Martin-Luther-Bundes, „Lutherische Kirche in der Welt", veröffentlicht sowie viele Titel, die über die Diasporakirchen informieren.

III. GLIEDVEREINE IN DER BUNDESREPUBLIK DEUTSCHLAND

1. Martin-Luther-Verein in Baden (gegr. 1919)

1. Vorsitzender:
Pfarrer Rainer **Trieschmann**
Lutherstr. 2
75228 Ispringen
Tel.: (07231) 89 156
E-Mail: ispringen@elkib.de

2. Vorsitzende:
Johanna **Hochmuth**
Turnstr. 4
75228 Ispringen
Tel./Fax: (07231) 81 820
E-Mail: johannahochmuth@web.de

Kassenführerin:
Doina **Theil**
Johannis-Gemeinde
Ludwig-Wilhelm-Str. 9
76530 Baden-Baden
E-Mail: Baden-Baden@elkib.de

Sparkasse Baden-Baden Gaggenau
501 203 93 (BLZ 662 500 30)

2. Martin-Luther-Verein, Evang.-luth. Diasporadienst in Bayern e. V. (gegr. 1860)

Vorsitzender:
Pfr. i. R. Wolfgang **Hagemann**
Am Regelsberg 6
91301 Forchheim
Tel.: (09191) 33 881
E-Mail: wolfgang@hagemanns.com

Stellvertretende Vorsitzende:
Pfarrerin Clair **Menzinger**
Pfarrhof 3
91207 Lauf
Tel.: (09126) 5410
E-Mail: mcmenz@t-online.de

Helmut **Mohr**
Garlesstr. 27
95152 Selbitz
Tel.: (09280) 97 511
Fax: (09280) 97 510
E-Mail: helmut.mohr@jomos.de

Schriftführer:
Pfr. Michael **Wolf**
Pfarrgasse 4
91189 Rohr
Tel.: (09876) 1230
Fax: (09876) 760
E-Mail:
rohr-evangelisch@hotmail.de

Kassenführer:
Wolfgang **Köbler**
Grasweg 47
90556 Seukendorf
Tel.: (0911) 2 350 664
Fax: (0911) 23 555 865
E-Mail: Wolfgang.Koebler@gmx.de

RaiffeisenVolksbank Neuendettelsau
516 007 (BLZ 765 600 60)

Sparkasse Ansbach
760 700 914 (BLZ 765 500 00)

Evang. Kreditgenossenschaft Kassel
3 118 100 (BLZ 52 060 410)

Geschäftsstelle:
„Arbeitsgemeinschaft der Diasporadienste e. V."
Haager Str. 10
91564 Neuendettelsau
Tel.: (09874) 6 899 353
Fax: (09874) 1315
E-Mail: argediaspora@t-online.de

Leiter:
Dipl. Rel.-Päd. Gerhard **Lachner**

3. Martin-Luther-Verein in Braunschweig (gegr. 1898)

1. Vorsitzender:
Propst Thomas **Gleicher**
Hinter der Kirche 1 a
38723 Seesen
Tel.: (05381) 942 920
E-Mail: loske.propsteibuero@kirchenzentrum-seesen.de

2. Vorsitzender/Geschäftsstelle:
Pfr. Christian **Tegtmeier**
Alte Dorfstr. 4
38723 Seesen-Kirchberg
Tel.: (05381) 8602

Schriftführerin:
Pfr. Friedlinde **Runge**
Lange Wanne 54
38259 Bad Salzgitter

Kassenführerin:
Heike **Henze**
Alte Dorfstr. 4
38723 Seesen-Kirchberg

Postbank Hannover
20 515-307 (BLZ 250 100 30)

4. Martin-Luther-Bund in Hamburg (gegr. 1887)

1. Vorsitzender:
Pastor Mathias **Krüger**
Hamburger Str. 30
24558 Henstedt-Ulzburg
Tel.: (04193) 997 511
E-Mail: PastorKrueger@aol.com

2. Vorsitzender:
Pastor i. R. Dr. Hans-Jörg **Reese**
Farnstr. 35
22335 Hamburg
Tel.: (040) 5 385 276

1. Kassenführerin:
Hannelore **Lay**
Poppenbüttler Stieg 39
22339 Hamburg
Tel.: (040) 5 394 940
E-Mail: H.Lay@hamburg.de

2. Kassenführerin:
Lore-Ließ **Bunge**
Neuer Weg 29
21029 Hamburg
Tel.: (040) 7 242 125
E-Mail: loreliess@web.de

1. Schriftführer:
Pastor i. R. Horst **Tetzlaff**
Heilholtkamp 78
22297 Hamburg
Tel.: (040) 518 809

2. Schriftführer:
Pastor i. R. Christian **Kühn**
Primelweg 26
22339 Hamburg
Tel.: (040) 597 024
E-Mail: christianundheidrunkuehn@hanse.net

Beratendes Mitglied:
Pastor i. R. Johannes **Nordhoff**
Wentorfer Str. 88
21029 Hamburg
Tel.: (040) 7 213 887

Postbank Hamburg
16 397-201 (BLZ 200 100 20)

5. Martin-Luther-Bund Hannover (gegr. 1853)

Vorsitzender:
Pfr. i. R. Norbert **Hintz**
Auf dem Hollacker 4
27412 Wilstedt
Tel.: (04283) 894 872
E-Mail: Norbert.Hintz@arcor.de

Stellvertr. Vorsitzender:
Pastor i. R. Siegfried **Peleikis**
Hinter der Kirche 57
27476 Cuxhaven
Tel.: (04721) 444 784
Fax: (04721) 444 783
E-Mail: peleikis@t-online.de

Geschäftsführer:
Pfr. Andreas **Siemens**
Nikolaistr. 14
49152 Bad Essen
Tel.: (05766) 81-107 (dienstl.)
(05472) 981 796 (priv.)
(05472) 2195 (Pfarramt)
Mobil: (0173) 6 050 761
E-Mail: Andreas.Siemens@evlka.de

Stellvertr. Geschäftsführer:
Dipl.-Theol. Pfr. Markus **Lesinski**
Im Sieksfeld 19
OT Arnum
30966 Hemmingen
Tel.: (0171) 3 184 995
E-Mail: Marlesi02@yahoo.de

Kassenführer:
Kirchenamtmann Stefan **Schlotz**
Sudetenstr. 44 a
31224 Peine
Tel.: (0511) 1 241 249 (dienstl.)
E-Mail: Stefan.Schlotz@evlka.de

Stellvertr. Kassenführer:
Kirchenamtsrat i. R. Friedrich **Korden**
Badenstedter Str. 15
30449 Hannover
Tel.: (0511) 446 969

Beratendes Vorstandsmitglied:
OLKR i. R. Dr. Axel **Elgeti**
Löwenstr. 20
30175 Hannover
Tel.: (0511) 283 060

Evang. Kreditgenossenschaft (EKK)
616 044 (BLZ 250 607 01)

6. Martin-Luther-Bund in Hessen (gegr. 1865)

1. Vorsitzender:
Pfr. Hartmut **Schmidtpott**
Hauptstr. 130
98587 Steinbach-Hallenberg
Tel.: (036847) 42 310
E-Mail:
Hartmut.Schmidtpott@ekkw.de

Stellvertr. Vorsitzender:
Pfr. Eckart **Veigel**
Zum Berggarten 27
34130 Kassel
Tel.: (0561) 7 398 196

Ehrenvorsitzender:
Dekan i. R. KR Rudolf **Jockel**
Siedlungsstr. 6
35282 Rauschenberg
Tel.: (06425) 509

Beisitzer:
Pfr. Michael **Lapp**
Finkenweg 27
63579 Freigericht
Tel.: (06055) 9 067 509

Pfr. Dierk **Brüning**
Sommerseite 5
35282 Rauschenberg
Tel.: (06425) 493

Dekan Burkard **zur Nieden**
Rotenberg 50
35037 Marburg
Tel.: (06421) 32 780

Geschäftsführer:
Udo **Geissler**
Kirchliches Rentamt
Kilianstr. 5
34497 Korbach
Tel.: (05631) 9736-160
E-Mail: kra.korbach@ekkw.de

Ev. Kreditgenossenschaft Kassel
0 002 810 (BLZ 520 604 10)
Martin-Luther-Bund in Hessen

7. Martin-Luther-Bund in Lauenburg (Lbg. Gotteskasten, gegr. 1857)

Vorsitzender:
Pastor Martin **Jürgens**
Zum Schützenwald 29
29633 Munster
Tel.: (05192) 9 876 444
E-Mail:
sumapfarrer@googlemail.com

Stellvertr. Vorsitzender:
Pastor i. R. Peter **Helms**
Dorfstr. 38
19246 Lassahn
Tel.: (038858) 22 863

Kassenführerin:
Margarethe **Goebel**
Schulstr. 1
23879 Mölln
Tel.: (04542) 6097

Schriftführer (kommissarisch):
Reinhard **Meike**
Schulstr. 36
23899 Gudow

Vertreter des Kirchenkreisvorstandes:
Jürgen **Holst**
Parkstr. 6
23899 Gudow
Tel.: (04547) 643
E-Mail:
Juergen.B.H.Holst@t-online.de

Beisitzer:
Hans Jürgen **Warncke**
Herrenschlag 11
23879 Mölln

Kreissparkasse Büchen/Lbg.
2 003 708 (BLZ 230 527 50)

8. Martin-Luther-Bund in Lippe (gegr. 1900)

Vorsitzender:
Pfr. Richard **Krause**
Platanenweg 2
32791 Lage
Tel.: (05232) 4010
Fax: (05232) 63 110
E-Mail: Krause@lutherisch-lage.de

Geschäftsführung:
Sup. Andreas **Lange**
Papenstr. 16
32657 Lemgo
Tel.: (05261) 189 802
E-Mail: sup@nicolai-lemgo.de

Sparkasse Lemgo
24 190 (BLZ 482 501 10)

9. Martin-Luther-Bund in Oldenburg (gegr. 1895)

Vorsitzender:
Pfr. Dr. Tim **Unger**
Kirchstr. 8
26215 Wiefelstede
Tel.: (04402) 6438
E-Mail: tim.unger@ewetel.net

Stellvertr. Vorsitzender:
Pfr. Jens **Möllmann**
Kirchgasse 3
49434 Neuenkirchen
Tel.: (05493) 250
E-Mail:
ev.kirche.neuenkirchen@ewetel.net

Schriftführer:
Pfr. Thomas **Ehlert**
Am Kirchhof 4
27804 Berne
Tel.: (04406) 238
Fax: (04406) 970 378
E-Mail: ehlnet@web.de

Kassenwartin:
Armgard **Bergmann**
Fladderweg 12
49393 Lohne
Tel.: (04442) 71 465
E-Mail: ariari-43@web.de

Beisitzer:
Pfr. Florian **Bortfeldt**
Idafehn-Nord 4
26842 Ostrhauderfehn
Tel.: (04952) 5268
Fax: (04952) 5422
E-Mail: floal.bortfeldt@t-online.de

Landessparkasse zu Oldenburg,
Zweigstelle Damme
071-405 674 (BLZ 280 501 00)

10. Martin-Luther-Bund in Sachsen (gegr. 2004)

Vorsitzender:
OKR Thomas **Schlichting**
Mozartstr. 10
04107 Leipzig
Tel.: (0341) 14 133-42
(0341) 14 133-41
Fax: (0341) 14 133-41
E-Mail: SchlichtingTh@aol.com

1. Stellv. Vorsitzender:
Pfr. Sebastian **Führer**
Rietschelstr. 10
04177 Leipzig
Tel: (0341) 4 928 275
E-Mail: sfuehrer@online.de

2. Stellv. Vorsitzender:
Pfr. Dr. Martin **Hamel**
Georgenkirchweg 1
09117 Chemnitz
Tel.: (0371) 8 201 647

Beisitzer:

Pfr. Dr. Jens **Bulisch**
Tröbigauer Str. 5
01877 Schmölln

Bettina **Hanke**
Bienertstr. 49
01187 Dresden

Pfr. Dr. Carsten **Rentzing**
Kirchstr. 2
08258 Markneukirchen

Kreissparkasse Bautzen
1 000 016 206 (BLZ 855 500 00)

11. Martin-Luther-Bund in Schaumburg-Lippe (gegr. 1987)

Vorsitzender:
Pastor Reinhard **Zoske**
Bergkirchener Str. 30
31556 Wölpinghausen
Tel.: (05037) 2387
Fax: (05037) 5039
E-Mail: rz2000@t-online.de

Stellvertr. Vorsitzender:
Dr. Michael **Winckler**
Kurfürstenstr. 4
32423 Minden
Tel.: (0571) 20 577
Fax: (0571) 85 937

Schatzmeisterin:
Angelika **Prange**
Landeskirchenamt
Herderstr. 27
31675 Bückeburg
Tel.: (05722) 96 015
E-Mail:
LKA-Bueckeburg@t-online.de

Beisitzer:

Pastor Josef **Kalkusch**
Holztrift 1
31553 Sachsenhagen
Tel.: (05725) 333
Fax: (05725) 915 003
E-Mail: kalkusch@t-online.de

Pastor Heinz **Schultheiß**
Pastor-Mensching-Weg 8
31675 Bückeburg
Tel.: (05722) 4465
Fax: (05722) 4401

Landeskirchenkasse,
Volksbank Bückeburg
50 477 700 (BLZ 255 914 13)

Sparkasse Schaumburg
320 204 860 (BLZ 255 514 80)

12. Martin-Luther-Bund in Schleswig-Holstein (gegr. 1886)

Vorsitzender:
Pastor Gunnar **Berg**
Föhrer Weg 7
25917 Leck
Tel.: (04662) 884 447
Fax: (04662) 884 715
Mobil: (0172) 4 568 451
E-Mail: berg.gunnar@yahoo.de

2. Vorsitzender:
Pastor Bernhard **Müller**
Husumer Str. 69
24837 Schleswig
Tel.: (04621) 53 560

Schriftführerin:
Pastorin Birgit **Mahn**
Am Markt 22
25541 Brunsbüttel
Tel.: (04852) 6333
E-Mail: birgitmahn@gmx.de

Kassenführerin:
Martje **Berg**
Swinemünder Str. 35
25832 Tönning
E-Mail: tante-berg@foni.net

Beisitzer:

Pastor em. Dr. Hans-Joachim **Ramm**
Hafenstr. 28
24226 Heikendorf
Tel.: (0431) 2 378 541
Fax: (0431) 2 378 542
E-Mail: drramm@web.de

Pastor em. Peter **Rechel**
Ollnsstr. 124
25336 Elmshorn
Tel.: (04121) 4 916 947
E-Mail: petrech@gmx.de

Evang. Darlehensgenossenschaft Kiel
24 570 (BLZ 210 602 37)

13. Martin-Luther-Bund in Württemberg e. V. (gegr. 1879)

Vorsitzender:
Dekan i. R. Hartmut **Ellinger**
Lieschingstr. 12
70567 Stuttgart
Tel.: (0711) 78 260 781
Mobil: (0172) 9 203 050
E-Mail: hartmut.ellinger@gmx.net

Stellvertr. Vorsitzender:
Pfr. i. R.
Dr. Gottfried H. **Rothermundt**
Geislinger Str. 19
73312 Geislingen-Türkheim
Tel.: (07331) 43 768
Fax: (07331) 94 7368
E-Mail: nusseroth.ge@t-online.de

Geschäftsführer:
Pfr. Johannes **Oesch**
Th. M./Princeton
Kirchstr. 10
71404 Korb i. Remstal
Tel.: (07151) 31 433
Fax: (07151) 34 797
E-Mail: johannes.oesch@arcor.de

Kassenführer:
Eberhard **Vollmer**
Heerstr. 17
72141 Walddorfhäslach
Tel.: (07127) 18 703
E-Mail:
Eberhard.Vollmer@zugbus-rab.de
ae.vollmer@gmx.de

Postbank Stuttgart
13 800-701 (BLZ 600 100 70)

Landesbank Baden-Württemberg
2 976 242 (BLZ 600 501 01)

Evang. Kreditgenossenschaft Stuttgart
416 118 (BLZ 600 606 06)

14. Martin-Luther-Bund in der Nordelbischen Ev.-Luth. Kirche

Der Martin-Luther-Bund in der NEK ist eine Arbeitsgemeinschaft der drei im Raum der Nordelbischen Ev.-Luth. Kirche tätigen Gliedvereine des MLB (MLB in Hamburg, MLB in Lauenburg, MLB in Schleswig-Holstein).

Geschäfts-/Rechnungsführerin:
Hannelore **Lay**
Poppenbüttler Stieg 39
22339 Hamburg
Tel.: (040) 5 394 940
E-Mail: H.Lay@hamburg.de

Evang. Darlehensgenossenschaft Kiel
11 045 (BLZ 210 602 37)

IV. AUSLÄNDISCHE GLIEDVEREINE

BRASILIEN

1. Comunhão Martim Lutero

Präsident/Geschäftsstelle:
Pastor Dr. Osmar **Zizemer**
Rua Frieda Mueller, 117
Itoupava Central
Caixa Postal, 6390
89.068-970 – Blumenau – SC
BRASILIEN
Tel.: (+55) (47) 3337-1110
E-Mail:
cml@centrodeliteratura-ieclb.com.br

Stellvertretender Präsident:
Pastor i. R. Anildo **Wilbert**
Rua Osvaldo Silveira, 119
Jardim Anchieta
88.037-720 – Florianópolis – SC
BRASILIEN
E-Mail: loniwilbert@yahoo.com.br

Schriftführer:
Pastor i. R. Guido **Leonhardt**
Avenida São Paulo, 973 – Apt. 404
98.012-001 – Blumenau – SC
BRASILIEN

Stellvertr. Schriftführer:
Pastor Dr. Henrique **Krause**
Rua 28 de Agosto, 1887
89.270-000 – Guaramirim – SC
BRASILIEN

Schatzmeister:
Pfr. i. R. Friedrich **Gierus**
Caixa Postal, 6390
89.068-970 – Blumenau – SC
BRASILIEN
Tel.: (+55) (47) 3337-1110
E-Mail: f.gierus@terra.com.br

Stellvertr. Schatzmeister:
Pfr. Irineu **Wolf**
Caixa Postal 413
89.010-971 – Blumenau – SC
Tel.: (+55) (47) 33 294 379
(+55) (47) 33 296 346
E-Mail: wolfneu@gmail.com

Konto: Caixa Econômica Federal
442/6 (BLZ 2374)

CHILE

2. Fundación Luterana de Chile

Präsident:
Marko **Jürgensen**
Lota 2330
Providencia
Casilla 16067
Santiago 9
CHILE
Tel./Fax: (+562) 2 313 913
E-Mail:
fundacionluterana@gmail.com

Direktorin für Sozialarbeit und Entwicklungsprojekte:
Helga **Koch de Escobar**
Sánchez Fontecilla 1724
Las Condes
Santiago
CHILE
Tel. (+562) 2 080 227
E-mail: helgakochcl@yahoo.com

FRANKREICH

3. Société Evangélique Luthérienne de Mission Intérieure et Extérieure en Alsace et en Lorraine

www.societe-lutherienne.fr

Präsident:
M. le Pasteur
Jean-Luc **Hauss**
4, Cour du Château
67340 Ingwiller
FRANKREICH
Tel.: (+33) 388 894 154
E-Mail:
contact@societe-lutherienne.fr

4. Association Générale de la Mission Intérieure de Paris

Präsident:
Dr. Frank **Thomas**
321 Bd. de la Boissière
93110 Rosny-sous-Bois
FRANKREICH
Tel.: (+33) (1) 48 943 690
E-Mail: frank_thomas@orange.fr

Generalsekretärin:
Pasteur Caroline **Baubérot**
121, rue de la République
94360 Bry-sur-Marne
FRANKREICH
E-Mail: cbauberot@gmail.com

Büro:
22, rue des Archives
75004 Paris
FRANKREICH
Tel.: (+33) (1) 42 724 984
E-Mail:
missioninterieure@gmail.com

NAMIBIA

5. Evang.-Luth. Kirche in Namibia (DELK) – ELKIN (DELK)

www.elcin-gelc.org

Bischof Erich **Hertel**
P. O. Box 233
Windhoek
NAMIBIA
Tel.: (+264) (61) 224 294
Fax: (+264) (61) 221 470
E-Mail: bishop-office@elcin-gelc.org

NIEDERLANDE

6. Luther Stichting

Vorsitzende:
Drs. Perla K. A. **Akerboom-Roelofs**
Groesbeekseweg 64
6524 DG Nijmegen
NIEDERLANDE
Tel.: (+31) (24) 3 238 024
Fax: (+31) (24) 3 608 108
Mobil: (+31) 623 258 114
E-Mail:
perlaakerboom@hotmail.com

Geschäftsleiterin:
Drs. Femke K. A.
Akerboom-Beekman
Gibraltarstraat 69 1 hoog
1055 NK Amsterdam
NIEDERLANDE
Tel.: (+31) (20) 4 751 005
E-Mail:
akerboom_femke@hotmail.com

Kassenführer:
Drs. J. B. **Val**
Hoogstraat 4
4285 AH Woudrichem
NIEDERLANDE
Tel.: (+31) (183) 304 586
E-Mail: jb@val.nl

Postbank rek. nr. 2 650 968
t. n. v. Luther Stichting, Woudrichem

ÖSTERREICH

7. Martin-Luther-Bund in Österreich (gegr. 1960)

1. Bundesleitung:

Bundesobmann:
Pfr. Mag. D. Pál **Fónyad**
Wenzel Frey-Gasse 2
2380 Perchtoldsdorf
ÖSTERREICH
Tel.: (+43) (1) 8 692 547
Mobil: (+43) (699) 18 877 328
Fax: (+43) (1) 8 692 547-15
E-Mail: mlboebo@gmx.at

Bundesobmannstellvertreter:
Pfarrerin Mag.
Dorothea **Haspelmath-Finatti**
Berggasse 29/22
1090 Wien
ÖSTERREICH
Tel.: (+43) (1) 2 801 079
Mobil: (+43) (699) 18 877 713
E-Mail: finatti@utanet.at

Bundesgeschäftsführer:
Diakon i. R. Günter **Winterbauer**
Sevcikgasse 23 c
1230 Wien
ÖSTERREICH
Tel.: (+43) (1) 6 996 670
Mobil: (+43) (676) 7 419 759
E-Mail: mlb-wint@gmx.at

Bundesschatzmeisterin:
Rosalia **Kaltenbacher**
Sevcikgasse 23 c
1230 Wien
ÖSTERREICH
Tel.: (+43) (1) 6 996 670
Mobil: (+43) (676) 7 419 759
E-Mail: r.kaltenbacher@gmx.at

2. Bundesvorstand:

Die Mitglieder der Bundesleitung und

Bischof Prof. Dr. Michael **Bünker**
Severin-Schreiber-Gasse 3
1180 Wien
ÖSTERREICH
Tel.: (+43) (1) 4 791 523-100
Fax: (+43) (1) 4 791 423-110
E-Mail: bischof@evang.at

Generalsekretär
Pfr. Dr. Rainer **Stahl**
Fahrstr. 15
91054 Erlangen
Tel.: (09131) 7870-0
Fax: (09131) 7870-35
E-Mail:
gensek@martin-luther-bund.de

und die Diözesanobmänner:

Burgenland:
Pfr. Mag. Otto **Mesmer**
7501 Siget i. d. Wart
ÖSTERREICH
Tel.: (+43) (3352) 33 335
Mobil: (+43) (664) 4 756 535
E-Mail: evab.siget@evang.at

Kärnten:
Pfr. Mag. Wilfried **Schey**
Ev. Pfarramt Ferndorf
Rudersdorf 12
9702 Ferndorf
ÖSTERREICH
Tel./Fax: (+43) (4245) 2364
E-Mail: evang.ferndorf@aon.at

Niederösterreich:
Pfr. Mag. D. Pál **Fónyad** (s. o.)

Oberösterreich:
Pfr. Mag. Ortwin **Galter**
Niedermayrweg 5 a
4040 Linz
ÖSTERREICH
Tel.: (+43) (732) 750 630-14
Fax: (+43) (732) 750 630-16
E-Mail: mlbooe@gmx.net

Salzburg und Tirol:
Pfr. Mag. Bernhard **Groß**
Technikerstr. 50
6020 Innsbruck
ÖSTERREICH
Tel./Fax: (+43) (512) 2874-32
Mobil: (+43) (699) 18 877 751
E-Mail: b.gross@utanet.at

Steiermark:
Pfr. Wolfgang **Rehner**
Ramsau 88
8972 Ramsau am Dachstein
ÖSTERREICH
Tel.: (+43) (3687) 81 912
Fax: (+43) (3687) 8 191 212
Mobil: (+43) (664) 2 334 799
E-Mail: pfr.rehner@24on.cc

Wien:
Pfarrerin Mag.
Dorothea **Haspelmath-Finatti**
(s. o.)

Postscheckkonto:
PSK Wien 7.824.100 (BLZ 60000)
BIC: OPSKATWW,
IBAN: AT74 6000 0000 0782 4100

SCHWEIZ

8.
Martin-Luther-Bund in der Schweiz und im Fürstentum Liechtenstein

www.martin-luther-bund.ch

Präsident:
Torsten **Lüddecke**
Stockmattstr. 71
5400 Baden
SCHWEIZ
Tel.: (+41) (0) 56 221 3438
E-Mail: torsten.lueddecke@power.alstom.com

Vizepräsident:
Dr. Gerd **Stricker**
Johannisburgstr. 16
8700 Küsnacht
SCHWEIZ
Tel.: (+41) (0) 44 910 9136
E-Mail: gvstricker@vtxmail.ch

Rechnungsführerin:
Edith **Kipfmüller**
Dollikerstr. 68 a
8707 Uetikon a. S.
SCHWEIZ
Tel.: (+41) (0) 44 980 1845
E-Mail:
edith.kipfmueller@bluewin.ch

Schriftführer/Adressen und Versand:
Günter **Schulz**
In der Schwerzi 58
8617 Mönchaltorf
SCHWEIZ
Tel.: (+41) (0) 44 948 1413
E-Mail: gschulz@gmx.ch

Protokollantin:
Dr. Jutta **Busch**
Bachlettenstr. 32
4054 Basel
SCHWEIZ
Tel.: (+41) (0) 61 281 6469
E-Mail: jutta.busch@bluewin.ch

Internetauftritt:
Werner H. **Dörfel**
Aumattstr. 122
4153 Reinach
SCHWEIZ
Tel: (+41) (0) 61 711 2730
E-Mail: werner.doerfel@rincewind.ch

Postkonto:
Martin-Luther-Bund CH + FL
Kurvenstr. 39
CH-8006 Zürich
Nr. 80-5805-5

SLOWAKEI

9.
Spolok Martina Luthera

Vorsitzender:
Pfarrer Mgr. Ondrej **Pet'kovský**
Košeca 754
01864 Košeca
SLOWAKEI
Tel.: (+421) (42) 4 468 195
E-Mail: o.petkovsky@gmail.com

Stellvertr. Vorsitzender:
Mgr. L'ubomir **Batka**, PhD
Bartókova 8
81192 Bratislava
SLOWAKEI
E-Mail: batka@fevth.uniba.sk

SÜDAFRIKA

10.
Evangelisch-Lutherische Kirche im Südlichen Afrika (N-T)

www.elcsant.org.za

Leiter:
Bischof Horst **Müller**
P. O. Box 7095
1622 Bonaero Park
SÜDAFRIKA
Tel.: (+27) (11) 973-1851
Fax: (+27) (11) 395-1862
E-Mail: bishop@elcsant.org.za

Sekretariat (Liselotte **Knöcklein**):
l.knocklein@elcsant.org.za

Schatzmeister:
Ronald **Küsel**
P. O. Box 7095
1622 Bonaero Park
SÜDAFRIKA
Tel.: (+27) (11) 973-1851
Fax: (+27) (11) 395-1862
E-Mail: ronk@edelnet.co.za

TSCHECHIEN

11.
Lutherova společnost (Luthergesellschaft)

www.luther.cz

V Jirchářích 152/14
110 00 Praha 1 – Nové Město
TSCHECHISCHE REPUBLIK
E-Mail: martin@luther.cz

12.
Martin-Luther-Vereinigung in der Tschechischen Republik (Teschen)

Na nivách 7
73701 Český Těšín
TSCHECHISCHE REPUBLIK

Vorsitzender:
Pfr. Martin **Piętak**, Th. D.
Souběžná 1163/6
73535 Horní Suchá
TSCHECHISCHE REPUBLIK
Tel.: (+420) 737 775 901
E-Mail: martin.pietak@centrum.cz

UNGARN

13.
Luther-Bund in Ungarn

Präsident:
Prof. Dr. Tibor **Fabiny**
Reviczky utca 58/B
2092 Budakeszi
UNGARN
Tel.: (+36) (23) 450 773

Vizepräsident:
Militärbischof Dr. Pál **Lackner**
Amt des Evangelischen Militärbischofs
Muraközi utca 17
1025 Budapest
UNGARN
Tel.: (+36) (1) 3 450 253
Fax: (+36) (1) 3 450 254
Mobil: (+36) (30) 8 150 718
(+36) (20) 8 244 616
E-Mail: pal.lackner@lutheran.hu
lacknerp@freemail.hu

Geschäftsführer:
Pfr. Péter **Grendorf**
Kassák Lajos utca 22
1134 Budapest
UNGARN
Tel./Fax: (+36) (1) 3 208 207
E-Mail: peter.grendorf@gmail.com

Ehrenpräsidenten:

Rektor Prof. Dr. András **Reuss**
Gyógyszergyár utca 65, III.7
1037 Budapest
UNGARN
Tel.: (+36) (1) 6 300 368
E-Mail: andras.reuss@lutheran.hu

Schuldirektor i. R.
Mátyás **Schulek**
József körút 71–73
1085 Budapest
UNGARN
Tel.: (+36) (1) 3 378 371
(+36) (20) 82 450 000
E-Mail:
matyas.schulek@lutheran.hu

Bankkonto:
Halaszi Takarek Győr
Nr. 58 600 324-11 127 240

V. ANGESCHLOSSENE KIRCHLICHE WERKE

1. Gesellschaft für Innere und Äußere Mission im Sinne der lutherischen Kirche e. V., Neuendettelsau (gegr. 1849)

www.gesellschaft-fuer-mission.de

Geschäftsstelle:
Christian-Keyßer-Haus
Missionsstr. 3
91564 Neuendettelsau
Tel.: (09874) 68 934-0
Fax: (09874) 68 934-99
E-Mail:
info@gesellschaft-fuer-mission.de

1. Vorsitzender:
Pfr. Detlev Graf von der **Pahlen**
Winterleitenweg 39 A
97082 Würzburg
Tel.: (09874) 68 934-0
Fax: (09874) 68 934-99

2. Vorsitzender:
Pfr. Albrecht Immanuel **Herzog**
Missionsstr. 3
91564 Neuendettelsau
Tel.: (09874) 68 934-0
Fax: (09874) 68 934-99

Vizepräsident:
Prof. Ph. D. Bo Kristian **Holm**
Taasingegade 3
8000 Århus C
DÄNEMARK
E-Mail: bh@teo.au.dk

Vorsitzender des Kuratoriums:
Prof. em. Dr. Oswald **Bayer**
Kurhausstr. 138
53773 Hennef
Tel.: (02242) 918 951
E-Mail: Bayer@unitybox.de

Schatzmeister:
Olaf Johannes **Mirgeler**
Münzstr. 8
19055 Schwerin
Tel.: (0385) 5 185 155
(0179) 2 177 823
E-Mail: mirgeler@arcor.de

Sekretär:
OKR Rainer **Rausch**
Lübstorfer Chaussee 5 e
19069 Alt Meteln
Tel.: (0173) 6 262 488
E-Mail: Okr.Rausch@ellm.de

2. Luther-Akademie Sondershausen-Ratzeburg e. V.

www.luther-akademie.de

Geschäftsstelle:
Domhof 34
Postfach 1404
23904 Ratzeburg
Tel.: (04541) 3757
Fax: (04541) 802 363
E-Mail: info@luther-akademie.de

Präsident:
Bischof i. R. Dr. Hans Christian **Knuth**
Kieler Str. 25
24340 Eckernförde
Tel.: (04351) 769 991

3. Kirchliche Gemeinschaft der Evang.-Luth. Deutschen aus Rußland e. V.

Geschäftsstelle:
Geschäftsführer Viktor **Naschilewski**
Büro: Andrea **Lange**
Am Haintor 13
Postfach 210
37242 Bad Sooden-Allendorf
Tel.: (05652) 4135
Fax: (05652) 6223
E-Mail: kg-bsa@web.de

Reiseprediger
Waldemar **Schall**
Winzinger Str. 68
67433 Neustadt/Weinstraße

1. Vorsitzender:
Eduard **Lippert**
Am Steinkamp 3
38547 Calberlah

Stellvertr. Vorsitzender:
Eduard **Penner**
Wacholderweg 28
38547 Calberlah

Ehrenvorsitzender:
Pastor Siegfried **Springer**
Freiherr-v.-Stein-Str. 1
37242 Bad Sooden-Allendorf

Beisitzer:

Artur **Axt**
Lothringer Weg 42
33102 Paderborn

Erich **Hardt**
Am Kirschenrain 8
37242 Bad Sooden-Allendorf

Viktor **Janke**
Moorweg 37
38518 Gifhorn

Alexander **Krüger**
Johann-Sebastian-Bach-Str. 8
55543 Bad Kreuznach

Alexander **Schachtmaier**
Zum Kampe 19
38524 Sassenburg

Evang. Kreditgenossenschaft Kassel
2119 (BLZ 520 604 10)

VI. WERKE IN ARBEITSVERBINDUNG MIT DEM MARTIN-LUTHER-BUND

1. Diasporawerk in der Selbständigen Ev.-Luth. Kirche – Gotteskasten – e. V.

Vorsitzender:
Sup. Volker **Fuhrmann**
Junkerburg 34
26123 Oldenburg
Tel.: (0441) 31 306
Fax: (0441) 3 845 442
E-Mail: Oldenburg@selk.de

Stellvertr. Vorsitzender:
Prof. Dr. Werner **Klän**
Altkönigstr. 150
61440 Oberursel
Tel.: (06171) 912 761
Fax: (06171) 912 770
E-Mail: werner.klaen@gmx.de

Geschäftsführer:
Dietmar **Rumpel**
Berliner Allee 34
59425 Unna-Königsborn
Tel.: (02303) 60 853
E-Mail: Dietmar.Rumpel@gmx.de

Kassenführerin:
Betriebswirtin Birgit **Förster**
Finkengasse 8
45731 Waltrop
Tel.: (02309) 79 802

Beisitzer:

Ingeborg **Böhm**
Flughafenstr. 4
44309 Dortmund
Tel.: (0231) 698 361

Pfarrer i. R. Dankwart **Kliche**
Am Hilgenbaum 12
44269 Dortmund
Tel.: (0231) 4 555 173

Pastor i. R. Siegfried **Matzke**
Straße der Jugend 61 e
02943 Boxberg-Klitten
Tel.: (035895) 56 768

Gemeindepäd. Eva **Wiener**
Heldmannsberg 33
91224 Pommelsbrunn
Tel.: (09154) 119 847

Postbank Dortmund
109 250-467 (BLZ 440 100 46)

2. An Eaglais Liútarach in Éirinn

Evangelisch-Lutherische Kirche in Irland

The Lutheran Church in Ireland

www.lutheran-ireland.org

Pastors Corinna and
Dr. Joachim **Diestelkamp**
Lutherhaus
24 Adelaide Road
Dublin 2
IRLAND
Tel./Fax: (+353) (1) 6 766 548
E-Mail: info@lutheran-ireland.org
stfinians1960@gmail.com

Anschriften der Autoren

Dekan Dr. Juraj Bándy
Poziarnicka 24
93101 Samorin
SLOWAKEI
bandy@fevth.uniba.sk

Dr. Manfred Baumert
Kaltenbergstr. 23
75031 Eppingen
baumert@mowb.de

Bischof Dr. Tamás Fabiny
Szilágyi Erzsébet Fasor 24
1125 Budapest
UNGARN
north.district@lutheran.hu

Professor Dr. Hacik Rafi Gazer
Friedrich-Alexander-Universität
Erlangen-Nürnberg
Lehrstuhl für Geschichte und
Theologie des christlichen Ostens
Kochstr. 6
91054 Erlangen
hgazer@web.de

Pfarrer i. R. Norbert Hintz
Auf dem Hollacker 4
27412 Wilstedt
Norbert.Hintz@arcor.de

Bischöfin Jana Jeruma-Grinberga
The Lutheran Church in GB
c/o ChurchesTogether in England
27 Tavistock Square
London
WC1H 9HH
GROSSBRITANNIEN
bishop@lutheranchurch.co.uk

Professor Dr. Traugott Koch
Wendlohstr. 86 h
22459 Hamburg

Professor Dr. Christoph Levin
Himmelreichstr. 4
80538 München
Christoph-Levin@
evtheol.uni-muenchen.de

PD Dr. Arne Manzeschke
Kulturwissenschaftliche Fakultät,
Universität Bayreuth
Universitätsstr. 30
95447 Bayreuth
Arne.Manzeschke@uni-bayreuth.de

Pfarrer Tiit Pädam
Centre for Study of Religion
and Society
Uppsala University
Box 511
751 20 Uppsala
SCHWEDEN
Tiit.Padam@teol.uu.se

Pfarrer i. R. Wolfgang H. Rehner
Str. Bucegi 18
550278 Sibiu-Hermannstadt
RUMÄNIEN

Bischof Mindaugas Sabutis
Vokieciustr. 20
01130 Vilnius
LITAUEN
bishop.office@times.lt

Pastor Georg Scriba
38 Military Way
Hayfields
3201 Pietermaritzburg
SÜDAFRIKA
scriba@elcsant.org.za

Professor Dr. Walter Sparn
Finkenweg 2
91080 Uttenreuth
walter.sparn@t-online.de

Pfarrer Dr. theol. habil. Rainer Stahl
Fahrstr. 15
91054 Erlangen
info@martin-luther-bund.de

Rektor Dr. Anton Tikhomirov
Theol. Seminar der ELKRAS
Novosaratovka, 140
193149 St. Petersburg
RUSSLAND
anton.tikhomirov@
novosaratovka.org

Regionalbischof
Dr. Hans-Martin Weiss
Liskircherstr. 17
93049 Regensburg
regionalbischof@
kirchenkreis-regensburg.de